Teaching Trends 2018

# DIGITALE MEDIEN

IN DER HOCHSCHULLEHRE
Eine Publikationsreihe des ELAN e.V.

herausgegeben vom
ELAN e.V.

Band 7

Der gemeinnützige Verein E-Learning Academic Network e.V. (ELAN e.V.) wirkt als Impulsgeber zur stetigen Qualitätsverbesserung der medienbasierten Lehre an niedersächsischen Hochschulen und befördert durch seine Unterstützungsmaßnahmen die Kooperation der Mitgliedshochschulen und weiterer Mitglieder im Bereich standortübergreifender und E-Learning gestützter Lehre.

Susanne Robra-Bissantz, Oliver J. Bott, Norbert Kleinefeld,
Kevin Neu, Katharina Zickwolf (Hrsg.)

# Teaching Trends 2018

Die Präsenzhochschule und
die digitale Transformation

Waxmann 2019
Münster • New York

**Bibliografische Informationen der Deutschen Nationalbibliothek**
Die Deutsche Nationalbibliothek verzeichnet diese Publikation in der
Deutschen Nationalbibliografie; detaillierte bibliografische Daten sind
im Internet über http://dnb.dnb.de abrufbar.

**Digitale Medien in der Hochschullehre, Bd. 7**
Print-ISBN    978-3-8309-4012-8
E-Book-ISBN   978-3-8309-9012-3 (open access)

© Waxmann Verlag GmbH, 2019
www.waxmann.com
info@waxmann.com

Umschlaggestaltung: Steffen Ottow, Clausthal
Umschlagbild: © Right 3 – fotolia.com
Satz: Roger Stoddart, Münster
Druck: CPI books GmbH, Leck

Gedruckt auf alterungsbeständigem Papier,
säurefrei gemäß ISO 9706

Printed in Germany
Alle Rechte vorbehalten. Nachdruck, auch auszugsweise, verboten.
Kein Teil dieses Werkes darf ohne schriftliche Genehmigung des
Verlages in irgendeiner Form reproduziert oder unter Verwendung
elektronischer Systeme verarbeitet, vervielfältigt oder verbreitet werden.

# Inhalt

Vorwort .................................................................................................................9

*Susanne Robra-Bissantz*
Editorial ...............................................................................................................11

*Friedrich W. Hesse und Jens Jirschitzka*
Die Architektur von Lernräumen .......................................................................13

## Strategie

*Oliver J. Bott und Jasmin Piep*
Editorial ...............................................................................................................19

*Virginia Penrose, Oliver Hormann und André Tatjes*
Quantitativ – Qualitativ – Innovativ
Die Methoden-Lehr-Lern-Plattform „Teaching Apart Together" (TAT) ...........21

*Marcus Birkenkrahe, Anne Hingst und Susanne Mey*
„Ja, ich will."
Wie können Lehrende für die digitale Transformation begeistert werden? .....30

*Simone Kauffeld, Christoph Herrmann, Katharina Heuer,
Stefanie Pulst und Meike Kühne*
GLuE – Gemeinsam Lernen und Erfahren
Eine innovative und interdisziplinäre Lehr-Lern-Kooperation ........................36

*Ronny Röwert*
Unterstützung von Strategien für Hochschulbildung
im digitalen Zeitalter durch Peer-to-Peer-Beratungen
Wie die Schärfung der eigenen Hochschulstrategie für
Studium und Lehre im Dialog gelingen kann ...................................................43

## Lehre

*Katharina Zickwolf und Kevin Neu*
Editorial ...............................................................................................................51

*Lotte Neumann, Giulia Covezzi, Sebastian Becker und Margarete Boos*
Erklärclips
Der gelungene Spagat zwischen Lehrmethode- und Medienkompetenz .........53

*Linda Eckardt und Susanne Robra-Bissantz*
Lost in Antarctica
Spielerisches Erlernen von Informationskompetenz ............................................................ 62

*Francine Meyer und Monika Taddicken*
Hackdays als alternatives Lehrformat?
Eine empirische Betrachtung eines Beispiellehrformats in Bezug
auf mediale und technologische Bildung ............................................................................... 68

*Dörte Sonntag, Oliver Bodensiek, Georgia Albuquerque und Marcus Magnor*
Das Projekt TeachAR
Eine hybride Lehr-Lern-Umgebung in der erweiterten Realität ........................................... 75

*Markus Gerke, Isabelle Dikhoff und Yahya Ghassoun*
Vom Bild zum 3D-Modell: VR meets Inverted Classroom
Projektbericht zum Lehr-Lern-Konzept im Rahmen des
Innovationsprogrammes Gute Lehre von Teach4TU ............................................................. 82

*Linda Eckardt, Adam Jankowiak und Susanne Robra-Bissantz*
Wollen Studierende in einer virtuellen Realität lernen?
Ein vergleichendes Meinungsbild ........................................................................................... 89

# Forschung

*Susanne Robra-Bissantz*
Editorial ..................................................................................................................................... 97

*Marc Gürtler, Nicole Nicht und Eileen Witowski*
Die digitale Vorlesung zur Steigerung der Effektivität und
Effizienz des Lernens in Großgruppen .................................................................................... 99

*Eva Nolte und Karsten Morisse*
Inverted Classroom
Eine Methode für vielfältiges Lernen und Lehren? ............................................................. 105

*Claudia M. König*
Peervideofeedback
Ein Blended-Learning-Konzept in der ersten Phase
der Lehrer*innenbildung ........................................................................................................ 113

*Doris Meißner und Rüdiger Rhein*
Ressourcenentwicklung in digital gestütztem Achtsamkeitstraining
für Lehramtsstudierende
Das Webinar als Lernort für Reflexion und Achtsamkeit?
Ein Erfahrungsbericht ............................................................................................................ 121

*Katharina Wedler und Rana Huy*
Effekte produktiver Medienarbeit auf die Selbstwirksamkeitserwartung
von Lehramtsstudierenden
Erklärvideos als Methode universitärer Wissensvermittlung ..........................................130

*Linda Eckardt, Sebastian Philipp Schlaf, Merve Barutcu, Daniel Ebsen, Jan Meyer
und Susanne Robra-Bissantz*
Empirische Untersuchung des Einflusses der Identifikation mit
einer Spielgeschichte auf den Lernerfolg bei einem Serious Game .................................139

*Nine Reining, Lena C. Müller-Frommeyer, Frank Höwing, Bastian Thiede,
Stephanie Aymans, Christoph Herrmann und Simone Kauffeld*
Evaluation neuer Lehr-Lern-Medien in einer Lernfabrik
Eine Usability-Studie zu App- und AR-Anwendungen....................................................146

## Technik und Recht

*Norbert Kleinefeld*
Editorial ...............................................................................................................................155

*Sabine Stummeyer*
Open Educational Resources im Hochschulbereich
Neue Aufgaben für Bibliotheken........................................................................................157

*Mareike Herbstreit*
Open Educational Resources (OER)
Möglichkeiten und Grenzen des Einsatzes in Hochschulen............................................166

*Fiona Binder, Dominik Brysch, Martin Peters, Susanne Robra-Bissantz,
Patrick Helmholz und Alexander Perl*
Urheberrecht in der Lehre
Entscheidungen leicht gemacht .........................................................................................175

*Ara Ezat, Lena Neumann, Stefan Sievert, Susanne Robra-Bissantz,
Patrick Helmholz und Alexander Perl*
Herausforderungen im Datenschutz an der Hochschule
Generierung von Lösungsvorschlägen für Forschung und Lehre ....................................182

*Jörn Loviscach und Mathias Magdowski*
Audience Response durch Zeichnen statt Clickern
Ein webbasiertes System zum kollaborativen grafischen Lösen von Aufgaben............189

*Oliver Müller, Robert Garmann und Oliver Rod*
Systeme zur automatisierten Bewertung von Programmen und
das ProFormA-Aufgabenaustauschformat........................................................................195

*Kai Tegethoff, Tobias Ring, Nils Goseberg und Sabine C. Langer*
Online-Lernplattformen zur Unterstützung der Lehre im
Küsteningenieurwesen und der Akustik
Entwicklung und Implementierung einer wikibasierten
Online-Lernplattform und deren Integration in ein Lehrkonzept ................................. 201

*Jan-Paul Huttner, Melike Karaduman und Eduard Spengler*
EduPalace
Die Gestaltung eines virtuellen Gedächtnispalastes ......................................................... 208

Autorinnen und Autoren ................................................................................................... 215

# Vorwort

Liebe Leserinnen und Leser,
unsere Hochschulen setzen sich derzeit mit dem Thema „Hochschulbildung im Digitalen Zeitalter" auseinander. In diesem Zusammenhang kommt der veränderten Rolle der Lehr- und Lernprozesse, sowohl im Hinblick auf die Bedürfnisse und Erfordernisse der Lernenden und Lehrenden, als auch in Bezug auf die Differenzierung und Individualisierung in der akademischen und beruflichen Bildung, eine zentrale Bedeutung zu.

Die Hochschule der Zukunft wird eine Institution sein, die stärker als bisher auf die individuellen Voraussetzungen und Zielsetzungen der Studierenden eingeht. Die Flexibilisierung der Lehre aber erfordert neue Formen der Organisation und des Supports. Dazu bedarf es geeigneter Rahmenbedingungen. Ein Hochschulsystem, das immer noch auf Massenproduktion setzt und das bei der Mittelvergabe an industriellen Leistungsgrößen gemessen wird, wird diesen Wandel nicht vollziehen können.

Vielleicht ist im Hinblick auf den Wandel der Vergleich mit unserem Gesundheitssystem, das uns gleichwohl am Herzen liegt, gar nicht so abwegig, d.h., dass jeder „Behandlung" eines Studierenden eine sorgfältige Anamnese und Diagnose vorausgehen, bevor er zur weiteren spezifischen Behandlung an ein Team von Fachleuten weitergereicht wird. Zur Behandlung gehören neben allgemeinen Maßnahmen und Anwendungen auch Medikamente (sprich digitale Lehr- und Lernformate), die in verschiedenen Darreichungsformen verabreicht und durchaus auch fremd bezogen werden können. Kleine Wissenslücken werden ambulant behandelt, große stationär und ggf. in spezialisierten Instituten. Und mit etwas Fantasie lassen sich auch Begrifflichkeiten wie „freie Arztwahl", „alternative Medizin", „Reha", „Vorsorge" und „mikro-invasiv" in den Kontext unseres Bildungssystems übersetzen. Ein solches, stärker auf Personalisierung ausgerichtetes System stellt hohe Anforderungen an seine Handlungsträger: Souveränität und den uneingeschränkten Willen zur Zusammenarbeit. Bleibt zu hoffen, dass uns – gerade angesichts der Anforderungen der Digital Natives, die mit Smart Phones, Tablets und sozialen Medien groß geworden sind und „on demand" und „on the move" bedient werden wollen – der Wandel gelingt und die Prüfungshoheit am Ende nicht die einzige Bandage ist, die unsere Präsenzhochschule zusammenhält.

Hierzu passt der Aufruf des Hochschulforums Digitalisierung, mehr kreative Szenarien zu entwickeln, mit Hilfe derer wir über die Zukunft gesellschaftlicher Entwicklungen und ihre möglichen Konsequenzen für unsere Institutionen nachdenken können. Curricula zukünftiger Hochschulen werden deshalb individualisiert sein. Statt Kohorten über starre Curricula auszubilden, werden Studierende über pädagogische Tutorien in ihrer Bildungskarriere beraten und unterstützt, und in Vorbereitung auf die globalisierte Arbeitswelt steht das Zusammenwirken der Fachdisziplinen im Vordergrund oder wie man auch sagen kann: die Orchestrierung der Lehre. Die Digitalisierung ermöglicht eine neue Dimension der Arbeitsteilung, die unser Hochschulsystem grundlegend verändern und auch sein Geschäftsmodell neu definieren wird.

Am Ende möchte ich Sie noch auf ein Jubiläum hinweisen. Der ELAN e. V. wurde 2018 zehn Jahre alt. Angefangen haben wir vor 20 Jahren als Strategischer Beraterkreis Multimedia. Ehe wir eigenständig wurden, haben wir unsere Schlag- und Innovationskraft in drei Förderperioden unter Beweis stellen müssen. Attraktive Arbeitsthemen und eine stringente Arbeitsteilung sind unser Erfolgsrezept.

Ich danke allen Mitgliedern, die zu dieser erfolgreichen Entwicklung beigetragen haben. Den Veranstaltern der Teaching Trends 2018, allen voran Frau Robra-Bissantz und Herrn Kleinefeld, Herrn Bott, Frau Zickwolf und Herrn Neu, danke ich für die exzellente Vorbereitung und Organisation dieser Veranstaltung.

Prof. Dr. Thomas Hanschke
Vorstandsvorsitzender des ELAN e. V.
Clausthal, Januar 2019

*Susanne Robra-Bissantz*

# Editorial

Liebe E-Learning-Community!

Zum vierten Mal fand im November 2018 die Tagung Teaching Trends statt. Das waren interessante Tage, aber auch Tage voll Esprit und einem Gefühl von Gemeinschaft mit dem Ziel, einer guten Lehre – einem guten Lernen – mit digitalen Medien und an einer Präsenzuniversität auf den Grund zu kommen. Wir haben Einiges erreicht – neue Impulse, neue Erkenntnisse aus aufschlussreichen Berichten direkt aus der Praxis der digital gestützten Lehre.

Ausgangspunkt der Tagung war eine breite Sicht auf Digitalisierung von Studium und Lehre, die auf der anderen Seite jedoch ganz klar die Präsenzhochschule fokussieren sollte. Wie erhofft, spiegeln die Tagungsbeiträge sowohl Breite als auch Fokussierung wider.

Jeweils parallel zogen sich über die beiden Tage zum einen die Tracks Strategie und Forschung und zum anderen die Tracks Lehre sowie Technik und Recht. Als besondere Highlights zeigten die Vortragenden im Bereich Strategie, wie sich die Lehrenden kooperativ und interdisziplinär zunehmend mit den besonderen Herausforderungen der digital unterstützten Präsenzlehre nähern. Hochrangige Referenten aus dem Ministerium für Wissenschaft und Kultur sowie der Landeshochschulkonferenz Niedersachsen ebenso wie aus dem Hochschulforum Digitalisierung des Landes trugen hierzu ihre jeweiligen handlungsleitenden Eckpunkte, Randbedingungen und Angebote bei. Im digital unterstützten Lernen kristallisieren sich mit spielerischen, stark von der Partizipation der Lernenden getriebenen und insbesondere real-virtuellen Szenarien besondere Konzepte heraus, die gelungen die vorhandene Technologie mit Ideen ergänzen, die Studierende speziell in der Präsenzlehre im Kompetenzerwerb motivieren und bestärken. Entsprechend trugen die Vortragenden des Tracks Forschung ihre Erkenntnisse zum Blended Learning und Inverted Classroom ebenso wie zu speziellen Wirkungen von Videographie, Medienarbeit oder Spiel auf wertvolle, das Lernen unterstützende Faktoren wie die Selbstwirksamkeit, Reflexion oder Identifikation bei. Natürlich können derart ausgereifte Konzepte häufig nicht auf technische Standards zurückgreifen. Im Track Technik und Recht sind daher anspruchsvolle Eigenentwicklungen dargestellt – von theoretisch fundierten Virtual-Reality-Räumen bis hin zu weit über die typischen Frage-Antwort-Ansätze hinausgehenden Systemen für Präsenzlehre und -klausur. Sehr anschaulich und in die Praxis von Lehre und Studium übertragbar vermittelten die Referenten im Bereich Recht Aspekte aktueller Themen wie DSGVO und Urheberrecht.

Wir denken, dass die Gesamtheit der Beiträge einen sehr schönen Überblick und wertvolle Anregungen zu dem geben kann, was die Lehrenden an einer Präsenzuniversität bewegt. Die Stimmung der Tagung bleibt in jedem Besucher und jeder Besucherin. Gleichwohl haben wir aber versucht, auch diese ein wenig zu konservieren und dazu die Planungsveranstaltungen in kurzer, und wie wir hoffen lebendiger Form in den Band einfließen lassen.

Damit wünschen wir eine interessante aber auch motivierende und angenehme Lektüre!

Prof. Dr. Susanne Robra-Bissantz
TU Braunschweig
Mitglied des Vorstands des ELAN e. V.

*Friedrich W. Hesse und Jens Jirschitzka*

# Die Architektur von Lernräumen

Lernen findet immer in irgendeiner Art von (Lern-)Raum statt. Daher lohnt es sich, einen Blick auf die Wirkung von physikalischen und virtuellen Lernräumen zu richten. Umgebungen können zu unterschiedlichen Eindrücken führen. Räume können beispielsweise ansehnlich oder unansehnlich erscheinen, inspirierend oder langweilig sein oder mehr oder weniger dominant wirken (vgl. Mehrabian & Russell, 1974). Die objektive Umwelt liegt als subjektive Umwelt also immer auch im Auge des Betrachters (vgl. Miller, 1998). Umgebungen können auch präferiert werden, weil sie beispielsweise ausreichend komplex und kohärent sind, sich kognitiv erschließen lassen und doch in gewisser Weise geheimnisvoll sind (Kaplan & Kaplan, 1982).

Vor allem sollten Umgebungen aber für die Ziele, Aufgaben und Bedürfnisse ihrer Nutzenden funktional und nützlich sein (vgl. Vischer, 2008). Dies gilt auch für Hörsäle und Klassenzimmer und selbst die mobilsten Lernenden befinden sich mit ihren Endgeräten zu einer bestimmten Zeit in bestimmten physikalischen und virtuellen Umgebungen (Graetz, 2006). Die Übergänge zwischen physikalischen und virtuellen Lernumgebungen lassen sich dabei häufig mehr oder minder fließend gestalten.

Es gibt eine Vielzahl umgebungsbezogener Variablen, die sich auf kognitive, affektive, verhaltensbezogene und auch soziale Variablen auswirken. Durch Lichtdesign lassen sich beispielsweise in Museen bestimmte Wege nahelegen und emotionale Eindrücke akzentuieren (Carvalho, 2017). Und in Bezug auf die technologische Umgebung ließ sich beispielsweise der Papierverbrauch an einer schwedischen Universität durch die kleine Änderung der Druckvoreinstellungen von einseitigem Druck auf zweiseitigen Druck um ca. 15 Prozent reduzieren (Egebark & Ekström, 2016).

Die Effekte räumlicher Konfigurationen sind allerdings recht komplex und nicht vollständig vorhersagbar (vgl. Hinton, Yeoman, Ashor & Poronnik, 2017; Lansdale, Parkin, Austin & Baguley, 2011). Es besteht immer die Möglichkeit, dass auch nicht intendierte Effekte auftreten. Im *Activity-Centred-Analysis-and-Design-Framework* (ACAD-Modell; Goodyear & Carvalho, 2014; vgl. Carvalho, Goodyear & De Laat, 2017) werden drei extern beeinflussbare und zu berücksichtigende Faktoren, nämlich die räumlich-technologische Struktur, die Aufgabenstruktur und die soziale Struktur im Hinblick auf deren Einfluss auf die (kognitive, emotionale und verhaltensbezogene) Aktivität der Lernenden postuliert. Gleichzeitig wird betont, dass durch diese beeinflussbaren Faktoren die Aktivität der Lernenden ebenso wie die Ergebnisse dieser Aktivität nicht deterministisch vorhergesagt oder beeinflusst werden können. Auch Radcliffe (2009) geht in seinem *Pedagogy-Space-Technology-Framework* von einem Zusammenspiel zwischen raumbezogenen, technologiebezogenen und pädagogischen Aspekten aus.

Über das ACAD-Modell von Goodyear und Carvalho (2014) hinausgehend müssen intra- und interindividuelle Unterschiede bzw. personenseitige Moderatorvariablen betrachtet werden. Während beispielsweise einige Studierende informelle

Einrichtungsgegenstände wie z. B. Sitzsäcke in innovativen Lernumgebungen positiv bewerten, wird dies von anderen Studierenden weniger positiv gesehen (Boys, 2015, S. 103–104; Melhuish, 2011). Zu beachten ist hierbei, dass die Berücksichtigung raumbezogener Präferenzen nicht ohne Weiteres zu veränderten Verhaltensweisen führt (Lansdale et al., 2011; vgl. Goodyear & Carvalho, 2014). Räume können aber auch selbst abhängige Variablen sein. Ein Beispiel hierfür ist die Personalisierung der eigenen Lernumgebung (z. B. Gallagher, Lamb & Bayne, 2017). Die Wirkrichtung kann also immer auch bidirektional sein. Treffend lässt sich dies mit einem Zitat von Winston Churchill beschreiben: „We shape our buildings, and afterwards our buildings shape us" (1943; zitiert nach Benneworth, 2014, S. 220).

Im Hinblick auf Wissensprozesse können räumliche Gegebenheiten das Lernen unterstützen, stimulieren, motivieren und auffordern sowie im Sinne von Nudging auch leiten bzw. führen. Aus kognitionspsychologischer Perspektive können technologieunterstützte Lernumgebungen z. B. dadurch wirksam werden, dass sie Räume schaffen, die zur Entlastung des Arbeitsgedächtnisses beitragen, indem sie gedächtnisbezogene und motivationale Hinweisreize, Strukturen und Patterns enthalten oder die Aufmerksamkeit lenken. Diese Wirkung auf das Arbeitsgedächtnis ist deshalb wichtig, weil das Arbeitsgedächtnis einerseits eine zentrale Rolle für die Bearbeitung verschiedenster Aufgaben spielt und verantwortlich für die Umsetzung komplexe Prozesse ist (Mojzisch, Krumm & Schulze, 2014; Oberauer, 2009). Andererseits hat das Arbeitsgedächtnis nur begrenzte Ressourcen. Daher können kognitive Prozesse wie Denken, Inferieren, Entscheiden und Problemlösen erleichtert und verbessert werden, wenn Gegenstände und Zwischenzustände extern fest- und für kognitive Prozesse im Raum sichtbar bereitgehalten werden und somit zugänglich und bearbeitbar sind. Die im Arbeitsgedächtnis ablaufenden Prozesse greifen bei Bedarf auf diese im Wahrnehmungsfeld räumlich vorhandenen externen Objekte zu und interagieren mit diesen. Beim Denken verändern sich die Relationen und Bewertungen und entsprechend können dann auch die Objekte im Raum verändert, verschoben und neu kombiniert werden. Allerdings stoßen die natürlichen physikalischen Denkräume hierbei an Grenzen. Diese Begrenztheit kann durch *digitale Denkräume* überwunden werden.

Im Kontext digitaler Denkräume kann beispielsweise ein Multi-Touch-Table (MTT) eine intuitiv und interaktiv nutzbare visuelle Umgebung darstellen. Objekte können dorthin externalisiert werden, bleiben aber im Wahrnehmungsfeld verfügbar und können weiterhin in die kognitiven Prozesse einbezogen werden. Digitale Denkräume bieten außerdem reichhaltige Möglichkeiten zur Interaktion mit diesen Objekten. Ein intelligenter digitaler Raum kann so programmiert werden, dass dort Prozesse ausgeführt werden, die jenen des Arbeitsgedächtnisses ähneln. Beispielsweise können visualisierte Objekte bei der Suche nach Ähnlichkeiten beliebig hinsichtlich ihrer Nähe gruppiert werden, bei der Beurteilung nach Wichtigkeit in Größe, Farbe und Form verändert werden und mit spezifischen Anmerkungen versehen werden. Die Eigenschaft rechnerbasierter digitaler Denkräume ermöglicht es auch, Rechnerkapazitäten zu nutzen, um etwa Suchprozesse in Datenbanken ergänzend zu integrieren. Digitale Denkräume verfügen außerdem über ein eigenes „Gedächtnis" und bieten damit die Möglichkeit, zu früheren Zuständen und Konfigurationen aus der Vergangenheit zurückzukehren. In digitalen Denkräumen lässt sich somit gewissermaßen die „Zeit zurückdrehen", ohne dabei der Gefahr von Erinnerungsverzerrungen ausgesetzt zu sein.

Es sollte neben vielen Vorteilen für das Arbeitsgedächtnis (vgl. Risko & Gilbert, 2016) aber berücksichtigt werden, dass solche technologiebasierten Szenarien unter bestimmten Umständen auch mit Nachteilen für die Verarbeitung und Speicherung von Informationen und bei der Ausbildung bestimmter kognitiver Fertigkeiten einhergehen können (Fenech, Drews & Bakdash, 2010; Henkel, 2014; vgl. jedoch Barasch, Diehl, Silverman & Zauberman, 2017; Soares & Storm, 2018), etwa weil bestimmte kognitive Prozesse nicht mehr ausgeführt werden müssen und eventuell „verlernt" werden. Als aussichtsreich bei der Betrachtung von Kosten, Nutzen und Nutzungsweisen bezüglich technologiebasierter Szenarien im Lernkontext könnten sich dynamische und prozessorientierte Perspektiven erweisen. In deren Fokus stehen unter anderem die Entwicklung von und das kontextspezifische Zusammenspiel zwischen technologischen Systemen, Forschungs- und Entwicklungsteams sowie Nutzenden und Nutzungsweisen (vgl. Carvalho, Martinez-Maldonado & Goodyear, 2019).

## Literatur

Barasch, A., Diehl, K., Silverman, J. & Zauberman, G. (2017). Photographic memory: The effects of volitional photo taking on memory for visual and auditory aspects of an experience. *Psychological Science, 28*, 1056–1066.

Benneworth, P. (2014). Decoding university ideals by reading campuses: Exploring beyond the democratic mass university. In P. Temple (Ed.), *The physical university: Contours of space and place in higher education.* (pp. 217–241). New York, NY, US: Routledge.

Boys, J. (2015). *Building better universities: Strategies, spaces, technologies.* New York, NY, US: Routledge.

Carvalho, L. (2017). The O in MONA: Reshaping museum spaces. In L. Carvalho, P. Goodyear & M. de Laat (Eds.), *Place-based spaces for networked learning* (pp. 144–159). New York, NY, US: Routledge.

Carvalho, L., Goodyear, P. & De Laat, M. (2017). Place, space, and networked learning. In L. Carvalho, P. Goodyear & M. de Laat (Eds.), *Place-based spaces for networked learning* (pp. 1–10). New York, NY, US: Routledge.

Carvalho, L., Martinez-Maldonado, R. & Goodyear, P. (2019). Instrumental genesis in the design studio. *International Journal of Computer-Supported Collaborative Learning, 14*, 77–107.

Egebark, J. & Ekström, M. (2016). Can indifference make the world greener? *Journal of Environmental Economics and Management, 76*, 1–13.

Fenech, E. P., Drews, F. A. & Bakdash, J. Z. (2010). The effects of acoustic turn-by-turn navigation on wayfinding. *Proceedings of the Human Factors and Ergonomics Society Annual Meeting, 54*, 1926–1930.

Gallagher, M. S., Lamb, J. & Bayne, S. (2017). The sonic spaces of online distance learners. In L. Carvalho, P. Goodyear & M. de Laat (Eds.), *Place-based spaces for networked learning* (pp. 87–99). New York, NY, US: Routledge.

Goodyear, P. & Carvalho, L. (2014). Framing the analysis of learning network architectures. In L. Carvalho & P. Goodyear (Eds.), *The architecture of productive learning networks* (pp. 48–70). New York, NY, US: Routledge.

Graetz, K. A. (2006). The psychology of learning environments. In D. G. Oblinger (Ed.), *Learning spaces* (6.1–6.14). Washington, DC, US: Educause.

Henkel, L. A. (2014). Point-and-shoot memories: The influence of taking photos on memory for a museum tour. *Psychological Science, 25*, 396–402.

Hinton, T., Yeoman, P., Ashor, L. & Poronnik, P. (2017). Spaces enabling change: X-lab and science education 2020. In L. Carvalho, P. Goodyear & M. de Laat (Eds.), *Place-based spaces for networked learning* (pp. 207–224). New York, NY, US: Routledge.

Kaplan, S. & Kaplan, R. (1982). *Cognition and environment: Functioning in an uncertain world*. New York, NY, US: Praeger.

Lansdale, M., Parkin, J., Austin, S. & Baguley, T. (2011). Designing for interaction in research environments: A case study. *Journal of Environmental Psychology, 31*, 407–420.

Mehrabian, A. & Russell, J. A. (1974). *An approach to environmental psychology*. Cambridge, MA, US: The Massachusetts Institute of Technology.

Melhuish, C. (2011). What matters about space for learning: Exploring perceptions and experiences. In A. Boddington & J. Boys (Eds.), *Re-shaping learning: A critical reader* (pp. 81–91). Rotterdam, NL: Sense Publishers.

Miller, R. (1998). *Umweltpsychologie. Eine Einführung*. Stuttgart, DE: Kohlhammer.

Mojzisch, A., Krumm, S. & Schultze, T. (2014). Do high working memory groups perform better? A conceptual approach linking individual differences in working memory capacity to group performance. *Journal of Personnel Psychology, 13*, 134–145.

Oberauer, K. (2009). Design for a working memory. In B. H. Ross (Ed.), *The psychology of learning and motivation* (Vol. 51, pp. 45–100). San Diego, CA, US: Elsevier.

Radcliffe, D. (2009). A pedagogy-space-technology (PST) framework for designing and evaluating learning spaces. In D. Radcliffe, H. Wilson, D. Powell & B. Tibbetts (Eds.), *Learning spaces in higher education: Positive outcomes by design* (pp. 9–16). Brisbane, AU: The University of Queensland.

Risko, E. F. & Gilbert, S. J. (2016). Cognitive offloading. *Trends in Cognitive Sciences, 20*, 676–688.

Soares, J. S. & Storm, B. C. (2018). Forget in a flash: A further investigation of the photo-taking-impairment effect. *Journal of Applied Research in Memory and Cognition, 7*, 154–160.

Vischer, J. C. (2008). Towards an environmental psychology of workspace: How people are affected by environments for work. *Architectural Science Review, 51*, 97–108.

# Strategie

*Oliver J. Bott und Jasmin Piep*

# Editorial

In Slot 1 zu Strategien in der Präsenzlehre ist zunächst die in Kooperation zwischen dem Institut für Erziehungswissenschaft (IfE) und dem Institut für Sozialwissenschaften (ISW) der TU Braunschweig entwickelte integrative Lehr-Lern-Plattform „Teaching Apart Together" (TAT) zur Vermittlung quantitativer und qualitativer Forschungsmethoden aufgezeigt worden. Insbesondere interessant und viel diskutiert waren die verschiedenen Einsatzmöglichkeiten als E-Learning-Plattform und deren didaktischer Einbindung in die Lehre sowie als Methoden-Lernumgebung, die Inhalte in Form digitaler Lehr- und Lern-Werkzeuge abbildet.

Die Perspektive der Lehrenden nahm die Hochschule für Wirtschaft und Recht Berlin stärker in den Blick. Hier stellte sich die Frage, welche strategischen Möglichkeiten verfolgt werden sollten, um Lehrende von der Digitalisierung der Lehre zu überzeugen, sie aktiv einzubinden und als Befürworter*innen gewinnen zu können. Insbesondere Herausforderungen bei der Nutzung urheberrechtlich geschützter Inhalte standen im Fokus.

Auf konkrete Umsetzungsbeispiele ging der abschließende Vortrag zu den interdisziplinär angelegten Projekten ILehLe und GLuE an der TU Braunschweig ein. Wesentliche Gelingensfaktoren zur erfolgreichen Zusammenarbeit verschiedener Disziplinen bei der Implementierung neuer Lehr- und Lernkonzepte sind vorgestellt und diskutiert worden.

In Slot 2 „Strategien in und für Niedersachsen" ist mit Fokus auf die niedersächsischen Hochschulen das Thema Strategie und Strategieentwicklung für eine nachhaltige Digitalisierung im Handlungsfeld Studium und Lehre diskutiert worden. Dieses Thema wurde auf drei Ebenen adressiert:
1. Auf Ebene einzelner Hochschulen in Bezug auf die strategische Perspektive der Leitungsebene sowie
2. hochschulübergreifend bezogen auf die Frage der strategischen Zusammenarbeit von Hochschulverbünden und
3. im Hinblick auf die hochschulpolitische strategische Ausrichtung im Themenfeld Digitalisierung von Lehre und Studium in Niedersachsen.

Als Beitrag zur hochschulbezogenen Ebene stellte das Hochschulforum Digitalisierung dessen Konzept der Peer-to-Peer-Strategieberatung von Hochschulen vor. Basierend auf hochschulindividuell zusammengestellten Expert*innen-Teams aus Vertreter*innen anderer Hochschulen wird dabei ein strukturierter Beratungsprozess durchlaufen, der Hochschulen in ihrer Strategieentwicklung für den digitalen Wandel in Studium und Lehre unterstützen soll. Vertreter*innen der Technischen Universität Braunschweig stellten ihre Erfahrungen mit diesem Beratungskonzept vor.

Die zweite, hochschulübergreifende Perspektive wurde vom Beitrag des ELAN e. V. adressiert.[1] Der ELAN e. V. ist ein Verein niedersächsischer Hochschulen und bündelt, vernetzt und ergänzt deren Expertise, Kompetenzen und Ressourcen auf dem Gebiet der Digitalisierung von Studium und Lehre. Als Ansprechpartner, Beratungsinstanz und Interessenvertretung unterstützt er dessen Mitgliedshochschulen im Bereich des digitalen Lernens und Lehrens. Der Vortrag und die nachfolgende Diskussion unterstrichen die Bedeutung hochschulübergreifender Zusammenschlüsse in Form des ELAN e. V. für die Bewältigung der digitalen Transformation in Studium und Lehre.

Der Beitrag der ständigen Kommission Digitalisierung der Landeshochschulkonferenz Niedersachsen (LHK) stellte das in Abstimmung mit dem niedersächsischen Ministerium für Wissenschaft und Kultur (MWK) entwickelte Eckpunktepapier zur Digitalisierungsoffensive für die niedersächsischen Hochschulen vor. Das 2017 entwickelte Papier fokussiert neben den Themen Forschung, Informationsversorgung und IT-Infrastrukturen auf erforderliche Entwicklungen auf dem Gebiet der Digitalisierung von Studium und Lehre. Für die Handlungsfelder Etablierung digitaler Lern- und Prüfungsformate sowie Schaffung von Qualifizierungsangeboten zur Digitalisierung für Lehrende und Studierende wurden konkrete Maßnahmen abgeleitet und zur Umsetzung auf politischer Ebene empfohlen. In dem Beitrag herausgearbeitet wurden zudem die Notwendigkeit hochschulübergreifender Kooperationen und IT-Infrastrukturen sowie die erheblichen finanziellen Herausforderungen der Digitalisierung der Lehre.

Der Beitrag des MWK griff ausgehend von einer Betrachtung internationaler, nationaler und auf Niedersachsen bezogener Randbedingungen das bereits erwähnte Eckpunktepapier von LHK und MWK auf und stellte Beispiele für Maßnahmen des MWK zur Verbesserung der Rahmenbedingungen der Digitalisierung von Studium und Lehre an niedersächsischen Hochschulen vor. Diese umfassen Ausschreibungen zur Verankerungen von qualitätsgesicherter Digitalisierung in der Lehre, die Verankerung von Digitalisierung und Qualität von Studium und Lehre in den strategischen Zielvereinbarungen der Hochschulen, die Entwicklung eines OER-Portals für Hochschullehrende, die Etablierung eines Landeszertifikats Hochschullehre sowie die Ausschreibung von Digitalisierungsprofessuren.

Die zentrale Erkenntnis der Session war, dass anstelle der Zielsetzung der Digitalisierung von Studium und Lehre der Fokus primär auf die Weiterentwicklung der Qualität der Lehre unter Unterstützung digitaler Methoden gelegt werden muss.

---

1 Zu diesem Beitrag und den weiteren Beiträgen des Slots 2 „Strategien in und für Niedersachsen" liegt keine schriftliche Ausarbeitung vor, weswegen die wesentlichen Aussagen in diesem Editorial zusammengefasst sind.

*Virginia Penrose, Oliver Hormann und André Tatjes*

# Quantitativ – Qualitativ – Innovativ
## Die Methoden-Lehr-Lern-Plattform „Teaching Apart Together" (TAT)

## 1. Entstehungsgeschichte

Unabhängig von einer spezifisch-fachlichen Perspektive hat die empirische Methodenausbildung in ihren jeweiligen Studiengängen zumeist eine übergeordnete Funktion. Sie soll Studierende in die Lage versetzen, quantitative wie qualitative Studien zu verstehen, kritisch zu reflektieren sowie eigene Forschungsdesigns zu konzipieren und umzusetzen. Umfassende Methodenkompetenzen sind für Studierende nicht nur in Bezug auf eigene Forschungsaspirationen von Bedeutung. Sie zählen zu einer der Schlüsselqualifikationen. Methodische Kompetenz fördert analytisches und ganzheitliches Denken (Kesseler et al., 2014). Vor dem Hintergrund steigender Studierendenzahlen und zunehmender räumlicher Kapazitätsprobleme sowie nach wie vor häufig anzutreffender „Statistik-Angst" (Schulmeister, 1983), sind neue Wege in der Methodenausbildung zu gehen, um eine Verbesserung hinsichtlich Lehrqualität und -attraktivität erreichen zu können.

Um eine Effizienzsteigerung in der Methodenlehre zu ermöglichen, die Lehrqualität insgesamt zu erhöhen und die Methodenveranstaltungen aus Sicht der Studierenden attraktiver zu gestalten, wurde in den Jahren 2012 bis 2014 am Institut für Sozialwissenschaften (ISW) der TU Braunschweig im Rahmen des *Innovationsprogramms Gute Lehre* innerhalb des BMBF geförderten Projektes „Datenanalyse 2.0: neue Wege in der Methodenausbildung" eine interaktive Lernumgebung entwickelt. Nach dem Vorbild des im Verbund norddeutscher Universitäten bereits praktizierten Modells des „Methodenlehre-Baukastens" (Schulmeister, 2007) sind Lehrinhalte der quantitativen Sozialforschung im Bachelor-Studiengang „Integrierte Sozialwissenschaften" in den entsprechenden Modulen (Methodenmodul Empirische Sozialforschung B und C) verstärkt multimedial aufbereitet und in eine digitale Lernumgebung eingebettet worden, um Studierenden interaktive Selbstlernoptionen zu bieten.

Im selben Zeitraum entstanden am Institut für Erziehungswissenschaft (IfE) erste Überlegungen, wie die Situation für Lehrende vereinfacht werden könne. Dies gestaltet sich in der Methodenausbildung aufgrund der Vielfalt unterschiedlicher Studiengänge und heterogener (curricularer) Anforderungen äußerst komplex. Das Spektrum reicht vom Bachelor-Studiengang „Erziehungswissenschaft", bei dem Kenntnisse der empirischen Methoden über vier Semester vermittelt werden, bis zum Masterstudiengang „Lehramt GHR 300", bei dem die gleichen Inhalte in einem einzigen Semester vermittelt werden müssen. Andere Studiengänge des IfE beinhalten Module, in denen Seminare mit einem Forschungsbezug angeboten werden, ohne dass die Lehre durch begleitende Methodenseminare abgesichert wird. Neben der Notwendigkeit einer Vereinheitlichung der Lehrinhalte bestand der Wunsch, die Attraktivität der Methodenausbildung für Studierende zu steigern, indem verschiedene Lerntypen angesprochen bzw. Lernformen bedient und Möglichkeiten des Selbstlernprozesses durch problemzentriertes Arbeiten geschaffen werden. Durch dergestalt studierendenzentrierte Vermittlungsformen sollten Vorbehalte der Lernenden, insbesondere gegenüber statistischen Methoden, abgebaut werden.

Aus diesen Gründen wurde am IfE 2015 eine E-Learning-Plattform zu empirischen Methoden unter dem Namen „Teaching Apart Together" (kurz: TAT) konzipiert und eine Kooperation mit Mitarbeiter*innen des ISW gesucht. Zur Entlastung und Vorbereitung auf die Präsenzveranstaltungen (*together*) sollten sich die Studierenden unabhängig und zuhause (räumlich „*apart*") mit den Lehrinhalten auseinandersetzen können, die Dozierende für sie zusammengestellt haben (*teaching*). In TAT sollten die wichtigsten methodischen Kenntnisse der qualitativen und quantitativen Forschungszugänge in allen Phasen des Forschungsprozesses erfasst und miteinander verknüpft werden. Im Rahmen des *Transferprogramms „Verbreitung erfolgreicher Lehr-Lern-Konzepte an der TU Braunschweig"* 2015/16 sahen IfE-Mitarbeiter*innen die Möglichkeit ihr Konzept umzusetzen. Das genehmigte Transferprojekt baute auf den Vorarbeiten und Erfahrungen des ISW auf. Die StudIP-Elemente aus dem Projekt „Datenanalyse 2.0" wurden in eine MOOC (Courseware-)Plattform transferiert und zu einer integrativen (quantitative und qualitative Forschungszugänge umfassenden) Methoden-Lernumgebung erweitert.

## 2. Inhalte und Struktur der E-Learning-Plattform TAT

Die entstandene E-Learning-Plattform TAT ist mithilfe der MOOC.IP-Software *Courseware* in Stud.IP eingebettet. Ihre Inhalte gründen auf der Literatur einer eigens zusammengestellten und umfassenden Literaturdatenbank (Citavi) zu empirischen Methoden. Die Referenz-Plattform „Datenanalyse 2.0" enthielt 2015 vier in Stud.IP angebotene didaktische Elemente: (1) ein im Wiki-Format entworfenes Glossar[1], (2) verschiedene offene und geschlossene Übungen (DoIT), (3) ein themenbezogenes Forum inkl. Chat-Option sowie (4) ein umfassendes Skript für die Datenauswertung mit dem Statistikprogramm *Stata*. Das IfE übernahm das Glossar, (weitere) Wiki-Texte und die Übungen für quantitative Methodik. Da aber das Institut für Erziehungswissenschaft mit SPSS arbeitet, konnte das vorhandene Skript von „Datenanalyse 2.0" nur eingeschränkt adaptiert werden. Neben diesen transferierten Inhalten wurden neue Lehrtexte und Übungen zu den wichtigsten Themen der empirischen Sozialforschung, inklusive (Quell-)Texten zur Vertiefung, in die Lernumgebung integriert sowie dazu passende Lernvideos und interaktive PDFs erstellt. In acht Kapitel eingeteilt umfasst TAT heute didaktisch überarbeitete Inhalte zu empirischen und methodologischen Grundlagen empirischer Sozialforschung, eine Einführung in die Entwicklung eines Forschungsvorhabens, ausführliche Darstellungen zu zentralen quali-

---

1  Ein in Anlehnung an Wikipedia erstelltes Online-Nachschlagewerk für (forschungs-)methodische Inhalte, das im Austausch von Studierenden und Lehrenden dynamisch weiterentwickelt werden kann.

tativen und quantitativen Datenerhebungsmethoden sowie Verfahren der qualitativen und quantitativen Auswertung (inklusive des Umgangs mit SPSS) und erste Informationen zum Verfassen eines Forschungsberichts. Ein letztes Kapitel beschäftigt sich mit dem „Forschenden Lernen" und ist den Lehramtsstudierenden vorbehalten. Das Glossar wurde entsprechend den neuen Inhalten erweitert und ein umfassendes Literaturverzeichnis zum Nachschlagen und zur Vertiefung hinzugefügt.

## 3. Integration von TAT in universitären Lehrveranstaltungen

TAT ist so konzipiert, dass Dozent*innen die E-Learning-Plattform als integrativen Teil einer Veranstaltung zur Vor- bzw. Nachbereitung einer Seminarsitzung oder als „Ideenkoffer" für das Konzipieren einer Veranstaltung nutzen können. Über Stud.IP kann die E-Learning-Plattform in ihrer Gesamtheit oder in Teilen in die Lehrveranstaltung integriert werden. Die entwickelten Inhalte liegen in modularisierter Form vor, so dass einzelne Bausteine maßgeschneidert für unterschiedliche Seminarinhalte und didaktische Zwecke miteinander kombiniert werden können. TAT wird bereits seit dem Sommersemester 2016 mit variierenden Zielsetzungen in der Lehre am IfE und ISW eingesetzt: Während am IfE verschiedene Lehrtexte, Lehrvideos und Übungen zu den methodologischen Grundfragen der qualitativen und quantitativen Sozialforschung sowie diversen Erhebungsmethoden zum Zweck der Seminarvorbereitung angeboten werden – wodurch die Präsenzveranstaltung i.S. des *Inverted Classrooms* (s. unten) von Aufgaben der Wissensvermittlung befreit und für Diskussionen und Reflexionen geöffnet wird –, liegt der Schwerpunkt der Methodenausbildung am ISW auf der Einführung in quantitative Auswertungsmethoden, die durch Übungsaufgaben im Rahmen von Tutorien und durch ein Lernskript sowie spezifische Lehrvideos in der Vor- und Nachbereitungsphase systematisch unterstützt wird. Im Folgenden wird zunächst das Konzept des „*Inverted Classroom*" näher erläutert und anschließend dessen Umsetzung und gesammelte Erfahrungen an beiden Instituten diskutiert.

### 3.1 Das Inverted Classroom Model (ICM)

Das *Inverted Classroom Model*, in Schulen auch „Flipped Classroom" genannt, wurde erstmals 2000 von J. Wesley Baker als *The Classroom Flip* vorgestellt (Baker, 2000). Ziel des Konzepts ist es, den Unterricht lernendenzentrierter, interaktiver und effektiver zu gestalten. Die Grundidee des ICM besteht darin, die „traditionellen" Lernorte für die Vermittlung von Inhalten (Unterricht) und deren Reflexion (zuhause) zu vertauschen (*invertieren*). Für die Hochschule bedeutet dies, dass auch hier die Lernorte (Seminar und Zuhause/Bibliothek) hinsichtlich ihrer Funktionen für den Wissenserwerb neu gedacht werden müssen (vgl. Schäfer, 2012: 3). Während traditionelle didaktische Konzepte die Inhaltsvermittlung als Aufgabe der Präsenzveranstaltung (und damit als Kompetenzbereich der Dozierenden) definieren und das Üben und Vertiefen zu Bestandteilen der Vor- und Nachbereitung erklären, kehrt das ICM diese Logik um: Die Studierenden übernehmen die Verantwortung für die Aneignung von Inhalten eines unbekannten Themengebiets, dafür wird die Präsenzphase für die Reflexion der gelernten Inhalte genutzt. Hier profitieren Lernende vom gemeinsamen Erarbeiten von Lösungen unter Anleitung der Dozierenden und der Möglichkeit, Missverständnisse, offene Fragen und Unsicherheiten ausräumen zu können (ebd., S. 4). Der Lernprozess kann auf diese Weise stark individualisiert werden.

## 3.2 Quantitative Methodenausbildung im Bachelorstudiengang „Integrierte Sozialwissenschaften" (ISW)

Die quantitative Methodenausbildung am ISW wird im Rahmen einer einführenden Vorlesung und darauf aufbauenden Kernkursen durchgeführt. Im Unterschied zu den substanzwissenschaftlichen Lehrveranstaltungen konzipieren die Studierenden in den methodischen Kursen selbstständig empirische Projekte, die sie auf Basis von Mikrodaten, d.h. repräsentativen Bevölkerungsumfragen, mit der Analysesoftware *Stata* bearbeiten. Anders als an vielen Universitäten üblich, liegt hier der Fokus auf der Vermittlung *praktischer* Kompetenzen der softwarebasierten Datenanalyse unter Verwendung realer Sekundärdatensätze und auf der Bearbeitung gesellschaftlich relevanter Fragestellungen in einem individuell betreuten Projektkontext. Gemäß dem bereits erörterten Konzept des *Inverted Classrooms* soll an dieser Stelle insbesondere das verfasste Lehr-Lern-Skript zur quantitativen Datenanalyse hervorgehoben werden und ausgeführt werden, wie sich dessen Einsatz unter ergänzender Einbindung von dafür erstellten Lernvideos und eines Methoden-Wikis in der Methodenlehre am Institut für Sozialwissenschaften (ISW) der TU Braunschweig gestaltet.

So wird zu Beginn eines jeden zweisemestrigen Turnus eine Vorstellung der vorhandenen Lernplattform und der wesentlichen Inhalte vorgenommen. Dazu zählen neben dem Skript u. a. auch die Videolektionen und das bereits benannte Methoden-Wiki, das nicht nur ergänzende und vertiefende Sachinformationen, sondern auch praktische Anwendungsbeispiele bietet und dadurch einen wesentlichen Beitrag zum nachhaltigen Verständnis der gelehrten Inhalte leistet. Das Skript, wie auch die Lernvideos, wird zum Download angeboten und beinhaltet hinsichtlich der zu erlernenden Programmiersprache eine systematische (Kurz-)Darstellung der relevanten Seminarinhalte der beiden für die Methodenausbildung vorgesehenen Semester. Als kursbegleitendes Dokument dient es im Zusammenspiel mit den Lernvideos und dem Methoden-Wiki als seminar- und prüfungsvorbereitendes Nachschlagewerk. Nach der allgemeinen Einführung werden jeweils wöchentlich, zum Ende der Veranstaltung, die zur Vorbereitung auf die Folgewoche benötigten Inhalte in Form von Skriptkapiteln und Verweisen auf das Methoden-Wiki sowie ggf. anzusehende Videolektionen bekanntgegeben. Auf diese Weise kann die wöchentliche Präsenzzeit wesentlich stärker dafür genutzt werden, an praktischen Beispielen – im Sinne der angewandten Sozialforschung – zu arbeiten und auf konkrete, ganz spezifische Umsetzungsprobleme seitens der Studierenden einzugehen. Es wird weniger Zeit für die einseitige Vermittlung von theoretischen und praktischen Kenntnissen benötigt. Dies trägt zu einem besseren Verständnis der quantitativen Methodik und deren Anwendung bei, erhöht damit die Motivation der Studierenden und hilft im besten Fall die Statistik-Angst zu verringern und individuelle Leistungen zu verbessern.

### 3.3 Forschungsmethodische Ausbildung im Masterstudiengang „GHR300" (IfE)

Im Rahmen des Masterstudiengänge „Lehramt an Grund- und Hauptschulen" und „Lehramt an Realschulen" spielt das Forschende Lernen eine bedeutende Rolle. Das dreisemestrige Projektband[2] bietet Studierenden die Gelegenheit, konkrete Fragestellungen aus der erlebten schulischen Praxis (vor allem in der Praxisphase) als persönliches Forschungsprojekt aufzugreifen und sie unter Anwendung geeigneter Forschungsmethoden zu bearbeiten. Das IfE veranstaltet in der Vorbereitungsphase (Pro1) eine einsemestrige Einführung in forschungsmethodische Kompetenzen. Die Herausforderung besteht darin, Lehramtsstudierenden, die im Verlaufe ihres Studiums eher beiläufig – z.B. durch die Rezeption forschungsbezogener Veröffentlichungen – Forschungserfahrung gesammelt haben, innerhalb eines Semesters das nötige Wissen zu vermitteln, damit diese darauffolgend ein eigenes Forschungsprojekt für die Schule konzipieren, durchführen und auswerten können. Das Lehrveranstaltungskonzept sieht vor, dass die teilnehmenden Studierenden lediglich zur ersten einführenden Sitzung anwesend sein müssen. Dort erhalten sie einen Semesterplan mit Vorgaben zur sequentiellen Bearbeitung der Seminarinhalte per TAT. Die Kapitelabschnitte in TAT werden zeitversetzt freigeschaltet. In jeder Woche haben Studierende themenbezogene Bausteine (Lehrtexte, Videos etc.) samt zugehörigen Übungen zu erledigen. Die Bearbeitung der TAT-Übungen ist in Höhe eines Anteils von 80 Prozent obligatorisch; Studierende haben bis zum Semesterende Zeit, die Pflichtübungen zu erledigen. Zur Verfestigung und Vertiefung der Themen werden wöchentliche Präsenzveranstaltungen nach dem Konzept des *Inverted Classrooms* angeboten, die freiwillig sind. Die Prüfungsleistung umfasst ein Gutachten der Stärken und Schwächen eines für die Prüfung konstruierten (fiktiven) Forschungsvorhabens.

Nachfolgend wird die praktische Umsetzung der Methodenseminare im Lehramt-Masterstudiengang bezüglich vier von Schäfer genannter Kriterien für die gelingende Umsetzung des Konzepts *Inverted Classroom* (2012: 6) diskutiert:
1. Das ICM-Konzept setzt voraus, dass der thematische Input des Seminars zur Vor- und nicht zur Nachbereitung der Lehrveranstaltung genutzt wird. Denn das didaktische Potenzial des ICMs rührt daher, dass die fachlichen Kompetenzen der Dozierenden ausschließlich für die Anleitung von Übungen und Diskussionen genutzt werden. Dies setzt voraus, dass die Studierenden durch eigenständige Auseinandersetzung mit Fachinhalten hinreichend vorbereitet im Seminar erschei-

---
2   Das Projektband ist die Struktureinheit des Forschenden Lernens im Lehramtsmasterstudiengang GHR 300 an der TU Braunschweig und verteilt sich über drei Semester: Projektvorbereitung (Semester 1), Projektdurchführungsphase (Semester 2) und Projektnachbereitung (Semester 3).

nen. Im Rahmen der Pro1-Lehre dürfen Studierende zwar frei entscheiden, ob sie an den Präsenzveranstaltungen teilnehmen; Voraussetzung für ihre Teilnahme ist aber, dass sie die vorgeschriebenen (themenspezifischen) Lerntexte und Übungsaufgaben vor der Präsenzveranstaltung, also vorbereitend, erledigen. Da die Dozierenden fortlaufend über deren Bearbeitungsstatus eine automatische Rückmeldung aus der Lernumgebung TAT erhalten, kann dies veranstaltungsbegleitend geprüft werden.

2. Wenn die Studierenden zur intensiven Auseinandersetzung mit fachlichen Inhalten im Vorwege der Präsenzveranstaltung angehalten werden, müssen auch die Inhalte der Präsenzphase so angepasst werden, dass die Lernenden von dieser nur dann (maximal) profitieren, wenn sie vorbereitet sind. Um dies im Rahmen der Pro1-Lehre zu gewährleisten, wurden die Präsenzphasen weitestgehend von Wiederholungen der in TAT abgebildeten Inhalte befreit. Die Seminare sind entsprechend darauf ausgerichtet, die in TAT vermittelten Inhalte in Form von Reflexions-, Transfer- und Übungsaufgaben aufzuarbeiten. Zum Beispiel beschäftigen sich Studierenden über Lehrtexte und Schaubilder in TAT mit den relevanten Unterscheidungsmerkmalen gängiger Forschungsdesigns; im Seminar werden sie dann anhand einer Projektskizze aufgefordert zu begründen, welches Forschungsdesign am ehesten zu der Studie passt.

3. Damit die Vorbereitung auf die Präsenzphase effektiv verläuft, müssen ferner die Inhalte des Seminars auf die individuellen Lernstände und -tempi der Studierenden zugeschnitten sein. Um ein möglichst hohes Maß an Individualisierung in der Vorbereitung zu gewährleisten, wurden die methodischen Inhalte gängiger Basistexte (Originalliteratur), die Grundlage der Präsenzphase sind, in Lernvideos, selbstverfasste Lehrtexte, Schaubilder und Übungsaufgaben umgewandelt, welche die Studierenden jederzeit und so oft wie es ihnen beliebt nutzen können. Die Inhalte wurden dabei didaktisch so aufgearbeitet, dass sie auch von fachlichen Novizen verstanden werden können. Die Vielfalt der geschaffenen Formate trägt zudem verschiedenen Lernstilen Rechnung. Insbesondere die Lehrvideos bieten mit ihrer zugleich audiovisuell verdichteten und wiederholbaren Darbietung von Wissen die Möglichkeit einer dem eigenen Lerntempo angepassten Auseinandersetzung mit Lehrinhalten.

4. Schließlich hebt Schäfer hervor, dass die Rückmeldung über den Lernerfolg für die effektive Vorbereitung auf die Präsenzphase wichtig ist. Dies wird in TAT dadurch sichergestellt, dass alle Übungsaufgaben über Rückmeldefunktionen verfügen, die (unabhängig von der*dem Dozierenden) durch die Studierenden ausgelöst werden. Bei geschlossenen Fragen handelt es sich um automatische Auswertungen des Systems im Hinblick auf Übereinstimmungen mit dem vorab festgelegten Antwortmuster. Für im offenen Format gestellte Aufgaben erhalten die Studierenden ‚Musterlösungen'. Diese werden ihnen nach dem Absenden ihrer Lösung – wiederum automatisch – in TAT per Download zur Verfügung gestellt. Über eine Fortschrittsanzeige erhalten Studierende ferner einen aktuellen Überblick der absolvierten Übungen.

## 4. Evaluation des Lehrkonzepts

Um die Wirksamkeit von TAT im Kontext eines nach *Inverted Classroom*-Prinzipien organisierten Seminarkonzepts zu ermitteln, wurde an der Gruppe der GHR300-Studierenden des Durchgangs Wintersemester 2017/18 der Zusammenhang zwischen studentischer Nutzung des Lehrangebots – differenziert in die vier Kategorien „Weder in TAT noch in der Präsenzlehre aktiv", „In der Präsenzlehre, aber nicht in TAT aktiv", „In TAT, aber nicht in der Präsenzlehre aktiv" und „Sowohl in TAT als auch in der Präsenzlehre aktiv"[3] – und Modulabschlussnote anhand von Mittelwertunterschieden (ANOVA) überprüft (vgl. Abbildung 1). Die statistischen Auswertungen[4] belegen, dass sich die Leistungen derer, die sich in keiner Form an der Lehrveranstaltung beteiligen (linke Gruppe), von den sowohl in TAT als auch im Seminar Aktiven (Gruppe rechts) stochastisch bedeutsam unterscheidet. Aufgrund der Fallzahl (n=81) und ungleichen Zellenbesetzungen wird dieses Ergebnis als Tendenz bewertet. Diese entspricht jedoch exakt unserer Erwartung, nach der sich eine auf Vor- und Nachbereitung sowie die Präsenzphase erstreckende aktive Teilhabe positiv auf den Lernzuwachs der Studierenden (und folglich die Qualität der Modulabschlussleitungen) auswirkt. Dem Grundgedanken von *Inverted Classroom* folgend (s.o.) können nur diejenigen Studierenden, die das Lernangebot in beiden Phasen nutzen, in vollem Umfang von der hochschulischen Methodenausbildung profitieren.

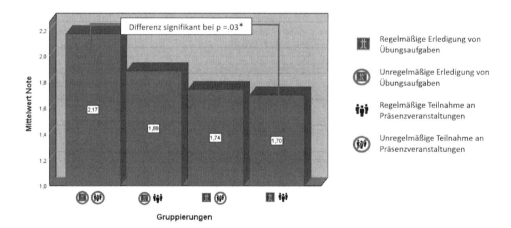

Abbildung 1: Notendifferenz (Mittelwerte), differenziert nach studentischer Teilnahme an Präsenzveranstaltungen und Erledigung von Übungsaufgaben (eigene Darstellung)

---

3   Als „aktiv" im oben intendierten Sinne wurden Studierende betrachtet, die nach der Hälfte der Lehrveranstaltungen mehr als 50 Prozent der Lehrveranstaltungen besucht bzw. über die Hälfte der bis dahin vorgegebenen Aufgaben erledigt hatten.
4   Der Omnibustest weist für die Gesamtheit der in den Vergleich einbezogenen Gruppen signifikante Unterschiede aus (p<.05). Post-Tests nach Tamhane bestätigen, dass zwischen den im Text benannten Gruppen signifikante Unterschiede bestehen (p<.05).

## 5. Reflexion und Ausblick

Die oben geschilderten Erfahrungen mit TAT im Seminarkontext lassen erkennen, dass es sich um ein dynamisches Werkzeug für die Präsenzlehre handelt, zu deren zeitlicher Entlastung und inhaltlicher Unterstützung es insbesondere in Verbindung mit didaktischen Konzepten im Format des *Inverted Classroom Model* beitragen kann. Um die Anwendbarkeit von TAT zu optimieren und das darin liegende didaktische Potenzial einem breiteren Kreis von Hochschullehrenden zugänglich zu machen, müssen die Inhalte fortlaufend weiterentwickelt und evaluiert werden. Da TAT auch für die Unterstützung substanzwissenschaftlicher Seminare konzipiert wurde – etwa für Lehrveranstaltungen, in denen spätere Berufsfelder unter Einbezug empirischer Methoden der Sozialforschung „erkundet" werden –, ist eine Erweiterung der in TAT behandelten Erhebungs- und Auswertungsinstrumente in Richtung jener Methoden anzustreben, die in der Praxisforschung eingesetzt werden (z. B. Zeitschriften- und Diskursanalyse, Videografie).

Des Weiteren stellen Studierende, die eine empirische Abschlussarbeit verfassen, eine potenzielle Nutzergruppe von TAT dar, an deren Bedarf die Lernumgebung weiter adaptiert werden muss. Ergänzend zu den bereits existierenden methodenbezogenen Lerneinheiten und Übungen, die zur praktischen Durchführung und Auswertung empirischer Projekte anleiten, müssen in einem nächsten Schritt die bereits bestehenden Arbeitshilfen für die Organisation des Schreibprozesses ausgebaut werden. Aus unserer Sicht stellt vor allem die Aufarbeitung des Theorie- und Forschungsstands eine Herausforderung für Studierende dar. Diese Aufgabe erfordert in empirischen Arbeiten eine problemorientierte – zur Forschungsfrage hinführende – Auseinandersetzung mit der einschlägigen Literatur und folgt damit anderen Standards als theoretische Arbeiten, die in Gänze über ein relevantes Themengebiet informieren sollen.

Nicht zuletzt gilt es, das Motivationspotenzial von TAT gezielter einzusetzen und dadurch den Zugang zur Methodenausbildung gerade für jene Studierende zu erleichtern, die bisher an psychischen Barrieren (Stichwort „Statistik-Angst") gescheitert sind. Auch wenn die oben präsentierten Untersuchungsergebnisse eher tentativen Charakter haben, sind sie Ansporn für uns herauszufinden, welche Bedeutung etwa die automatische Lernfortschrittsmitteilung und die damit einhergehende Möglichkeit, sich „unbehelligt" von den Dozierenden und dennoch nicht unbegleitet mit den Lehrinhalten und Übungsaufgaben auseinanderzusetzen, für die Motivation der Studierenden hat, sich sowohl im Netz als auch im Seminar aktiv zu beteiligen.

## Literatur

Baker, Wesley J. (2000). *The Classroom Flip: Becoming the Guide by the Side. Communication Faculty Presentations*. URL: https://digitalcommons.cedarville.edu/media_and_applied_communications_presentations/11 [Abrufdatum: 08.02.2019].

Kesseler, Sascha; Kuhfahl, Gesa; Rohde, Sina; Schenk, Jannik; Waldmann, Nathalie (2014). *Kompetenz-Erwartungen von Arbeitgeberinnen und Arbeitgebern an Absolventinnen und Absolventen der Sozialwissenschaftlichen Fakultät*. Göttingen: Universität

Göttingen. URL: https://www.sowi.rub.de/mam/content/fakultaet/praktika/abschluss bericht_2014_kesseler.pdf [Abrufdatum: 08.05.2019].

Schäfer, Anna M. (2012). „Das Inverted Classroom Model". In Handke, J.; Sperl, A. (Hrsg.). *Das Inverted Classroom Model. Begleitband zur ersten deutschen ICM-Konferenz*. München: Oldenbourg Verlag, 1–12.

Schulmeister, Rolf (Hrsg.) (1983). *Angst vor Statistik. Empirische Untersuchung zum Problem des Statistik-Lehrens und -Lernens*. Hamburg: AHD.

Schulmeister, Rolf (2007). *Methodenlehre-Baukasten. Ein Programm zum Lernen der Statistik und Methodenlehre*. Hamburg. URL: https://www.mlbk.de/web/pdf/handbuch_mlbk.pdf [Abrufdatum: 08.02.2019].

*Marcus Birkenkrahe, Anne Hingst und Susanne Mey*

# „Ja, ich will."
# Wie können Lehrende für die digitale Transformation begeistert werden?

## 1. Einleitung

Für die Hochschule für Wirtschaft und Recht Berlin (HWR Berlin) ist E-Learning ein wichtiger strategischer Aspekt der Hochschulentwicklung. Die HWR Berlin ist mit über 11.000 Studierenden eine der größten deutschen Fachhochschulen im Bereich Wirtschaftswissenschaften. Sie nutzt Moodle als Lernmanagement-System seit 2011. Seit 2017 sind die Kompetenzen der HWR Berlin im Bereich E-Learning nun im „E-Learning Zentrum" (ELZ) gebündelt. Aktuelle Trends der Lehre werden aufgegriffen und sowohl in der Praxis als auch in einschlägigen Veröffentlichungen vorangetrieben (vgl. Birkenkrahe, 2018).

Derzeit gibt es an der HWR Berlin zwei Projekte zur Überführung von Präsenz-Studiengängen in berufsbegleitende Blended-Learning-Formate. „BlendIT" startete im Wintersemester 2016/17 mit einer Blended-Learning-Kohorte des Studienganges „Business Administration" (Quade, 2016), und seit 2018 gibt es das Projekt „ÖV Blended" zur Einführung einer Blended-Learning-Kohorte im Studiengang öffentliche Verwaltung. Dieses Projekt ist Gegenstand des folgenden Fallbeispiels.

## 2. Fallbeispiel ÖV Blended: Bachelorstudiengang Öffentliche Verwaltung

Der Fachbereich 3 Allgemeine Verwaltung der HWR Berlin hat im Rahmen des Programms „Qualitätspakt Lehre" ein Pilotprojekt initiiert, um innovative Lehrformen im Fachbereich zu entwickeln, zu erproben und zu verstetigen. Das Projekt „ÖV Blended" (Projektlaufzeit 2018–2021) soll den Präsenzstudiengang Öffentliche Verwaltung (B.A.) in ein Blended-Learning-Format transformieren. Schon im Sommersemester 2019 startet eine erste Kohorte von Studierenden.

Der Bachelorstudiengang bereitet die Studierenden darauf vor, in der rechtsanwendenden Sachbearbeitung der öffentlichen Verwaltung tätig zu werden. Daher liegt der Schwerpunkt des interdisziplinär ausgerichteten Studiengangs in den Rechtswissenschaften. Zudem werden verwaltungs- und wirtschaftswissenschaftliche Inhalte vermittelt sowie Sozial- und Persönlichkeitskompetenzen geschult.

Mit der Blended-Learning-Studiervariante soll auch den bereits in der Verwaltung Beschäftigten die Möglichkeit gegeben werden, einen laufbahnbefähigenden berufsbegleitenden Studiengang zu absolvieren. Dies wäre im Blended-Learning-Format in Deutschland derzeit einzigartig und würde dem herrschenden Personalmangel in der Berliner Verwaltung entgegenkommen (Zawatka-Gerlach, 2018).

## 2.1 Vorgaben und Rahmenbedingungen

Die relativen Anteile im Blended-Learning-Format sind für den gesamten Studiengang mit 50% Präsenzlehre und 50% Online-Lehre für die einzelnen Module durch den Fachbereich vorgegeben. In Bezug auf die Darstellung der Inhalte durch digitale Medien (bspw. durch Video, Audio, Animation) und die Vermittlungsformen (bspw. Webinare, invertiertes Klassenzimmer, Problembasiertes Lernen) wird ein breites Spektrum an Angeboten angestrebt.

Hauptamtliche Professor*innen sind die primäre Zielgruppe, um die Ergebnisse über das Projektende hinaus besser verankern zu können. Produzierte Inhalte sollen möglichst wiederverwendbar sein, sowohl fachlich als auch die Nutzungsrechte betreffend, um auch von Gastdozierenden genutzt werden zu können. Insgesamt müssen während der Projektlaufzeit ca. 25 Module (pro Semester 5) im laufenden Lehrbetrieb in ein Blended-Learning-Szenario überführt werden. Zum Sommersemester 2019, also mit Start der Blended-Studiervariante, greift ein neues Modulhandbuch. Einige Module müssen in Gänze neu erarbeitet werden. Bei laufendem Lehrbetrieb bedeutet das, dass sie tatsächlich erst kurz vor Semesterstart bzw. während des Semesters entwickelt werden können. Zu anderen Modulen wiederum liegen bereits erprobte Lehrkonzepte und Materialien vor.

Für das Projekt wurden mehrere Stellen geschaffen: Eine wissenschaftliche Mitarbeiterin leitet das Projekt operativ und berät bei der didaktischen Transformation; eine Stelle unterstützt die Aufbereitung und Darstellung von digitalen Inhalten; eine halbe Stelle kommt aus dem E-Learning-Zentrum. Zusätzlich stehen zwei studentische Mitarbeitende zur Verfügung. Eine Professorin und ein Professor des Fachbereichs leiten das Projekt.

An der HWR existieren zwei voll ausgestattete Videolabore. Außerdem gibt es Budget für die Anschaffung von Software und technischer Geräte, die für die professionelle Produktion audiovisueller Medien benötigt werden.

Durch die enge, auch personelle, Verzahnung mit dem ELZ, welches bereits den Blended-Learning-Studiengang „Business Administration" an einem anderen Fachbereich begleitet hat, kann auf vielfältige Erfahrungen zurückgegriffen werden.

## 2.2 Hindernisse beim Wandel

Interessierte und motivierte Lehrkräfte sind für eine gelingende Umsetzung eines Blended-Learning-Projekts entscheidend. Die Realität ist jedoch sehr viel komplexer. Bei der Suche nach Mitstreitenden können wir drei Typen erkennen: die Motivierten, die Unentschlossenen und die Ablehnenden. Vor allem die Unentschlossenen müssen behutsam für das Projekt gewonnen werden. Das erweist sich als schwierig, wenn die Betreffenden über Zeitmangel und Überlastung klagen: Das Projekt ist besonders anfangs zeitaufwändig und konkurriert mit anderen Anforderungen aus Lehre, Forschung, Praxisprojekten und Gremienarbeit. Vorteile, die sich in der Folge für die Lehrenden ergeben könnten, bleiben oft unerkannt. Vielen Lehrkräften fehlen Kenntnisse über digitale Werkzeuge und Einsatzbereiche und oft mangelt es an Zeit, um sich diese anzueignen.

## 2.3 Vorgehen und Maßnahme

Um die Aneignung von neuen Lehrformen gezielt zu unterstützen und eine höhere Identifikation mit Blended Learning zu erreichen, wurden die Lehrenden für die fünf Module eines Semesters als Team zusammengebracht, um voneinander zu lernen.

Neue Materialien und Aufgabenformate sowie multimediale Medien wurden benötigt. Die didaktischen Konzepte wurden zunächst modul- und fachspezifisch unabhängig voneinander entwickelt und dann gemeinsam in ein Gesamtkonzept für das Semester überführt, das Übergänge zu anderen Modulen berücksichtigt. Alle Module wurden in einer Kursschablone in Moodle hinterlegt.

Nach Erstgesprächen mit den Modulbeauftragten wurden die in Frage kommenden Lehrkräfte zu Einzelinterviews eingeladen. In diesen Treffen wurden mögliche Bedenken behutsam ausgeräumt, die Vorteile des Blended-Learning-Szenarios erläutert und Umsetzungsbeispiele gezeigt. Auf Basis der Präsenzmaterialien wurden didaktische Ansätze für die Überführung in ein Blended-Learning-Format vorgeschlagen. Schließlich wurde gemeinsam ein individuell auf den Lehrenden zugeschnittenes Konzept erstellt.

Für die Begleitung des beschriebenen Wandlungsprozesses agiert das Projektteam als „Full-Service-Agentur". Es lebt quasi mit den Klienten und liefert Beratung, Inhalte und Produktion, bspw. beim Verfassen von Videodrehbüchern, deren filmischer Umsetzung und dem Erstellen passender Aufgabenformate.

## 2.4 Schulung in Online-Kursen

Für die Weiterbildung der Lehrenden im Bereich der Online-Lehre gibt es an der HWR Berlin zusätzliche Unterstützung in Form eines Onboarding-Kurses in Moodle. Im Verlauf von sechs Wochen erhalten Lehrende einen praxisbezogenen Einblick in E-Learning Werkzeuge und Methoden. Die Themenschwerpunkte wechseln wöchentlich (siehe Abbildung). Nach erfolgreicher Absolvierung des Kurses erhalten die Teilnehmenden ein Zertifikat, das auf das Berliner Zertifikat für Hochschullehre des Berliner Zentrums für Hochschullehre (BZHL) angerechnet werden kann. Der Kurs ist gefragt und wird von den Teilnehmenden gut bewertet.

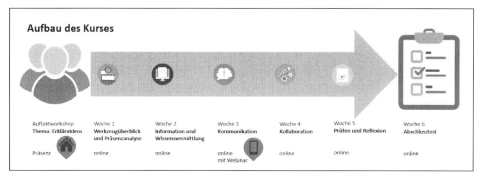

Abbildung 1: Aufbau des sechswöchigen Onboarding-Kurses zur Online-Lehre mit wöchentlich wechselnden Themen

Im vorangegangenen Blended-Learning-Projekt für den Studiengang „Business Administration" wurde zusätzlich in Zusammenarbeit mit dem ELZ ein Selbstlernkurs „Wie setze ich Blended Learning um?" erstellt. In diesem Moodle-Kurs werden Best Practices zur Umsetzung von Blended Learning zusammengefasst, die sich während der Einführung des Blended-Studiengangs gezeigt haben, beispielsweise Erfahrungsberichte von Lehrenden, Anleitungen zur Produktion von Screencasts oder die Vergabe von Open Badges als digitales Zertifikat.

## 2.5 Ausblick und Wünsche

Die Modulentwicklung für die restlichen Module der Blended-Studiervariante wird auch zukünftig agil, flexibel und offen gestaltet. Der Austausch unter den beteiligten Lehrkräften soll weiterhin mit Hilfe von Storys und Szenarien angeregt werden. Mit Beginn des ersten Semesters wird eine begleitende Evaluation von Lehrenden und Studierenden durchgeführt, um Schwachstellen unmittelbar aufzudecken und um Prozesse und Inhalte zu optimieren. Die beteiligten Lehrkräfte sollen soweit geschult werden, dass sie selbst didaktisch-methodisch im digitalen Kontext und im Onlinelehren auf sicheren Füßen stehen und die Technik so gut beherrschen, dass sie ihre Ideen auch ohne externe Hilfe umsetzen und auf Moodle einbinden können.

Was das Projektteam nicht beeinflussen kann, ist die Wertschätzung der am Projekt beteiligten Lehrkräfte durch die Hochschule selbst – beispielsweise in Form einer Ermäßigung des Lehrdeputats in der arbeitsintensiven Phase der Entwicklung des digitalen Lehrkonzepts und der digitalen Inhalte. Bei Kursbeginn noch existierende Ungereimtheiten müssen kollektiv gelöst werden: Dabei wird die Gemeinschaft von Lehrenden und Lernenden gleichermaßen wichtig sein. Das Vorgängerprojekt hat gezeigt, dass sich Lehrende bei der Einführung von digitalen Lehrmethoden auch auf die tätige Unterstützung der Studierenden verlassen müssen und können.

## 3. Diskussion und Schlussfolgerungen

Das Fallbeispiel unterstreicht die Heterogenität der Gruppe der Lehrenden. Porter und Graham (2015), die ebenfalls die Einführung von Blended Learning in der Hochschule untersucht haben, unterscheiden fünf Typen von Fakultätsmitgliedern, wir hingegen nur drei: „Motivierte", „Unentschlossene" und „Ablehnende". Gerechtfertigt ist diese gröbere Klassifizierung dadurch, dass wir uns in dieser Phase des Wandlungsprojekts vor allem der Aufgabe widmen, die „Unentschlossenen" unter den Lehrenden zu motivieren und zu begeistern. Dieses Vorgehen ist naturgemäß mühsam, Erfolg ist schwer quantifizierbar. Denkbar wäre die Sammlung von geeigneten Daten, die helfen könnten, den Projektverlauf auch quantitativ zu beschreiben und eine Art „Blended Learning Adoption Score" (Porter & Graham, 2015), also einen Performanz-Indikator (KPI) zu definieren. Ein solcher KPI könnte wiederum für die Fachbereichs- und die Hochschulleitung nützlich sein, um den Einsatz von Ressourcen zu rechtfertigen und zielgerechter zu steuern.

Bei den Maßnahmen setzen wir auf eine Strategie des „nudging" oder des „behutsamen Schubsens". Diese Bezeichnung ist im Bereich der Digitalisierung von Organisationen und Unternehmen als verhaltensbezogene Maßnahme bekannt und beliebt (Günter et al., 2019). Dort wird sie sogar in Form von sogenannten „behavioral-science units" institutionalisiert. Dieser Zugang zum Management von tiefgreifendem Wandel ist, finden wir, auch in der Hochschule durchaus angemessen. Phänomenografische Untersuchungen wie die von Dasborough et al. (2015) zeigen, dass vor allem die gemischten Gefühle von Lehrenden identifiziert und berücksichtigt werden müssen. Das schließt eine Standardisierung des Zugangs aus. Wir fühlen uns in unserem Vorgehen bestätigt: einerseits gehen wir intensiv auf die Bedürfnisse von Einzelnen ein, andererseits stellen wir die nötigen Mittel bereit, damit Einzelne in einer Gruppe von Lernenden das digitale Lehren gemeinsam besser verstehen und anwenden lernen. Hierbei sind die relativen Anteile von Aufmerksamkeit für Einzelne oder für die Gruppe nicht fixiert, sondern hängen von der Phase der Überführung in das Blended-Learning-Format ab. Wichtig ist uns auch die Verbindung von gesprächs- und szenariengeleiteter Unterstützung und Online-Informationen. Konkret werden die Lehrenden sowohl durch einen Onboarding-Kurs, als auch durch einen Online-Selbstlernkurs unterstützt. Formal würde man diese Maßnahmen als cMOOC und xMOOC beschreiben (vgl. Norman et al., 2018): Der Onboarding-Kurs ist eine informative, virtuelle Lehrveranstaltung, die Teilnehmende miteinander verbinden soll, um Lerngemeinschaft zu erzeugen. Der Selbstlernkurs hingegen ist auf Anleitung hin angelegt, um Teilnehmende schrittweise und zeitlich flexibel an gute digitale Lehre heranzuführen.

Schließlich möchten wir noch das agile Projektmanagement hervorheben, das wir in diesem Projekt durchgängig anwenden. Agile Methodologien kommen ursprünglich aus der Software-Industrie. Sie sind seit längerem besonders beliebt, um Projekte zu begleiten, die aussehen wie unser eigenes Projekt (vgl. Cooper & Sommer, 2018): (1) die Ergebnisse sind für unbestimmte Zeit unfertig. Es sind Prototypen, die iterativ und schrittweise verbessert werden müssen: Unsere Module im Blended-Learning-

Format sind von dieser Art. (2) Um die Prototypen optimal zu entwickeln, ist häufiger, intensiver Kontakt mit den Klienten (in unserem Fall: den Lehrenden) nötig. (3) Das Projektteam selbst ist agil organisiert – in unserem Fall ist das bereits durch die Struktur erforderlich: Das Team besteht aus festen eigentlichen Mitgliedern, erweitert je nach Bedarf durch Mitglieder des E-Learning-Zentrums oder auch der Fakultät. Und beim Einsatz in der Lehre können die eigentlichen Endabnehmer, die Studierenden, ebenfalls zu den Teammitgliedern hinzugerechnet werden.

Um abschließend an den Titel anzuknüpfen: Zu einem „Ja, ich will!" der Lehrenden zu kommen, ist keine einfache Aufgabe. Die Digitalisierung der Lehre zündet auch im Zeitalter der Digitalität (Stalder, 2017) nicht von allein. In unserem Fallbeispiel hat sich der Fokus auf die „Unentschlossenen", ein breiter Maßnahmenkatalog und eine agile Vorgehensweise bisher ausgezahlt – ob aus dem „Ja, ich will" der Teilnehmenden eine gute Beziehung wird, muss sich jetzt erst noch zeigen.

## Literatur

Birkenkrahe, M. (2018). Brücken über den digitalen Abgrund? – Wie man mit Messenger-Apps Kommunikation und Kollaboration in Kursen verbessern kann (aber nicht muss). *Redebeiträge und Thesen des 29. Glienicker Gesprächs.* Hamburg: Tredition.

Cooper, R. G. & Sommer, A. F. (2018). Agile-Stage-Gate for Manufacturers. *Journal Research-Technology Management, 61*(2).

Dasborough, M., Lamb, P. & Suseno, Y. (2015). Understanding emotions in higher education change management. *Journal of Organizational Change Management, 28*(4).

Günther, A., Lucks, K. & Sperling-Magro, J. (2019). Lessons from the front line of corporate nudging. *McKinsey Quarterly*, January 2019.

Jokiaho, A., May, B., Specht, M. & Stoyanov, S. (2018). Barriers to using E-Learning in an Advanced Way. *International Journal of Advanced Corporate Learning, 11*(1).

Müller, C., Füngerlings, S. & Tolks, D. (2018). Das Lehrdeputat – Barriere für die Digitalisierung an Hochschulen? Ein Positionspapier zu den Rahmenbedingungen medizinischer Hochschullehre im digitalen Zeitalter am Beispiel Bayern. *GMS Journal for Medical Education, 35*(3).

Norman, H., Nordin, N., Yunus, M. M. & Ally, M. (2018). Instructional Design of Blended Learning with MOOCs and Social Network Analysis. *Advanced Science Letters, 24*(11).

Porter, W. W. & Graham, C. R. (2015). Institutional drivers and barriers to faculty adoption of blended learning in higher education. *British Journal of Educational Technology, 47*(4).

Quade, S. (2016). Ein Plädoyer für Blended Learning – Meine Top 10 Gründe. *eLerner Blog, 11/2016.*

Stalder, F. (2016). *Kultur der Digitalität.* Berlin: Suhrkamp.

Zawatka-Gerlach, U. (2018). In Berlins Verwaltung sind 4700 Stellen unbesetzt. *Tagesspiegel, 06/2018.*

*Simone Kauffeld, Christoph Herrmann, Katharina Heuer, Stefanie Pulst und Meike Kühne*

# GLuE – Gemeinsam Lernen und Erfahren
## Eine innovative und interdisziplinäre Lehr-Lern-Kooperation

### 1. Warum interdisziplinär arbeiten?

Ein oft genannter Anspruch im Lehr-Lernkontext an Universitäten ist die sogenannte *kompetenzorientierte Lehre*. (Fach-)Wissen soll nicht mehr nur vermittelt, sondern auch in sozialen Kontexten für die Studierenden erleb- und anwendbar gemacht werden (Schaper, Schlömer & Paechter, 2012).

Spätere berufsähnliche Situationen für die Studierenden verschiedener Fachrichtungen im Kontext der universitären Ausbildung realitätsnah darzustellen, erweist sich jedoch sowohl in der Konzeption wie auch in der Durchführung oft als herausfordernd. Entsprechende Konzepte müssen zunächst erarbeitet, dann umgesetzt und schlussendlich auch evaluiert und immer wieder neu angepasst werden. Eine kompetenzorientierte Lehre, die nicht nur den Erwerb von Fachwissen, sondern beispielsweise auch dessen Anwendung in sozialen Kontexten einübt, bietet für die Studierenden allerdings einen großen Mehrwert, der den Mehraufwand rechtfertigt.

Im Folgenden wird zunächst erläutert, welche Vorteile kompetenzorientierte Lehre bietet und an welchen Stellen auch Herausforderungen entstehen. Hierbei dient das titelgebende Innovationsprojekt *GLuE* (Gemeinsam Lernen und Erfahren) als Beispiel, welches seinen Fokus vor allem auf interaktive und interdisziplinäre Elemente setzt, um kompetenzorientiert die Themen „Systemische Beratung" und „Ganzheitliches Life Cycle Management" zu vermitteln.

Die Konzeption und der Einsatz von *interaktiven* und *interdisziplinären* Elementen stellen Lehrende oft vor Herausforderungen. So sind beispielsweise langfristige und inhaltsaufwendige (interaktive) Gruppenarbeiten – im Vergleich zu anderen Lehrkonzepten – oft personal- bzw. betreuungsintensiver. Die entsprechenden Lehrsituationen sind für die Lehrenden zudem umso komplexer, je ergebnisoffener die Arbeitsanweisungen für die Studierenden sind. Eine passende Rahmung zu finden, die zugleich fördert und fordert, aber weder die Studierenden noch die Lehrenden zeitlich und inhaltlich überfordert, ist daher oft eine Gradwanderung. Ebenso herausfordernd ist die Durchführung von interdisziplinären Formaten. Für eine gewinnbringende Zusammenarbeit ist es notwendig, zwei unterschiedliche (Fach-)Inhalte durch die Lehrenden so zu synchronisieren, dass eine gemeinschaftliche Bearbeitung von Aufgaben und Situationen durch die Studierenden sinnvoll möglich ist – der Mehrwert soll für alle Beteiligten möglichst (gleich) groß sein.

Das Ziel des hier vorgestellten Innovationsprojektes *GLuE* ist es, im Rahmen eines interaktiven und interdisziplinären Formates den Studierenden bereits während ihrer universitären Ausbildung genau diesen Mehrwert zu ermöglichen: Sie haben die Möglichkeit, ihr erworbenes Fachwissen in realitätsnahen Situationen anzuwenden und somit „praktische" Erfahrungen zu sammeln. Zusätzlich erhalten sie im Rahmen eines Teamprojektes einen Einblick in einen anderen Fachbereich und sollen kooperativ Lösungen für eine realitätsnahe Problemstellung erarbeiten, wie sie ihnen auch im späteren beruflichen Alltag begegnen könnte.

Die im Innovationsprojekt *GLuE* gegebene Interdisziplinarität bringt dabei zahlreiche Vorteile, sowohl für das Lernen selbst als auch für die Zusammenarbeit in Teams, mit sich (Boyer & Bishop, 2004; Field, Lee & Field, 1994; Ivanitskaya, Clark, Montgomery & Primeau, 2002; Jones, 2010). So fördert interdisziplinäres Lernen höhergeordnete kognitive Prozesse. Dem eigenen Wissen wird Bedeutung verliehen, es wird reflektiert und internalisiert, wodurch tiefgreifendes Lernen und langanhaltende kognitive Entwicklung möglich sind (Ivanitskaya et al., 2002). Ferner wird die Fähigkeit zum kritischen Denken durch interdisziplinäre Zusammenarbeit gefördert (Jones, 2010). Auf die Teamarbeit bezogen, fördert interdisziplinäres Lernen die Toleranz gegenüber anderen Teammitgliedern, Führungsfähigkeiten sowie die Fähigkeit, im Team zu arbeiten (Boyer & Bishop, 2004).

Neue Konzepte im Rahmen der Lehre zu etablieren, muss jedoch nicht zwangsläufig bedeuten, die vermeintlich „alten" Konzepte aus dem Lehrplan zu streichen. Auch im späteren Berufsalltag werden die Studierenden immer wieder in Situationen kommen, die dem „klassischen Frontalunterricht" gleichen: Einem längeren Vortrag aufmerksam folgen sowie Informationen kategorisieren und filtern zu können, ist eine Kompetenz, die ebenfalls erlernt und eingeübt werden sollte. Das Ziel von *GLuE* war es daher nicht, ein etabliertes Lehrkonzept vollständig durch ein neues zu ersetzen, sondern eine (innovative) Lehr-/Lernkonstellation im berechtigten Miteinander verschiedener Formate zu konzeptionieren.

Gerade das Konglomerat und die Diversität der verschiedenen Formate soll den Reiz der Veranstaltung für Studierende verschiedener Fachrichtungen ausmachen und ihnen die Möglichkeit geben, sich selbst in verschiedenen Kontexten, Rollen und Situationen auszuprobieren. So können sie ihre Fach-, Methoden- sowie Sozial- und Selbstkompetenzen einbringen und ausbauen (Kauffeld, Grote & Frieling, 2000). Im interdisziplinären Kontext kann zudem die Zusammenarbeit über Fachgrenzen hinweg eingeübt werden. Es entsteht ein Wissen darüber, was andere Disziplinen leisten können und wie man voneinander profitieren kann.

Im Folgenden wird am Beispiel des Innovationsprojektes *GLuE – Gemeinsam Lernen und Erfahren* (04/2018–03/2019) aufgezeigt, wie ein solch interaktives und interdisziplinäres Lehrformat aussehen kann. Das Innovationsprojekt (vgl. Kauffeld, Stasewitsch, de Wall & Othmer, 2019) wurde im Frühjahr 2018 entwickelt und im Wintersemester 2018/2019 erstmalig in der hier beschriebenen Form durchgeführt. Beteiligt an dem Projekt sind die *Abteilung für Arbeits-, Organisations- und Sozialpsychologie (AOS)* mit der Lehrveranstaltung *Systemische Beratung* von Frau Prof. Dr. Simone Kauffeld und das *Institut für Werkzeugmaschinen und Fertigungstechnik (IWF)* mit der Lehrveranstaltung *Ganzheitliches Life Cycle Management* von Herrn Prof. Dr.-Ing. Christoph Herrmann.

## 2. Big Motors is in Big Trouble!

Projektgegenstand von *GLuE* ist ein realitätsbezogenes Problem (Rettung eines Unternehmens), das durch ein übergeordnetes Narrativ (Big Motors) gebildet wird. Dieses Problem kann nur gemeinsam im Team aus den Disziplinen der Psychologie sowie des Ingenieurwesens gelöst werden.

Das Narrativ, welches erstmalig vor zehn Jahren gemeinsam von der TU Braunschweig (*IWF*) und der Hochschule für Bildende Künste (*Institut IMF*) entwickelt wurde, beschäftigt sich mit der drohenden Insolvenz des (fiktiven) Automobilkonzerns Big Motors. In einer Videobotschaft wendet sich der Big Motors CEO Charles Bergström mit einer Bitte an seine „jungen Führungskräfte" aus verschiedenen Abteilungen (Studierende des Ingenieurwesens). Sie sollen gemeinsam ein tragfähiges Konzept entwerfen, wie der marode Automobilkonzern inhaltlich, strategisch neu ausgerichtet und die drohende Insolvenz abgewendet werden kann. Um sicherzustellen, dass die strategische Neuausrichtung auch den gewünschten Effekt hat, sollen die jungen Führungskräfte in einer Simulation namens Holistic (Planspiel) ihr Konzept zunächst erproben und die Ergebnisse anschließend bewerten und präsentieren (vgl. Böhme, Othmer & Herrmann, 2019).

Entwickelt wurde das Planspiel, um für die Teilnehmenden der Lehrveranstaltung Ganzheitliches Life Cycle Management (GLCM) die zentralen Themen der *Ganzheitlichkeit* (ökologische, ökonomische und soziale Dimensionen) und des *Lebenszyklusdenkens* (von der Wiege zur Bahre) praktisch erfahrbar zu machen. Im Rahmen der geschilderten *Game-based Learning* Situation (Van Eck, 2006) sollten die Studierenden erleben können, was es bedeutet, in einer fachlich und sozial komplexen Situation mit bekannten, aber auch unbekannten Faktoren kalkulieren zu müssen und mögliche Folgen abschätzen. Die gewünschte Lernerfahrung ist daher im Kern die Erfahrbarkeit von (fachnahen) komplexen Systemen im Rahmen einer sozialen Interaktion.

Das ganztägige Planspiel Holistic legte damit einst die Basis für das Narrativ rund um Big Motors und damit auch für ein *Game-* und auch *Problem-based Learning*-Format (Weber, 2005) im Kontext der „klassischen" Lehrveranstaltung GLCM. Auch für das Projekt *GLuE* ist das Narrativ Big Motors zentraler Ausgangspunkt.

### 2.1 Lehrveranstaltung Systemische Beratung (AOS)

Im Rahmen dieser Lehrveranstaltung, welche im Masterstudium der Psychologie stattfindet, werden den Studierenden die Grundgedanken des systemischen Denkens und Handelns vermittelt. Neben systemischen Methoden und Techniken lernen die Psychologiestudierenden Aspekte der Prozesssteuerung und Auftragsklärung sowie die Rolle eines systemisch Beratenden kennen. Das Seminar erstreckt sich über einen Zeitraum von zwei Semestern und hat eine Personenkapazität von 15–20 Studierenden. Im Sommersemester haben die Studierenden die Möglichkeit, die Lerninhalte vor allem im dyadischen Kontext auszuprobieren. Gleichzeitig werden sie darauf vorbereitet, im Wintersemester im Auftrag der systemischen Unternehmensberatung

*TUBS Consult* dem Automobilkonzern Big Motors bei der Konzeptentwicklung als systemisch Prozessbegleitende zur Seite zu stehen. Hier haben die Studierenden dann die Möglichkeit in der Rolle als Junior Consultants, selbstständig anhand von vorgegebenen Themenschwerpunkten in Zweierteams vier Sitzungen mit den Jungführungskräften von Big Motors (Ingenieurstudierende) zu planen und durchzuführen. Begleitet werden die Psychologiestudierenden hierbei durch Supervisionssitzungen mit den verantwortlichen Lehrpersonen.

## 2.2 Lehrveranstaltung Ganzheitliches Life-Cycle-Management (IWF)

Im Rahmen dieser Lehrveranstaltung lernen die Ingenieurstudierenden die zentralen Herausforderungen und Zusammenhänge zwischen globalen ökonomischen und ökologischen Entwicklungen zu erkennen und Denkfallen komplexer Systeme mithilfe der Methoden des Life-Cycle-Managements zu vermeiden. Hierfür gilt es in einem ersten Schritt Bedeutung und Hintergrund des Begriffes der Nachhaltigkeit zu verstehen und Konsequenzen für Unternehmen ableiten zu können. Vermittelt wird dieses Verständnis im Rahmen einer Vorlesung mit ca. 100–150 Studierenden. Durch theoretisch vermittelte Inhalte, Beispiele aus der Praxis sowie durch kleinere Aktivierungsphasen im Rahmen der Veranstaltung werden die Studierenden für ein Lebenszyklusdenken sensibilisiert und lernen die relevanten ingenieurwissenschaftlichen Methoden und Vorgehensweisen anzuwenden. Sie sollen so zu verantwortlichem Handeln befähigt werden und ihre Fähigkeiten zu ganzheitlichem Denken schulen.

## 3. Teamprojekt „Big in Future"

Im Vorfeld des Innovationsprojektes *GLuE* gab es bereits erste Probedurchläufe für eine interdisziplinäre Zusammenarbeit zwischen den beiden Lehrveranstaltungen Systemische Beratung und GLCM. Allerdings äußerten die Studierenden beider Seiten bzw. Disziplinen immer wieder, dass „parallellaufende Strukturen" kein „Wir als Team"-Gefühl ermöglichen und, dass das fehlende *gemeinsame* Narrativ immer wieder für inhaltliche Brüche und unklare Zuständigkeiten sorgte. Das Ziel von *GLuE* war es daher, eben dieses semesterbegleitende Narrativ inklusive der dazugehörigen Aufgaben und Strukturen auszuarbeiten. Das Ergebnis ist das gemeinsame, gemäß des *Team-Teaching*-Ansatzes (Jones, 2010) gestaltete, Teamprojekt *Big in Future*. Dieses bietet den Studierenden beider Disziplinen die Möglichkeit, ihr in den Lehrveranstaltungen erworbenes Fach- und Methodenwissen praktisch anzuwenden und um den Aspekt der Interdisziplinarität zu erweitern (s. Abbildung 1).

Das Teamprojekt startet direkt zu Beginn des Wintersemesters mit der Begrüßung durch den CEO Charles Bergström, welcher nochmals auf die Krise bei Big Motors hinweist. Hierbei werden auch explizit die Führungskräfte und die Beratenden von TUBS Consult als Team angesprochen, Big Motors vor der drohenden Insolvenz zu retten. Dann haben die Studierenden zwei Wochen Zeit, sich über die Plattform des

Lernmanagementsystems Stud.IP in Gruppen von max. 18 Teilnehmenden (16 Studierende des Ingenieurwesens, zwei der Psychologie) zusammenzufinden. Die 16 Ingenieurstudierenden teilen sich zudem in Untergruppen auf, die folgende Abteilungen simulieren: Produktmanagement, Produktionsmanagement, Sales-/After Sales Management und End of Life Management. Den jeweiligen Abteilungen steht dann spezifisches Material zur Verfügung, aus dem sie zunächst abteilungsintern und dann – übergreifend ein gemeinsames Konzept zur strategischen Neuausrichtung erarbeiten sollen. Begleitet werden sie in dem Prozess von den zwei Psychologiestudierenden in der Rolle als systemisch Beratende von TUBS Consult. In einem iterativen Prozess über vier Sitzungen werden aus interdisziplinären Studierendengruppen Teams, welche sich kennenlernen, Regeln der Zusammenarbeit etablieren, Fach- und Methodenwissen austauschen sowie zusammenführen und kritische Aufgaben rund um Big Motors lösen dürfen. Der Interaktionsraum ist dabei so gestaltet, dass die Studierenden gemeinsam in den einzelnen Sitzungen bestimmte Themenschwerpunkte bearbeiten. Zu diesen zählen die Auftragsklärung, die Erarbeitung eines gemeinsamen Verständnisses zu den Themen „ganzheitlich" und „systemisch", die Entwicklung einer Strategie für das Unternehmen im Rahmen eines Strategiepapiers sowie eine Abschlussreflexion zu der interdisziplinären Zusammenarbeit.

Das im Verlauf der Zusammenarbeit erarbeitete Strategiepapier dient auch als Vorbereitung auf das ganztägige Planspiel Holistic, welches nach der dritten Teamsitzung stattfindet. Die erarbeiteten Lösungsansätze bilden die Grundlage für die Berechnung der Startbedingungen eines jeweiligen Teams. Die Wirksamkeit der eigenen Strategie kann jedes Team anhand der Veränderung der drei Indikatoren *Unternehmensgewinn*, *Kundenzufriedenheit* und *Ökoeffizienz* erkennen. Die komplexe Struktur der Spielmechanik im Hintergrund fordert von jedem Team, über die eigene Abteilung hinaus zu denken, Ressourcen (Personal und Kapital) sinnvoll einzusetzen und nicht nur abteilungsinterne Lösungen zu erarbeiten, sondern diese Informationen gezielt auch mit allen teaminternen Abteilungen zu teilen und so ganzheitlich zu agieren. Im Planspiel selbst werden die Führungskräfte wiederum durch ihre Beratenden von TUBS Consult unterstützt. Ihre Prozessberatung anhand systemischer Techniken und Methoden können sie sowohl während des Planspiels innerhalb von abteilungsübergreifenden Besprechungen als auch am Ende im Rahmen einer Feedbackrunde in Anspruch nehmen. Hier können die Beratenden aus ihren Beobachtungen heraus weiterführende handlungsbezogene Hinweise geben.

Im Anschluss an das Planspiel findet in der vierten und letzten Sitzung die teaminterne Reflexion statt. Auch hier sind die interdisziplinären Teams unter sich und können frei von einer klassischen Lehrperson in den Austausch gehen. Durch die unterschiedlichen Rollen im Rahmen des Teamprojektes erleben die Teilnehmenden dabei eine berufsähnliche Situation, die zwar die Möglichkeit des Erfolgs und des Scheiterns bietet, aber keine Fallhöhe besitzt. Dadurch wird ein freies Ausprobieren im Rahmen einer Zielsetzung durch strukturierte Arbeitsmaterialien und Vorgaben ermöglicht.

Das Projekt endet in der letzten Veranstaltung der Vorlesung GLCM mit der Präsentation der Teamergebnisse aus der Reflexionssitzung. Bei der Präsentation orientieren sich die Teilnehmenden an entwickelten Leitfragen, die zu den gesetzten Lernzielen des Teamprojektes passen. Die Form der Präsentation bleibt jedoch den Teilnehmenden überlassen. Dies stellt sicher, dass eine gewisse Vergleichbarkeit und auch ein Wiedererkennungswert gegeben sind, ermöglicht aber auch experimentelle Formate zu präsentieren. Jedes Team erhält im Anschluss ein Feedback von den zuständigen Lehrpersonen – auch im interdisziplinären Austausch – sowie ein Teilnahmezertifikat für das gesamte Teamprojekt *GLuE*.

Erste Evaluationsergebnisse unterstützen den Mehrwert der in *GLuE* umgesetzten didaktischen Prinzipien (Team-Teaching, Problem-, Game-based Learning). So haben die Studierenden ihr erlerntes Fach- und Methodenwissen im Rahmen des Teamprojektes wiedererkannt und praktisch angewandt. Neben dem Transfer ihres Fachwissens geben sie zudem an, ihre Sozial- (Zusammenarbeit, Kommunikation) und Selbstkompetenz (Reflexionsfähigkeit) gestärkt zu haben. Neben diesen positiven Aspekten, müssen natürlich auch spezifische Elemente des Teamprojektes in einem zweiten Zyklus noch einmal überarbeitet werden. Die Überarbeitungen beziehen sich jedoch oft auf kleinere Probleme, wie beispielsweise unscharfe Formulierungen im Rahmen der Vorbereitung auf das Planspiel. Verbesserungsbedarf besteht darüber hinaus beim Zeitmanagement innerhalb der Teamsitzungen. So sollte in einem zweiten Zyklus der Zeitaufwand für die unterschiedlichen Themenschwerpunkte noch einmal überdacht werden. Zudem streben wir im Sinne des Constructive Alignments (Baumert & May, 2013) ein nicht nur interdisziplinäres Lehrkonzept, sondern auch eine interdisziplinäre Teil-Prüfungsleistung an, sodass die interdisziplinäre Zusammenarbeit zukünftig auch formal anerkannt wird.

## 4. Warum interdisziplinär arbeiten? Ein Fazit

Interdisziplinarität bringt zahlreiche Vorteile, sowohl für das Lernen selbst als auch für die Zusammenarbeit in Teams, mit sich. Die universitäre Ausbildung sollte daher Studierenden Lernarrangements bieten, die sowohl Fachwissen wie auch intra- und interdisziplinäre Methoden und Kompetenzen fördern. Um das erworbene Wissen später auch einsetzen zu können, ist es ebenfalls wichtig, dieses anhand von realitätsnahen Situationen praktisch zu erproben. Einen Austausch und ein voneinander Lernen zwischen Studierenden unterschiedlicher Fachrichtungen (Psychologie und Ingenieurwesen) zu fördern, sie daher nicht nur zu lehren, sondern auch im Rahmen von zwei miteinander verbundenen Lehrveranstaltungen lehren zu lassen, ist das Ziel des Innovationsprojektes *GLuE*. Das Ergebnis ist ein Teamprojekt, in welchem Studierende in unterschiedlichen Settings (Vorlesung, Teamsitzungen, Planspiel) neue Lerninhalte kennenlernen, reflektieren und praktisch umsetzen. Erste Evaluationsergebnisse verdeutlichen den Mehrwert dieser Form von interdisziplinärer und praxisorientierter Lehre. Die Studierenden gewinnen an Fach-, Methoden-, Sozial- und Selbstkompetenz und nehmen eine ganzheitliche Perspektive ein.

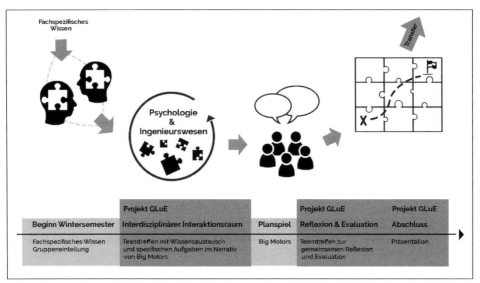

Abbildung 1: Inhaltliche Phasen im Innovationsprojekt GLuE (eigene Darstellung)

## Literatur

Baumert, B. & May, D. (2013). Constructive Alignment als didaktisches Konzept. *Journal Hochschuldidaktik, 1–2,* 23–27.

Böhme, S., Othmer, J. & Herrmann, C. (2019). PlayING und Holistic: ein spielbasiertes Lehr-Lern-Konzept zur Vermittlung eines ganzheitlichen Life Cycle Management. In S. Kauffeld & J. Othmer (Hrsg.), *Handbuch innovative Lehre*. Berlin, Heidelberg: Springer.

Boyer, S. J. & Bishop, P. A. (2004). Yound Adolescent Voices: Student's Perceptions of Interdisciplinary Teaming. *Research in Middle Level Education, 28* (1), 1–19. doi: 10.1080/19404476.2004.11658176

Field, M., Lee, R. & Field, M. L. (1994). Assessing interdisciplinary learning. In J. T. Klein & W. G. Doty (Hrsg.), *Interdisciplinary studies today* (S. 69–84). San Francisco: Jossey-Bass.

Ivanitskaya, L., Clark, D., Montgomery, G. & Primeau, R. (2002). Interdisciplinary Learning: Process and Outcomes. *Innovative Higher Education, 27* (2), 95–111. doi: 10.1023/A:1021105309984

Jones, C. (2010). Interdisciplinary Approach – Advantages, Disatvantages, and the Future Benefits of Interdisciplinary Studies. *ESSAI, 7* (26), 76–81.

Kauffeld, S., Grote, S. & Frieling, E. (2000). Die Diagnose beruflicher Handlungskompetenz: Das Kasseler-Kompetenz-Raster. In K. A. Geißler & W. Loos (Hrsg.), *Handbuch Personalentwicklung* (S. 1–22). Köln: Deutscher Wirtschaftsdienst.

Kauffeld, S., Stasewitsch, E., de Wall, K. & Othmer, J. (2019). Innovationen in der Hochschullehre – das Beispiel Technische Universität Braunschweig. In S. Kauffeld & J. Othmer (Hrsg.), *Handbuch innovative Lehre*. Berlin, Heidelberg: Springer.

Schaper, N., Schlömer, T. & Paechter, M. (2012). Kompetenzen, Kompetenzorientierung und Employability in der Hochschule. *Zeitschrift für Hochschulentwicklung, 7* (4), I–X.

Van Eck, R. (2006). Digital Game-Based Learning: It's not just the Digital Natives who are restless. *EDUCAUSE Review, 41* (2), 16–30.

Weber, A. (2005). Problem Based Learning. – Ansatz zur Verknüpfung von Theorie und Praxis. *Beiträge zur Lehrerinnen- und Lehrausbildung, 23,* 94–104.

*Ronny Röwert*

# Unterstützung von Strategien für Hochschulbildung im digitalen Zeitalter durch Peer-to-Peer-Beratungen

## Wie die Schärfung der eigenen Hochschulstrategie für Studium und Lehre im Dialog gelingen kann

### 1. Der digitale Wandel in Studium und Lehre als Chance für die Profilbildung

Der digitale Wandel führt zu einer gestiegenen Innovationsdynamik für alle Leistungsbereiche der Hochschule, insbesondere aber für das Handlungsfeld Studium und Lehre. Es zeigt sich, dass sich der digitale Wandel in seinen Auswirkungen als Katalysator für Innovationen im Leistungsbereich Studium und Lehre substantiell von den Handlungsfeldern der Forschung sowie der Verwaltung unterscheidet. Der Einsatz neuer Technologien im Hochschulwesen lässt sich in den Bereichen Forschung und Verwaltung im Vergleich zu Studium und Lehre eher als Modernisierungsschritt charakterisieren. Insbesondere in der Forschung haben digitale Technologien als Innovationssprünge früh Einzug in die Praxis gefunden. Schauen wir uns hingegen den Leistungsbereich Studium und Lehre an Hochschulen an, so wird erkennbar, dass digitale Lehr- und Lerninnovationen hier nicht nur die Züge einer gewöhnlichen Modernisierung annehmen können, sondern einzelne Länder, Hochschulen, Fachbereiche und Lehrende bei der Integration von Lehr- und Lerninnovationen die Möglichkeit sehen, diese zur eigenen Profilierung einzusetzen (Dräger et al., 2017).

Während in der Vergangenheit Innovationen in der Lehre eher im Sinne eines Add-ons als Spielwiese besonders motivierter Lehrender betrachtet wurden, greifen immer mehr Hochschulen genau diese Ansätze einzelner Lehrprojekte auf, indem sie diese mit übergeordneten strategischen Entwicklungslinien und prioritären Handlungsfeldern verknüpfen, entsprechend unterstützen und außenwirksam sichtbar werden lassen. Im Sinne einer Profilierung nutzen sie also den Einsatz innovativer Lehr- und Lernformate an der eigenen Hochschule bzw. im Verbund mit dem Ziel der Verbesserung der eigenen Position im Hochschul- und Wissenschaftssystem, seien es Konzepte zur Stärkung der Internationalität der Studienprogramme durch virtuelle Austauschformate, neue Online-Studiengänge im Bereich wissenschaftlicher Weiterbildung oder didaktische Erweiterungen einer projektbasierten Lehre unter Einsatz digitaler Tools. Um genau dieses spezifische hochschuleigene Profil im digitalen Zeitalter zu schärfen, kann ein strukturierter Austausch mit erfahrenen Expertinnen und Experten aus anderen Hochschulen, Stiftungen oder der Wirtschaft („Peers") eine wertvolle Unterstützung sein. Im Folgenden wird die Peer-to-Peer-Strategieberatung des Hochschulforums Digitalisierung als Entwicklungsinstrument dargestellt und mit Erfahrungen aus den bisherigen Runden ergänzt.

## 2. Die Peer-to-Peer-Strategieberatung des Hochschulforums Digitalisierung

Im Rahmen einer Peer-to-Peer-Beratung unterstützt das Hochschulforum Digitalisierung[1] zwischen 2017 und 2020 jährlich sechs Hochschulen individuell bei ihrer Strategieentwicklung. Die Peer-to-Peer-Beratung ist ein Entwicklungsinstrument für Hochschulen, die den digitalen Wandel in Studium und Lehre aktiv gestalten und digitales Lehren und Lernen sowie die Digitalisierung von Beratungs- und Unterstützungsstrukturen strategisch stärken möchten. Die Strategieberatung richtet sich gezielt an Hochschulleitungen als zentraler Akteur in einem von der gesamten Hochschule getragenen und gestalteten Prozess.

### 2.1 Das Beratungsprogramm im Überblick

Das Beratungsangebot des Hochschulforums Digitalisierung wird in einem jährlichen Wettbewerb ausgeschrieben. Auf die Vielfalt der Hochschultypen und den unterschiedlichen Reifegrad bereits bestehender strategischer Ansätze zur Digitalisierung in Studium und Lehre wird bei der Auswahl der teilnehmenden Hochschulen besonders Wert gelegt. Zentral für die Auswahl ist, dass die Hochschulen in ihrer Interessensbekundung klare Ziele für die Gestaltung von Studium und Lehre im digitalen Zeitalter formulieren und überzeugend darstellen, wie der Peer-to-Peer-Beratungsprozess die Hochschule in ihrer Strategieentwicklung nachhaltig unterstützen kann.

In den ersten beiden Runden haben sich bisher rund 90 Hochschulen auf 12 Plätze beworben. Ausgewählt wurden für die erste Runde 2017–2018 die Hochschule Bochum, die TU Braunschweig, die HTW Dresden, die Georg-August-Universität Göttingen, die PH Heidelberg und die Universität Stuttgart. An der zweiten Runde 2018–2019 nehmen derzeit die Universität Bayreuth, die Kunsthochschule Berlin-Weißensee, die HAW Hamburg, die Hochschule Harz, die Universität Konstanz und die Bauhaus-Universität Weimar teil (Janoschka und Rampelt, 2018).

Im Frühjahr 2019 wird die Teilnahme für die dritte Runde des bundesweiten Angebots der Peer-to-Peer-Beratung ausgeschrieben.[2]

### 2.2 Der Beratungsprozess

Die Hochschulen werden durch Peers des HFD, einem Team aus erfahrenen Expertinnen und Experten anderer Hochschulen und aus der Wirtschaft, etwa ein Jahr beglei-

---

1   Mit dem Hochschulforum Digitalisierung (HFD) haben Stifterverband, CHE Centrum für Hochschulentwicklung und die Hochschulrektorenkonferenz ab 2014 ein agiles Expert(inn)ennetzwerk aufgebaut, das zum Ziel hat, bundesweit den Diskurs zur Hochschulbildung im digitalen Zeitalter zu orchestrieren. Als zentraler Impulsgeber informiert, berät und vernetzt es Akteure aus Hochschulen, Politik, Wirtschaft und Gesellschaft. Gefördert wird es vom Bundesministerium für Bildung und Forschung.
2   Vgl. https://hochschulforumdigitalisierung.de/de/strategien-hochschulbildung-digitales-zeitalter

tet. Anhand eines vertraulichen Selbstberichts legen die Hochschulen den Grundstein für den Beratungsprozess. Anschließend bietet ein auf die Herausforderungen und Ziele der Hochschule zugeschnittener, zweitägiger Workshop an der Hochschule die Möglichkeit, Strategien, Ziele und Prozesse gemeinsam mit den Peers zu reflektieren und weiterzuentwickeln. Ein abschließender Beratungsbericht der Expert*innen des HFD hält nicht nur Ergebnisse und Empfehlungen strukturiert fest, sondern bietet vor allem auch die Grundlage für eine nachhaltige Umsetzungsplanung und Einbettung der Beratung in langfristige strategische Entwicklungslinien. Ergänzend hierzu wird ein übergreifender Austausch zwischen den teilnehmenden Hochschulen angeregt und Erkenntnisse der hochschulinteressierten Öffentlichkeit zur Verfügung gestellt.

## 3. Lehren aus den ersten Peer-to-Peer-Strategieberatungen

Einzelne Hochschulen werden im Rahmen der Peer-to-Peer-Strategieberatung begleitet. Um die dabei gesammelten Erfahrungen auch mit den nicht-beteiligten Hochschulen zu teilen, werden Ergebnisse des Beratungsprogramms durch Publikationen, Konferenzen und Workshops disseminiert. Im Arbeitspapier 38 des Hochschulforums Digitalisierung (Schünemann & Budde, 2018) wurden die Erfahrungen aus der Pilotphase der Peer-to-Peer-Beratung des Hochschulforums in den Jahren 2017 und 2018 mit den beteiligten Peers und teilnehmenden Hochschulen zusammengetragen.

Dabei wurden auf Basis der gesammelten Eindrücke der Beratungsbesuche sowie Vor- und Nachbereitungen dieser Besuche fünf zentrale Handlungsfelder für die Strategieentwicklung für die digitale Hochschulbildung skizziert.

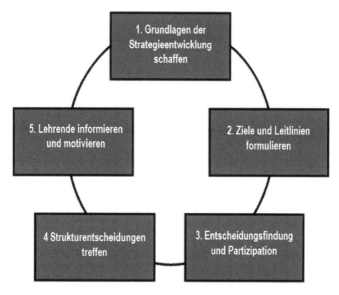

Abbildung 1: Felder der Strategieentwicklung für die digitale Hochschulbildung (Schünemann & Budde, 2018, S. 8)

## 3.1 Grundlagen der Strategieentwicklung schaffen

Das Stichwort „Digitalisierungsstrategie" genügt häufig, um bereits einen intensiven Austausch loszutreten. Doch was ist das gemeinsame Verständnis der Begriffe „Strategie" und „Digitalisierung"? Die Beratungsbesuche zeigten vielerorts das gleiche Bild, dass die beteiligten Akteure*innen zwar am gleichen Strang ziehen wollen, wenn es um die Hochschulentwicklung im Sinne der digitalen Hochschulbildung geht, jedoch selten ein gemeinsames Verständnis grundlegender Begriffe vorliegt. Nach über zwei Jahrzehnten Erfahrungen des Einsatzes digitaler Medien in Studium und Lehre an Hochschulen wird der Begriff der Digitalisierung sehr unterschiedlich rezipiert. Manche Lehrende verstehen darunter Vorlesungsaufzeichnungen. Andere Beteiligte verbinden mit dem Begriff die zunehmende Produktion von Online-Kursen. Wiederum andere Hochschulmitglieder haben die Weiterentwicklung der hochschulinternen Lernmanagement-Plattform vor Augen. Auch der Begriff der „Strategie" erzeugt sehr divergierende Assoziationen bei Hochschulmitgliedern. Innerhalb von Beratungsbesuchen hat es sich als zweckmäßig erwiesen, genau dieser gemeinsamen Verständigung über grundlegende Begriffe einen Raum zu geben. Für die weiteren Entwicklungslinien bei der Gestaltung einer Strategie für die digitale Hochschulbildung kann dieser grundsätzliche Schritt ein verbindendes Element sein. So wird auch schnell sichtbar, dass es sich bei der Entwicklung einer Strategie für das digitale Zeitalter auch, aber nicht nur, um die Formulierung eines Schriftstücks handeln kann. Vielmehr als um eine einzelne Digitalisierungsstrategie geht es im Prinzip um einen ganzheitlichen Aushandlungsprozess zu gemeinsamen Visionen, Zielen und Prioritäten gemessen an der übergreifenden strategischen Ausrichtung der Hochschule.

## 3.2 Ziele und Leitlinien formulieren

Eine Strategie ist neben der Formulierung klarer Ziele, Prioritäten und Maßnahmen auch immer die Entscheidung dafür, was weniger verfolgt werden soll. Der Einsatz digitaler Medien in Studium und Lehre bietet auf verschiedensten Ebenen der Umsetzung stets eine Entscheidung dazu an, ob dabei eine Modernisierungs- oder Profilierungsagenda verfolgt werden soll. Geht es um eine Modernisierung der Curricula oder um die Gewinnung von Wettbewerbsvorteilen durch Reformen der Studienangebote? Soll der zunehmende Einsatz digitaler Lösungen in der wissenschaftlichen Weiterbildung zu Effizienzsteigerungen führen oder neue Zielgruppen ansprechen? Die Hochschule hat sich demnach nicht nur ganz allgemein als Institution dafür zu entscheiden, welche Bedeutung die Digitalisierung der Hochschulbildung in Zukunft einnehmen soll. Sie hat sich jeweils auch auf den tieferliegenden Ebenen der Umsetzung der Digitalisierung wie der Weiterentwicklung der Studiengänge, des Lernmanagementsystems, ihrer Raumkonzepte, ihrer Kooperationen mit hochschulischen und außerhochschulischen Partnern oder Berufungen und Anreizstrukturen von Professuren im Sinne der Modernisierung versus Profilierung für die Ausgestaltung zu entscheiden.

## 3.3 Entscheidungsfindung und Partizipation ermöglichen

Die (Weiter-)Entwicklung jeder Strategie ist immer auch ein vielschichtiger Aushandlungsprozess. So aufwendig und langanhaltend der Prozess auch sein mag: findet er in zweckmäßigen Formaten und Austauschforen unter Beteiligung aller Anspruchsgruppen statt, so war es die Mühe wert, wenn in der Umsetzung dann auch eine stärkere Identifikation mit den Ergebnissen Einzug hält. Die Beratungsbesuche zeigten das gemeinsame Bild, dass ein verbindliches Commitment der Hochschulleitung zum Strategie- sowie Beratungsprozess ein entscheidender Faktor für eine allgemein wahrgenommene Bedeutung des Austausches und der Ergebnisse waren. Gleichzeitig sind viele der Austauschformate zur Hochschulentwicklung mit Bezug auf die Digitalisierung in Studium und Lehre an Hochschulen historisch gewachsen und folgen nicht immer einer Zweckmäßigkeit. Gremien zur Aushandlung der Strategieprozesse schließen nicht immer alle relevanten Akteure*innen ein wie beispielsweise Studierende oder relevante Supporteinrichtungen. Vor diesem Hintergrund hat sich im Rahmen der Peer-to-Peer-Beratungsbesuche die Erkenntnis verdichtet, dass formelle und informelle Räume für die Aushandlung und Gestaltung der Strategieentwicklung zu schaffen bzw. überdenken sind. Dazu zählen auch eindeutige Verantwortlichkeiten, insbesondere in der Hochschulleitung, für die Prozesshoheit über den Strategieentwicklungsprozess.

## 3.4 Strukturentscheidungen treffen

Über die letzten mehr als zwanzig Jahre sind beim Experimentieren mit dem Einsatz digitaler Medien in Studium und Lehre viele projektbasierte Leuchttürme entwickelt und nur selten verstetigt worden. Dabei wurden die dabei gesammelten Erfahrungen nur selten dafür genutzt, um im Sinne einer breitenwirksamen Verankerung auch grundlegende Strukturentscheidungen zu treffen. Dazu zählen Festlegungen mit Bezug auf rechtliche Fragen. Seien es Möglichkeiten der Anrechnung von entwickelten digitalen Lehr- und Lernszenarien auf das Lehrdeputat, die Anerkennung und Anrechnung von digital erworbenen Leistungen auf ein Hochschulstudium oder die Einrichtung von Lehrfreisemestern – das Treffen von und die Kommunikation der entsprechenden Entscheidungen mit Bezug auf Strukturfragen erzeugt Erwartungssicherheit. Zu förderlichen Strukturentscheidungen zählt auch die Gestaltung von Kooperationsoptionen – mit hochschulischen wie außerhochschulischen Partnern. Hier kann die Hochschulleitung die Beteiligung an Netzwerken und Verbünden aktiv fördern. Darüber hinaus ist auch die Neustrukturierung der Support-Einheiten eine langfristige Strukturentscheidung. Dabei ist zu klären, welche Dienstleistungen in den Fachbereichen erbracht werden können, welche Schnittmengen von Didaktik- und Medienzentren sinnvoll genutzt werden können und welche neuen Berufsbilder sowie Stellenprofile hier gefördert werden sollen.

## 3.5 Lehrende informieren und motivieren

Bei den verschiedenen Peer-to-Peer-Beratungsbesuchen zeigte sich ein sehr heterogenes Bild zwischen den Hochschulen, was die Kommunikation der Entwicklungslinien und Aktivitäten im Bereich Digitalisierung in Studium und Lehre inner- aber auch außerhalb der Hochschule betrifft. Das betrifft die Sichtbarkeit der hochschuleigenen Supportangebote, das Teilen von Beispielen guter Praxis bzw. Vorbildern im Bereich innovativer Lehre über die gesamte Hochschule hinweg, Klarheit mit Bezug auf Ansprechpersonen für den entsprechenden Strategieentwicklungsprozess und die pro-aktive Ansprache der Lehrenden für Maßnahmen wie Fördertöpfe für Innovationen in der Lehre. Darüber hinaus sind intelligente und zweckmäßige Personalentwicklungsangebote für die Lehrenden sowie für Supportmitarbeitende bereitzuhalten. Das beginnt mit einem umfassenden Informations- und Beratungsangebot für neue Lehrende, geht weiter mit mediendidaktischen Qualifizierungsangeboten wie E-Learning-Zertifikaten bis hin zu einer Stärkung der Bedeutung digitaler Lehr- und Lernarrangements bei Berufungsverfahren.

## 4. Peer-to-Peer-Beratungen – ein Austausch auf Augenhöhe mit Zukunft

Die bisherige Nachfrage hat gezeigt, dass an vielen Hochschulen in Deutschland ein großer Bedarf an strategischer Begleitung und Beratung zur Gestaltung der Hochschulbildung im digitalen Zeitalter besteht. Seit Herbst 2018 finanziert daher etwa das Wissenschaftsministerium aus Baden-Württemberg in Kooperation mit dem Stifterverband im Rahmen des Programms „StraDi-BW" vier zusätzliche Beratungsplätze für Hochschulen aus Baden-Württemberg.[3] Darüber hinaus zeigen weitere Bundesländer Interesse an einem entsprechenden Landesprogramm. Ebenso greifen einzelne Hochschulen den Gedanken der Peer-to-Peer-Beratung auf und überlegen, eine solche Entwicklungsmaßnahme selbst zu organisieren. Das Hochschulforum Digitalisierung steht dafür gerne als Ermöglicher und Unterstützer zur Verfügung.

## Literatur

Dräger, J., Friedrich, J., Mordhorst, L., Müller, U. & Röwert, R. (2017). Hochschulen brauchen Strategien für das digitale Zeitalter. In Graschopf, A. (Hrsg.), *Zukunft und Aufgaben der Hochschulen,* Wien: LIT-Verlag

Janoschka, O. & Rampelt, F. (2018). Vorgestellt – Hochschulforum Digitalisierung: Netzwerke und Strategien für das digitale Zeitalter. In Winde, M. (Hrsg.), *Newsletter Forum Hochschulräte Update 2,* Berlin: Stifterverband

Schünemann, I. & Budde, J. (2018). *Hochschulstrategien für die Lehre im digitalen Zeitalter: Keine Strategie wie jede andere!, Arbeitspapier Nr. 38,* Berlin: Hochschulforum Digitalisierung

---

3   Vgl. https://www.stifterverband.org/peer2peer-beratung-bawue

# Lehre

*Katharina Zickwolf und Kevin Neu*

# Editorial

Im Bereich Lehre setzte der Kongress *Teaching Trends* durch die beiden Slots „Spielerische und interessante Lernideen" und „Virtual Reality / Augmented Learning" zwei Fokusse im Themenspektrum der Lehrinnovationen. Während bei den spielerischen und interessanten Lernideen insbesondere die Kompetenzvermittlung via Erklärvideos, spielerischen oder alternativen Lehrformaten praktisch und theoretisch dargestellt und untersucht wird, befassen sich die Beiträge des zweiten Bereichs vorrangig mit Projektvorstellungen des Einsatzes von Virtual und Augmented Reality, aber auch mit einer qualitativen Studie zur Akzeptanz über den Einsatz von virtuellen Welten in der Lehre.

Im Wandel der privaten und beruflichen Umwelt werden Kompetenzen wie Teamfähigkeit, Informationskompetenz oder Sozialkompetenz zusehends wichtiger. Die zeit- und ortsungebundene Arbeit in heterogenen Teams nimmt zu und verstärkt werden Fähigkeiten im Bereich des Innovations- und Projektmanagements benötigt. Diesem Wandel versuchen auch Bildungseinrichtungen zu begegnen, indem die Vermittlung von Kompetenzen einen zusehends höheren Stellenwert in der Lehre einnimmt.

Frau Covezzi, Frau Neumann und Herr Becker von der Zentralen Einrichtung für Sprachen und Schlüsselqualifikationen der Uni Göttingen haben sich der Kompetenzvermittlung gewidmet und mittels Medienproduktion im Fremdsprachenunterricht versucht, die Transferleistung und Medienkompetenz ihrer Studierenden zu stärken. Die Erstellung von Erklärvideos führt dazu, dass die Kommunikations- und Wahrnehmungskanäle von Studierenden, aber auch der Lehrenden medienproduktions- als auch rezeptionsseitig angesprochen werden. Das Team aus Göttingen berichtet von ihren Erfahrungen und gibt Einblick in die praktische Umsetzung.

In einer Informations- und Wissensgesellschaft ist die Fähigkeit Informationen effektiv zu beschaffen, zu bewerten und zu nutzen eine Schlüsselqualifikation für zukünftige Berufsfelder. Frau Eckardt vom Institut für Wirtschaftsinformatik der TU Braunschweig stellt ein Serious Game vor, das auf spielerische aber fundierte Weise die Informationskompetenz schulen soll. Es werden eingesetzte Spielelemente und das Zusammenwirken ebenso dargestellt wie der Designprozess, der in Kooperation mit Studierenden erfolgt ist.

Eine weitere Methode untersucht Frau Meyer vom Institut für Sozialwissenschaften der TU Braunschweig. Sie zeigt anhand ihrer Interviewergebnisse mit Lehrenden auf, ob und inwiefern der sich verändernde Kompetenzvermittlungsbedarf der Berufswelt durch sogenannte Hackdays, an denen aus Ideen zu verschiedensten Themenbereichen Prototypen entwickelt werden, gerecht werden kann beziehungsweise welche Potenziale sich aus dieser Form der Vermittlung ergeben.

Neue Technologien wie Virtual und Augmented oder Mixed Reality ermöglichen auch in der Lehre neue Wege. Unter anderem können hierdurch schwer zugängliche Gebiete begehbar oder abstrakte und komplexe Gebilde in dreidimensionalen Objekten einfacher verständlich gemacht werden, als es durch bisherige Lehrmaterialien möglich ist.

Frau Sonntag und Herr Jun.-Prof. Bodensiek vom Institut für Fachdidaktik der Naturwissenschaften, Abteilung Physik und Physikdidaktik der TU Braunschweig haben eine dieser Möglichkeiten in einem Projekt getestet. Hierbei werden reale Experimente an erweiterte Realitäten gekoppelt, wodurch hybride Lernräume erschaffen werden, in denen Veränderungen realer Experimentierparameter simultan die digitalen Visualisierungen beeinflussen. In diesem Beitrag werden neben der Projektdarstellung Evaluations- und Interviewergebnisse Studierender gezeigt, deren Fokus auf der Wissensvernetzung im Vorher-Nachher-Vergleich und auf didaktischen Aspekten wie fachlicher Inhalte und Usability-Aspekten liegt.

Der zweite Beitrag nahm sich ebenso der Möglichkeiten der virtuellen Welt zur einfacheren Vermittlung abstrakter Inhalte an. Herr Prof. Gerke und Frau Dikhoff vom Institut für Geodäsie und Photogrammmetrie der TU Braunschweig stellen ihr Projekt vor, in dem mittels 3D-Modellen ersucht wird 2D-Schema-Darstellungen effizienter verständlich zu machen. Auf Basis des Faktenwissens, das die Studierenden sich via Lernvideos – im Sinne eines Inverted Classrooms – in Selbstlernzeit angeeignet haben, soll in den Präsenzveranstaltungen durch die aktive Einbindung in VR-Umgebungen mit 3D-Modellen das Verständnis der Studierenden zusätzlich begünstigt werden.

Abschließend wird sich Frau Eckardt vom Institut für Wirtschaftsinformatik der TU Braunschweig der naturgemäßen Skepsis gegenüber dem Einsatz neuer Technologien in der Lehre widmen und Ergebnisse einer Umfrage unter Studierenden vorstellen, welche das Interesse beim Lernen mit Virtual Reality untersucht. Dem vergleichenden Meinungsbild liegen Daten zugrunde, die in einem Abstand von zwei Jahren erhoben wurden.

Abgesehen vom Mehrwert, den die Kongressteilnehmenden in den Praxisberichten der neuen Lehr- und Lernansätze und den damit verbundenen Anreizen zum Transfer in die eigene Lehre sahen, interessierten sich die Teilnehmenden folgerichtig für den Ausbau dieser Lernsettings sowie die Beforschung der Effektivität der Wissensvermittlung. Wie verhalten sich die Mixed-Reality-Technologien in anderen Disziplinen der Hochschullehre? Wie effektiv gestaltet sich das Lernen in Serious Games oder auf Hackdays? Wie lässt sich Kompetenzerwerb bemessen? Diskutiert wurde zudem der Zeitaufwand und das nötige technische Wissen zur Umsetzung der neuen Settings aus Lehrendensicht sowie der kompetente Umgang der Studierenden mit neuen Technologien oder Lehrkonzepten. Um der Herausforderung, die dargestellten Lehr-Lern-Settings anderweitig einsetzbar zu machen, zu beggenen, wurden insbesondere Kooperationen und interuniversitäre Austauschplattformen besprochen. Die Beforschung der Lerneffektivität und die Notwendigkeit der Schulung zum Umgang mit eingeführten Technologien konnten aufgrund der Neuartigkeit der Ansätze nur ansatzweise beantwortet und somit als Folgethemen für weitere wissenschaftliche Auseinandersetzungen mit dem Thema *Innovationen in der Lehre* gesehen werden.

*Lotte Neumann, Giulia Covezzi, Sebastian Becker und Margarete Boos*

# Erklärclips
## Der gelungene Spagat zwischen Lehrmethode- und Medienkompetenz

### 1. Erklärclips – spielerische Methoden mit Mehrwert

Bekannte Videoplattformen erleichtern den allgemeinen Zugang zu Erklärclips. Im Format *plain english* können sie den Zuschauenden mit einfachsten Mitteln (handgefertigte Zeichnungen) auf freundliche und charmante Weise und durchaus auch mit Witz das Lernen in Zusammenhängen ermöglichen.

Die minimalistische und oft charmante Art ist das Besondere der *plain english*-Technik: Auf einem einfachen Hintergrund werden verschiedene handgefertigte Elemente arrangiert. Eine reale menschliche Hand übernimmt für den Zuschauer sichtbar die Animation und unterstützt durch gezielte Bewegungen die gesprochene Erklärung.

Nach einem Erklärclip haben die Zuschauenden eine Ahnung und eine Grundidee zum Sachverhalt und können einem Impuls folgend weitere Informationen suchen und ihr Vorwissen erweitern. Erklärclips wirken und arbeiten dabei wie alle audiovisuellen Arbeiten über mehrere Kommunikations- und Wahrnehmungskanäle – die Botschaft erreicht viele und ist durch die eben vorgestellte Technik leicht verständlich.

### 1.1 Erklärclips im Zusammenwirken mit der didaktischen Reduktion

*Werden umfangreiche, komplexe Sachverhalte so aufbereitet, dass sie für Lernende überschaubar und begreifbar werden, spricht man von „Didaktischer Reduktion" (vgl. Lehner & Martin, 2012).*

Die Erzählstruktur eines Erklärclips macht sich dies zu Nutze: Inhalte werden auf Kernaussagen heruntergebrochen, sodass es zum Einen um eine geringere zu bewältigende Stoffmenge geht und zum anderen eine Konzentration auf das Wesentliche gelingt. Im Weiteren wird versucht, anhand eines bekannten, leicht zugänglichen Beispiels die Kernaussagen zu transportieren und vereinfacht darzustellen.

Der fachliche Tatbestand bleibt dabei bestehen, wird aber für die Lernenden begreifbar und dem späteren Publikum gelingt ein klarer Einblick in umfangreiche Themen.

### 1.2 Erklärfilme und Medienkompetenz

Werden die einzelnen Dimensionen zur Medienkompetenz nach Aufenanger zusammengeführt (vgl. Aufenanger, 1997), und gelingt die Verbindung vom Genuss der Erklärclips zur aktiv gestaltenden Handlung, lassen sich Erklärclips nicht nur betrachten, sondern auch in der handlungsorientierten Lehre einsetzen.

Nie war der Konsum und die produktive Arbeit mit dem Medium Video einfacher zu organisieren als heute, wo nahezu jede*r mit Smartphone oder Tablet ausgestattet ist, welche alle technischen Voraussetzungen einer Filmproduktion in sich bergen.

Doch Medienkompetenz ist keine ‚*Knöpfchenkompetenz*'. Vielmehr geht es darum, mediale Botschaften verstehen und einordnen zu können sowie sie kritisch zu hinterfragen und entsprechend sorgsam eigene Inhalte produzieren zu können. Grund genug, in der Lehre Filme selbst zu produzieren und die Lernenden dazu anzuregen, mit ihrem Fachwissen nach „außen" zu gehen.

## 2. Lernvideos als didaktisches Instrument

Zu komplexen wissenschaftlichen aber auch zu umfangreichen lebensnahen Themen sind immer häufiger effektive, konstruktive und kreative Methoden der Aufarbeitung gefragt. Dabei wird der Ruf nach „Aktivierung der Lernenden", „Konstruktion von Wissen" und „Einbindung von zeitgemäßen Medien" immer wieder laut. Die Produktion von Erklärclips bedient diese Forderungen:

**Aktivierung der Lernenden**: In der Produktion von Erklärclips erarbeiten die Studierenden in kleinen Gruppen aus einem komplexen Thema eine didaktisch reduzierte Version. Sie übersetzen Fachbegriffe in verständliche Texte und entwickeln eine visuelle Ebene, auf der sie Entwicklungen und Zusammenhänge darstellen können und die mit einem gut verständlichen und sprechbaren Off-Text korrespondiert. Mit medienpädagogischer Begleitung durchlaufen die Produktionsteams alle notwendigen Schritte einer Filmproduktion – von der Konzeption bis hin zur Präsentation. Gleichzeitig ist es jedem/r möglich, sich selbst auszuprobieren, Talente und vor allem Brücken und Verbindungen zum angestrebten Berufsfeld zu entdecken.

**Konstruktion von Wissen**: Nach der Themenvergabe werden selbstständig Informationen analysiert, gewichtet und sortiert: soll diese Information gesprochen werden? Oder ist eine Visualisierung besser geeignet? In welcher Reihenfolge kann erzählt werden, und gibt es einen bekannten Kontext oder ein gutes Beispiel, auf das aufgebaut werden kann? Das Thema wird hier nicht *passiv gespeichert*, sondern *aktiv und individuell konstruiert*, was den konstruktivistischen Lehr- und Lerngrundsätzen entspricht (vgl. Thissen, 1997)[1].

**Einbindung von zeitgemäßen Medien**: Es entsteht nicht nur ein Filmclip, sondern durch die Produktion erfolgt eine intensive Auseinandersetzung mit der eigentlichen Thematik. Um mit den eigenen Arbeiten wirklich punkten zu können, ist Sorgsamkeit in vielerlei Hinsicht gefragt. Thematische Richtigkeit ist dabei genauso wichtig wie die Wahrung urheberrechtlicher Belange in der Filmproduktion und -präsentation. Durch die spätere Veröffentlichung erfolgt eine Wertschätzung der Arbeiten auf anderem Weg als nur durch eine Notenvergabe.

---

1  http://www.lernpsychologie.net/lerntheorien/konstruktivismus (16.02.2019)

Mit einer klaren Kernbotschaft, einem guten Storytelling und einer ansprechenden Visualisierung gelangen große Themen in ein kleines aber großartiges Format (siehe Abb. 1).

## 2.1 Lernen durch Lehren

Nicht nur dem späteren Publikum, auch dem Produktionsteam eröffnet sich ein tieferes Verständnis der Thematik, denn Reduzieren ist eine Lernhandlung! Und: Was ich erklären möchte, muss ich auch selbst verstanden haben – das funktioniert hier über die Herstellung einer Transferleistung, die den komplexen Sachverhalt auf eine verständliche und dem Zuschauenden bekannte Ebene bringt. Die fachliche Richtigkeit ist dabei selbstverständlich.

Nach dem Ansatz von Jean Pol Martin erfüllen sich mit der Methode *Lernen durch Lehren* viele Vorstellungen eines schlüsselkompetenzorientierten Lehrens / Lernens: Denn es geht unter anderem
- um die Fähigkeit, in komplexen Zusammenhängen zu denken;
- die Teamfähigkeit;
- die Kommunikationsfähigkeit: Präsentationstechniken;
- das Selbstbewusstsein;
- die Fähigkeit, andere Menschen einzubinden und für gemeinsame Ziele zu begeistern (vgl. Martin, 2000: 8)[2].

## 2.2 Mehrwert der Methode Erklärclip

In einer Zeit, in der zu ganz gleich welchem Thema gegoogelt und bei Wikipedia nachgelesen wird oder sich ein Clip auf YouTube findet, hat sich das Format kurzer Erklärclips auf gängigen Videoplattformen bereits fest etabliert. Suchende finden kurze, knappe und vor allem leicht verständliche Informationen zu teilweise sehr umfangreichen Thematiken. Erklärclips sind gleichermaßen produkt- und prozessorientiert.

Anschauen eines Films: Das Produkt
- platziert Informationen direkt, nachhaltig und mit Leichtigkeit bei Interessierten
- macht komplexe wissenschaftliche, und umfangreiche lebensnahe Themen begreifbar

Produktion eines Clips: Im Prozess
- geht es um eine effektive, konstruktive und kreative Methode der Aufarbeitung komplexer Themen
- werden Schlüsselkompetenzen, die für das 21. Jahrhundert wichtig scheinen, trainiert
- wird das eigene Wissen strukturiert, rekonstruiert und kokonstruiert
- gelingt nachhaltiges Lernen durch praktisches Tun

---
2   http://www.lernen-durch-lehren.de/Material/Publikationen/aufsatz2000.pdf (14.02.2019)

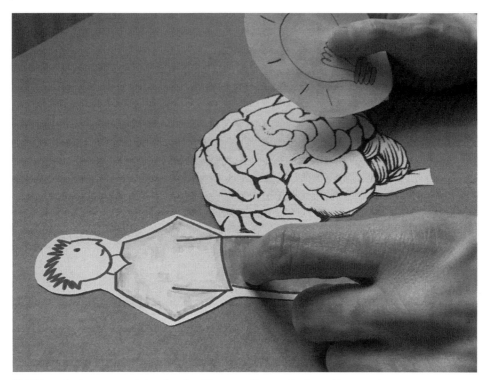

Abbildung 1: Arrangement der visuellen Elemente (Fotografin: Lotte Neumann)

## 3. Erklärclips als Methode im handlungsorientierten Fremdsprachenunterricht auf Niveau B2/C1 zur Verbesserung der Medienkompetenz

Erklärclips sind Kurzfilme (max. 3–4 Minuten), die ein komplexes Thema in einfacher Sprache bildgestützt wiedergeben. Deswegen stellt die Produktion von Erklärclips eine effektive, konstruktive und kreative Methode der Informationsaufarbeitung dar, die es ermöglicht, Sachverhalte direkt, nachhaltig und simpel zu vermitteln.

Wer sich mit der Produktion von Erklärclips beschäftigt, muss sich mit komplizierten, vielfältigen Aspekten eines Themas auseinandersetzen und sie in einer vereinfachten, verständlichen Weise in Bild, Ton und Text umsetzen. Das Gelingen dieses Prozesses hängt von dem ursprünglich tiefen Verständnis des abzuhandelnden Themas ab.

Wie in dem aktuellen Companion Volume des Gemeinsamen Europäischen Referenzrahmens für Sprachen (GER) hervorgehoben, gehört eine solche Informationskompetenz zu der für das Beherrschen einer Fremdsprache (ab Niveau B2) unabdingbaren Mediationskompetenz. Daher die Idee, das Erstellen eines Erklärclips als handlungsorientiertes Projekt in B2/C1 Kursen für Italienisch auszuprobieren.

In den einzelnen Phasen der Erstellung von Erklärclips müssen die Studierenden unterschiedliche Fertigkeiten üben und verfeinern: die Recherche relevanter Artikel und weiterer Materialien zum Thema, das Lesen und Interpretieren von Texten, das Hören (und Anschauen) von Videomaterialien, das schriftliche Zusammenfassen der Stichpunkte in Form einer kleinen Erzählung sowie die Kommunikation in der Fremdsprache mit den Mitstudierenden innerhalb der Arbeitsgruppen.

All dies ist für ein tiefergehendes Verständnis der Fremdsprache notwendig, was Voraussetzung dafür ist, einen komplexen Sachverhalt selbst eingängig erklären zu können. In diesem Sinne werden alle Ebenen der Mediation praktiziert – sprachliche/Text-Mediation, kulturelle Mediation (von Begriffen), soziale Mediation (in der Kommunikation) – nur dadurch kann eine gemeinsame, vermittelte Interpretation in einer neuen, kreativen Form entstehen.

## 4. Aufbau und Phasen des Projektes

Das Projekt entwickelte sich in fünf Phasen unterschiedlicher Dauer. Insgesamt lief das Projekt über 20 Unterrichtsstunden (fünf Termine à 180 Minuten) sowie etwa zehn Stunden Arbeit außerhalb der Unterrichtsstunden.

In der **ersten Phase** (Intro und Aufgabenstellung) wurden Erklärclip-Beispiele gezeigt und analysiert, um die Studierenden mit dem Ziel des Projektes vertraut zu machen. Anschließend folgten die Aufgabenstellung und die gruppeninterne Suche nach einem spezifischen und adäquaten Thema.

In der **zweiten Phase** (Recherche und Analyse der Materialien) recherchierten die Studierenden (evtl. mit Hilfe der Lehrperson) zum ausgewählten Thema, teilten sich dazu die Arbeit in der Gruppe eigenständig auf und tauschten in regelmäßigen Abständen die gefundenen Informationen miteinander aus.

Die **dritte Phase** (Bearbeitung, Elaboration und Erstellung des Treatments) hatte das Zusammenfließen aller gesammelten Informationen zum Ziel. Es wurde entschieden, was wichtig und was irrelevant ist, was und wie es erklärt werden soll und welche Aspekte besonders hervorgehoben werden sollten. Anhand dieser Arbeit wurde ein Treatment (Drehbuch) vorbereitet, in dem skizziert wurde, welche Bilder jeweils welchen Textteil begleiten sollen.

In der **vierten Phase** (Produktion der benötigten Materialien, Drehen und Schneiden) nahmen die skizzierten Bilder wortwörtlich Form an: es wurde gemalt, gezeichnet und gebastelt. Dann wurde ausprobiert, ob Text und Bild fließend zusammenpassen. Anschließend wurden die Szenen mittels iPads bzw. Kameras aufgenommen und die Aufnahmen in der App iMovie bzw. Pinnacle geschnitten und bearbeitet, bis alle Gruppenteilnehmenden mit der Produktion zufrieden waren.

Die letzte Phase, die **fünfte Phase** (Präsentation der Ergebnisse und gegenseitiges Feedback / Diskussion) diente der Präsentation, Selbstreflexion und kollektiven Evaluation der fertigen Produkte: Jede Gruppe stellte ihren Erklärclip vor, begleitet von einem ausführlichen Bericht über den Entstehungsprozess, der die dabei aufgetretenen Schwierigkeiten und kritischen Punkte skizzierte. Die Mitstudierenden gaben Feedback anhand eines Feedbackbogens, in dem alle relevanten Phasen des Produktionsprozesses abgebildet sind.

## 5. Ergebnisse

Das Studierendenprojekt wurde durch einen kurzen Auswertungsbogen von den Teilnehmenden selbst und durch ein Gespräch mit den Lehrenden evaluiert.

Der Evaluationsbogen erfasste drei Bereiche: „Verbesserung der Fertigkeiten in der Fremdsprache", „Verbesserung technischer Kompetenzen", „Zeit und Projektaufbau".

Bezüglich des ersten Punkts waren die Studierenden und Lehrenden beider Kurse mit den Ergebnissen zufrieden bis sehr zufrieden: Die Erklärclips waren, wenn auch thematisch und in der Schwierigkeit des ausgewählten Themas unterschiedlich, alle deutlich, logisch aufgebaut und inhaltlich korrekt. Daraus lässt sich schlussfolgern, dass das Thema durch umfangreiche Recherche sowie die Übung und Entwicklung der dazugehörenden benötigten Fertigkeiten jeweils grundlegend verstanden wurde. Die Studierenden waren in der Lage, durch Mediation komplexere Sachverhalte in eine einfachere Struktur zu verwandeln. Das Hauptziel wurde also erreicht.

Besonders interessant und erwähnenswert sind die Ergebnisse zum zweiten Evaluationspunkt: Die Verbesserung der technologischen Kompetenzen wurde in den zwei Kursen unterschiedlich bewertet. Hier ist zu erwähnen, dass das Projekt in den zwei Unterrichtsgruppen (C1 und B2) auf Basis erheblicher technischer Unterschiede umgesetzt wurde: In dem C1 Kurs (K1) wurde mit Stativen, Kameras und professionellen Videobearbeitungsprogrammen gearbeitet, während in dem B2 Kurs (K2) mit iPads gearbeitet wurde. Dies bewirkte den ersten großen Unterschied in der Bewertung dieses Punktes durch die Studierenden. Während in K1 angemerkt wurde, dass der Kurs dazu beigetragen hatte, „Neue Technologien kennen(zu)lernen" wurde dieser Punkt in K2 als irrelevant betrachtet. Seitens der Lehrenden war das Arbeiten mit iPads als viel einfacher im Vergleich zum Arbeiten mit der aufwändigeren technologischen Ausstattung bewertet worden.

Für das Projekt hätten die Studierenden (K1 und K2) alle gern etwas mehr Zeit zur Verfügung gehabt. Die Lehrenden merkten hingegen an, dass noch einige Recherche- und Austausch-Aktivitäten aus den Unterrichtsstunden hätten ausgelagert werden können.

Das Wiederholen des Projektes scheint wünschenswert, da die inhaltlichen Ziele vollständig erreicht worden sind. Idealerweise stehen Kurse ab dem Niveau B2 im Fokus, eine Erweiterung des Projektes auf Niveau B1 ist aber nicht ausgeschlossen.

## 6. Produktion von Erklärclips durch Studierende in der Sozialpsychologie

In einem Seminar der Sozial- und Kommunikationspsychologie im Masterstudiengang werden seit einigen Semestern Erklärclips produziert. Neben Psychologiestudierenden nehmen auch meist Studierende anderer Disziplinen wie Soziologie oder Wirtschaftswissenschaften teil, was zu interdisziplinär zusammen gesetzten Teams führt.

*Teambuilding und Themenwahl*
Die Seminargruppe wurde in Untergruppen unterteilt. Die Gruppen konnten ihre Themen aus dem Spektrum des Oberthemas „Teamarbeit und Führung in Organisationen" wählen. Durch Recherche haben sie das allgemeine Thema erarbeitet und den aktuellen Forschungsstand gesichtet. Daraus erfolgte die Auswahl der Stories im Storyboard und die Wahl der dazu passenden filmischen Elemente wie Greenscreen oder Legetechnik. Durch regelmäßige Treffen mit der Seminarleitung wurden das weitere Vorgehen abgestimmt und konstruktive Rückmeldung gegeben.

*Co-Creation und Koordination*
„*Es war eines der kreativsten Seminare im Masterstudium*", wie es ein Studierender formulierte. Seine Bewertung bezog sich auf den Freiraum, der den Studierenden zur Verfügung gestellt wurde. Durch die eigenen Stärken, vorhandenen Kompetenzen und Interessen sowie Ideengeneration in der Gruppe (Co-Creation) gelang der Sprung ins kalte Wasser. Diese für die Studierenden neuartige Aufgabenstellung beförderte ihre Kreativität, die sie mit Hilfe der fachlichen Begleitung durch die Dozierenden in ein Filmprojekt überführen konnten. Fehlendes technisches Wissen wurde durch den technischen Betreuer schnell mittels Emails und persönlicher Treffen ergänzt, wie z. B. bei Filmaufnahmen im universitätseigenen Studio oder an den Schnitt-PCs in den PC-Pools. Die Geräte wie Kamera und Stativ wurden vom Videoteam der SUB[3] zur Verfügung gestellt. Zwischenergebnisse und der grobe Plan wurden im Plenum vorgestellt und das Feedback wieder mit eingebunden.

Die „*film making teams*" (vgl. Becker et al., 2017) haben die verschiedenen Aufgaben innerhalb der eigenen Gruppe aufgeteilt, um dadurch eine effizientere Bearbeitung des Projektes zu gewährleisten und den individuellen Stärken und Interessen nachgehen zu können. Das Wissen und Können der Studierenden aus vorherigen Praktika oder Tätigkeiten in Kreativagenturen wurde wahrgenommen und in diesem Kontext von ihren Kommilitonen wertgeschätzt. In vielen Szenen ist sehr viel handwerkliches Geschick von Nöten, da Animationen aus Papierverschieben oder die Stop-Motion-Aufnahmen mit LEGO-Figuren durchgeführt wurden. Es wurden Sketchnoting Workshops nebenher besucht und das eigene Können anschließend in die Filmproduktion eingebracht.

*Dynamiken in den Teams*
In einigen Filmen wurden regionale Besonderheiten wie das Quidditch-Team (bekannt aus Harry Potter) in Göttingen aufgegriffen, was teambildend wirkte. Die kreativen Prozesse lösten vielfältige gruppendynamische Entwicklungen aus. So machten die Teammitglieder die Erfahrung, wie sich die eigene Rolle im Team im Laufe der gemeinsamen Arbeit veränderte. Dies konnte auch zu Konflikten führen, was in einem Fall darin endete, dass Filmergebnisse am Ende nicht von allen Beteiligten zufriedenstellend gefunden und einer Veröffentlichung entgegengewirkt wurde. Diese Teamprozesse wurden im Seminar und zum Teil in zusätzlichen Supervisionen reflektiert; auch dies gehörte zum didaktischen Konzept des Seminars.

---

3   Niedersächsische Staats- und Universitätsbibliothek Göttingen

Die Filme wurden bei YouTube veröffentlicht und zum Teil mit englischen Untertiteln versehen, um für internationale Konsumenten verständlich zu sein und die Reichweite zu erhöhen.

Die Ergebnisfilme wurden am Ende des Seminars in einen Vortrag eingebunden, in dem auch die Teamprozesse reflektiert wurden.

## 7. Ausblick für die weiteren Aktivitäten in der Sozialpsychologie

Geplant sind Webinare z. B. zum Thema Videoveröffentlichung auf YouTube und die Erstellung von interaktiven Videos aus den eigenen Erklärclips mittels H5P. Dies soll dazu inspirieren, weitere Erklärfilme zu produzieren und für andere zur Verfügung zu stellen.

Die vorliegenden Filme sollen weiter beworben werden, so dass sich Lehrende eingeladen fühlen, die Methode „*film making*" sowie die Filme an sich, in ihre Lehre unter dem Motto der Open Educational Resources (OERs) aufzunehmen.

## 8. Zusammenfassung

Im vorliegenden Artikel wird auf den didaktischen Ansatz eingegangen, kurze Videoclips zur Erklärung komplexer wissenschaftlicher Sachverhalte im Rahmen von Seminaren durch die Studierenden erstellen zu lassen. Es wird auf den Nutzen eingegangen, den sowohl die Rezipient*innen als auch die Produzent*innen erhalten. An zwei Seminarbeispielen wird das didaktische Vorgehen beschrieben und diskutiert. Die verschiedenen Produktionen auf die Bezug genommen wird, können unter folgendem Link gefunden werden: www.t1p.de/8nzl.

## Literatur

Aufenanger, Stefan (1997). *Medienpädagogik und Medienkompetenz – eine Bestandsaufnahme.* Bonn: https://www.lmz-bw.de/fileadmin/user_upload/Downloads/Handouts/aufenanger-medienpaedagogik-medienkompetenz.pdf (17.02.2019). S. 5f.
Becker, S. et al. (2017). Film-making Teams. In: *Synergie: Fachmagazin für Digitalisierung in der Lehre,* 4, S. 36–39.
Lehner, Martin (2012). *Didaktische Reduktion.* Bern: Haupt.
Martin, Jean-Pol (2000). Lernen durch Lehren: ein modernes Unterrichtskonzept. *Schulverwaltung Bayern, 23* (3), 105–110.
North, Brian, Piccardo, Enrica (2016). *Common European Framework of Reference for Languages Learning, Teaching, Assessment. Developing illustrative Descriptors of Aspects of Mediation for the CEFR.* Strasbourg: Council of Europe: https://rm.coe.int/common-european-framework-of-reference-for-languages-learning-teaching/168073ff31
Rathgeb, Thomas (Hrsg.) (2017). *JIM-Studie 2017: Jugend, Information, (Multi-)Media.* Stuttgart: Medienpädagogischer Forschungsverband Südwest (LFK, LMK) http://www.mpfs.de/studien/jim-studie/2017/

Thissen, F. (1997). Das Lernen neu erfinden: konstruktivistische Grundlagen einer Multimedia-Didaktik. In: Beck, U., Sommer, W. (Hrsg.), *Learntec 97: Europäischer Kongreß für Bildungstechnologie und betriebliche Bildung, Tagungsband,* Schriftenreihe der KKA, Karlsruhe, S. 69–80.

*Linda Eckardt und Susanne Robra-Bissantz*

# Lost in Antarctica
# Spielerisches Erlernen von Informationskompetenz

**Abstract**

Das Erlernen von Informationskompetenz ist mit verschiedenen Herausforderungen verbunden. Beispielsweise fehlt oftmals die Benotung in entsprechenden Kursen, wodurch ein Mangel an Motivation bei den Studierenden vorliegt. Der Einsatz von Spielelementen kann dem entgegenwirken. Häufig scheitern Game-based-Learning-Anwendungen jedoch, da das Erreichen der Lernziele statt dem Erreichen eines Gleichgewichts aus Spiel- und Lernerlebnis im Vordergrund steht. In diesem Beitrag wird daher der Entwicklungsprozess eines Serious Games zum Lernen vorgestellt, der sich an einem Designprozess aus der kommerziellen Spieleindustrie orientiert. Darüber hinaus wird das Zusammenwirken der eingesetzten Spielelemente erläutert.

## 1. Einleitung

Informationskompetenz ist definiert als „die Fähigkeit, Informationsbedarf zu erkennen, Informationen zu ermitteln, zu beschaffen, zu bewerten und effektiv zu nutzen" (Kommission Zukunft der Informationsinfrastruktur, 2011: 29). Die Fähigkeit mit Informationen umzugehen ist essentiell für den Erfolg im Studium und Berufsalltag, was sie zu einer wesentlichen Schlüsselkompetenz in der heutigen Informations- und Wissensgesellschaft macht.

Dennoch ist die Vermittlung entsprechender Kenntnisse mit zahlreichen Herausforderungen verknüpft. Beispielsweise herrscht Uneinigkeit darüber, wie diese Fähigkeiten unterrichtet werden sollen. Oftmals gehen Lehrende davon aus, dass Studierende notwendige Kenntnisse allein erwerben, z. B. beim Verfassen von Forschungsbeiträgen oder bei der Arbeit mit anderen Studierenden (McGuinness, 2006). Darüber hinaus haben Studierende häufig keine Motivation entsprechende Fähigkeiten zu erlernen. Daher muss neben der Einbindung in den Rahmenlehrplan eine Möglichkeit geschaffen werden, Informationskompetenz auf eine alternative Art und Weise zu vermitteln, so dass die Motivation erhöht und aufrechterhalten wird.

Game-based Learning ist eine derartige Möglichkeit, wobei zwei Ausgestaltungsformen unterschieden werden: Während unter Gamification die Integration nur einzelner Spielelemente in einen spielfremden Kontext (hier: Lehre) verstanden wird, ist mit einem Serious Game die Entwicklung eines vollwertigen Spiels mit festen Regeln und Zielen gemeint (Deterding et al., 2007). Spielelemente sind eine Chance die aktive Teilnahme zu fördern und Interaktionen zwischen den Studierenden zu unterstützen, so dass das Lernen leichter fällt und mit Motivation und Spaß einhergeht, wodurch eine positive Beeinflussung des Lernerfolgs erzielt wird (Kapp, 2012).

In diesem Beitrag wird ein Serious Game zum Erlernen der Informationskompetenz präsentiert. Dabei werden eingesetzte Spielelemente und das Zusammenwirken dieser ebenso dargestellt wie der Designprozess, der in Kooperation mit Studierenden erfolgt ist.

## 2. Designprozess des Serious Games zum Lernen

Das Scheitern vieler Game-based-Learning-Anwendungen wird damit begründet, dass die Designerinnen und Designer entsprechender Anwendungen den Fokus auf die Vermittlung von Wissen legen und dadurch die Entwicklung einer Lernumgebung, die ebenfalls von Spaß geprägt ist, wie in kommerziellen Computerspielen, in den Hintergrund rückt (Zichermann & Cunningham, 2011). Eine Orientierung an Designprozessen mit iterativen Entwicklungsschritten, die aus der kommerziellen Spieleentwicklung bekannt sind, inklusive Prototyperstellung und Playtests, findet nur selten statt, obwohl vielfach empfohlen (Moschini, 2006). Die Entwicklung des Serious Games in diesem Beitrag erfolgte nach dem Spiel-Design-Prozess von Fullerton (2014) und wurde um einige Aspekte, bedingt durch den Lernkontext, ergänzt (Boller & Kapp, 2017; Eckardt & Robra-Bissantz, 2018).

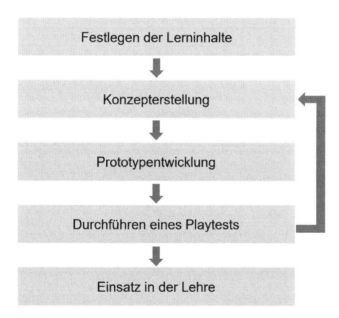

Abbildung 1: Designprozess des Serious Games (eigene Darstellung)

Im ersten Schritt erfolgte die Festlegung der Lerninhalte und -ziele. Bibliotheksmitarbeitende, als Expertinnen und Experten im Feld der Informationskompetenz, haben dies vorgenommen. Die Planung der Lerninhalte ist zunächst notwendig, um darauf aufbauend ein strukturiertes Spielkonzept erstellen zu können.

Für die Konzepterstellung sind Ideen notwendig. Dabei können Kreativitätstechniken, wie zum Beispiel Brainstorming, helfen persönliche Barrieren zu überwinden oder neue Perspektiven einzunehmen (Osborn, 1957). Für die Ideengenerierung und

Konzepterstellung wurde ein Projekt mit der Zielgruppe des Serious Games, den Studierenden, durchgeführt. 45 Studierende, aufgeteilt in 12 Gruppen, erarbeiteten Spielideen und definierten eingesetzte Spielelemente (z. B. Punkte und Avatare). Ihre ausgearbeiteten Ideen präsentierten sie in regelmäßigen Abständen und überarbeiteten diese auf Basis des erhaltenen Feedbacks. Nach mehreren Überarbeitungsrunden wählten die Studierenden kooperativ eine Siegeridee und bestimmten den Spielnamen „Lost in Antarctica" (Eckardt & Robra-Bissantz, 2016). Innerhalb der Spielgeschichte des Serious Games reisen die Studierenden als Forschungsgruppe an den Südpol. In Folge eines Schneesturms stürzt ihr Flugzeug allerdings ab, wodurch zusätzlich zu den Forschungsarbeiten auch noch die Reparatur des Flugzeugs geschehen muss. In verschiedenen Levels, die jeweils in die Spielgeschichte eingebunden sind, erfolgt eine Wissensvermittlung und eine Anwendung der gelernten Inhalte beim Lösen von Übungsaufgaben. Das Erreichen einer bestimmten Punktzahl kennzeichnet einen erfolgreichen Levelabschluss. Zusätzlich dazu erhalten die Studierenden für jedes beendete Level ein Bauteil für die Flugzeugreparatur. Punkte, welche die Studierenden über die geforderte Mindestpunktzahl hinaus gesammelt haben, können auf einem Marktplatz gegen Minispiele, die nur einen Unterhaltungszweck haben (z. B. Penguin-Man), eingetauscht werden. Ein Vergleich untereinander ist in einem Einzel- und Teamranking möglich (Eckardt & Robra-Bissantz, 2016).

Nachdem das Spielkonzept final ausgearbeitet war, erfolgte die Implementierung eines ersten Prototyps. Das Serious Game „Lost in Antarctica" sollte als Browserspiel zur Verfügung stehen, weshalb die Programmierung mit PHP, HTML, CSS und JavaScript stattfand. Für den Prototyp wurde der Einstieg in das Serious Game mit Avatarerstellung implementiert und die ersten vier von insgesamt 12 Leveln. In jedem Level des Spiels wird ein anderer Schwerpunkt der Informationskompetenz (z. B. Internetrecherche, wissenschaftliches Schreiben oder Urheberrecht) erlernt.

Dieser digitale Prototyp wurde innerhalb einer ersten Playtest-Session hinsichtlich Gesamteindruck, Spieldesign, Benutzerfreundlichkeit und grafische Umsetzung von 46 Studierenden evaluiert (Eckardt et al., 2018). Insgesamt ist die Bewertung dabei sehr positiv ausgefallen. Durch das Nennen von positiven und negativen Spielaspekten in einer offenen Frage konnten jedoch auch einige Verbesserungspotentiale identifiziert werden. Beispielsweise fehlten den Studierenden oftmals Erklärungen, was als Nächstes zu tun ist. Aus diesem Grund wurde sowohl ein Feedback-Button eingefügt, um in direkten Kontakt mit den Lehrenden zu treten, als auch ein Hilfe-Video ergänzt, welches die Spielfunktionen kurz erklärt. Außerdem kritisierten die Studierenden die zu leicht zu erreichende Mindestpunktzahl pro Level, weshalb diese hochgesetzt wurde (Eckardt et al., 2018).

Nach der Überarbeitung des digitalen Prototyps auf Basis des Feedbacks aus der ersten Playtest-Session, folgte eine zweite Playtest-Session mit 82 Studierenden während des ersten Gesamtdurchlaufs mit allen zwölf Leveln des Serious Games (Eckardt et al., 2017). Mithilfe des EGameFlow-Modells wurde dabei das Spielerlebnis innerhalb der Game-based-Learning-Anwendung gemessen (Fu, Su & Yu, 2009). Die Dimensionen Feedback, klare Zielformulierung und Wissenssteigerung wurden sehr positiv bewertet, wohingegen die Dimensionen Konzentration, Herausforderung und

Autonomie nur Bewertungen mit einer leicht positiven Tendenz erhalten haben. Soziale Eingebundenheit und Immersion wurden negativ bewertet, weshalb Verbesserungen im Serious Game notwendig wurden (Eckardt et al., 2017). Zur Erhöhung der Immersion werden zum Beispiel mehr Grafiken als Text zur Veranschaulichung der Spielgeschichte eingesetzt. Kooperative Elemente des Spiels werden vermehrt betont. Beispielsweise erscheinen Benachrichtigungen über neue Nachrichten im Teamchat. Maßnahmen zur Verbesserung der restlichen bereits positiv wahrgenommenen Dimensionen wurden ebenfalls ergriffen. Zur Verbesserung der Dimensionen Konzentration und klare Zielformulierung wurden Lösungshinweise ergänzt. Dadurch sollen die Studierenden die Aufgaben besser verstehen. Zusätzlich geschaffene Wahlmöglichkeiten innerhalb der Spielwelt sollen die Autonomie erhöhen.

Diese Veränderungen haben in einer weiteren Playtest-Session mit 142 Studierenden zu signifikanten Verbesserungen in fast allen Dimensionen des EGameFlow-Modells geführt (Eckardt & Robra-Bissantz, 2018). Keine signifikante Verbesserung konnte für die Dimension Wissenssteigerung festgestellt werden. Diese Messung erfolgte jedoch ausschließlich über eine subjektive Selbsteinschätzung, was bei der Erhebung von Wissen kritisch anzumerken ist. Für detailliertere Informationen ist daher das Hinzuziehen einer objektiven Messung, zum Beispiel durch die Beantwortung von Wissensfragen, nützlich (Eckardt & Robra-Bissantz, 2018).

Insgesamt hat dieser iterative Entwicklungsprozess mit Playtests und der stetigen Überarbeitung des Prototyps eines Serious Games zum Lernen gezeigt, dass Verbesserungen des erfahrenen Spielerlebnisses dadurch möglich sind. Deutlich wird auch, dass die Zusammenarbeit mit Studierenden dabei hilft eine Game-based-Learning-Anwendung zu designen, mit der die Studierenden arbeiten bzw. lernen wollen.

## 3. Spielmechaniken in „Lost in Antarctica"

Nachdem der Designprozess mit den verschiedenen iterativen Entwicklungsstufen erläutert wurde, folgt nun die Beschreibung der eingesetzten Spielmechaniken und die Erklärung des Zusammenwirkens dieser. Die im Serious Game verwendeten Spielmechaniken sind in Tabelle 1 zusammengefasst. Die Forschungsexpedition in die Antarktis bildet den narrativen Rahmen und ist demnach eine statische Spielgeschichte, innerhalb der die Spielenden agieren. Zu Beginn des Serious Games erstellen die Studierenden einen Avatar zur Repräsentation der eigenen Person im Spielraum. Dabei können Aussehensmerkmale festgelegt werden, aber auch die Vergabe eines Nicknamens ist vorgesehen. Durch die virtuelle Identität ist gewährleistet, dass die Studierenden anonym handeln und keine Zuordnung einer bestimmten Person zu einem Ranglistenplatz möglich ist. Für die Unterstützung eines Wettbewerbs zwischen den Studierenden ist die Integration eines Punktesystems und eines Rankings notwendig. Im Serious Game erhalten die Studierenden Spielpunkte für ein bestimmtes Verhalten, z.B. Punkte für das Lösen von Aufgaben in Abhängigkeit zur Leistung. Wenn die Studierenden mehr Punkte gesammelt haben als für den Fortschritt im Spiel erforderlich, erhalten sie einlösbare Punkte. Diese dienen als virtuelle Währung und können gegen Minispiele eingetauscht werden. Demnach bilden diese Punkte einen zusätzlichen Motivationsanreiz mehr zu machen als notwendig. Erreichte Punkte können im Ranking eingesehen werden. Für den Vergleich untereinander gibt es ein Einzel- und Teamranking. Beide Rankings sind eingeschränkt, d.h. Studierende sehen nur den eigenen Ranglistenplatz sowie den direkten Vorgänger und Nachfolger. Somit soll sichergestellt werden, dass die Studierenden wissen, dass das Erreichen des nächsten Ranglistenplatzes noch möglich ist. Eine feste Anzahl an Leveln und damit zu erlernenden Inhalten der Informationskompetenz ermöglicht die Vergabe einer festgelegten Punktzahl, was wiederum kennzeichnend für ein missionsbasiertes Leveldesign ist. Lerninhalte sind zwar aufeinander aufbauend, aber durch die verschiedenen Themen erfolgt eine Schwierigkeitsanpassung überwiegend nur innerhalb eines Themengebiets und folglich nicht levelübergreifend (Kapp, 2012).

Tabelle 1: Spielmechaniken im Serious Game

| Spielmechanik | Beschreibung |
|---|---|
| Spielpunkte und einlösbare Punkte | Punkte für ein bestimmtes Verhalten und Punkte als virtuelle Währung |
| Ranglisten | Einzel- und Gruppenranking zum Vergleich |
| Sammeln und Austausch | Auszeichnung für Erreichen eines Ziels und teilen, helfen, schenken untereinander |
| Spielgeschichte | Rahmenhandlung, in der Spielende agieren |
| Virtuelle Identität | Avatar und Nutzung eines Nicknamens zur Repräsentation der eigenen Person |
| Level | Spielabschnitte ohne Änderung des Schwierigkeitsgrads |

## 4. Schlussbemerkungen

Das iterativ entwickelte Serious Game wird derzeit als Wahlpflichtveranstaltung des Studiengangs Wirtschaftsingenieurwesen (Vertiefung Maschinenbau) an der TU Braunschweig eingesetzt. Währenddessen erfolgt eine Evaluation des erreichten Wissens (subjektiv und objektiv), um zu überprüfen, ob durch eine Steigerung des Spielerlebnisses auch eine Verbesserung des erzielten Wissens möglich ist. An anderen Hochschulen liegen zum Beispiel bedingt durch andere Studiengänge andere Anforderungen an die Informationskompetenzvermittlung vor. Die Entwicklung von Game-based-Learning-Anwendungen ist jedoch sehr zeit- und kostenintensiv, weshalb eine Nachnutzung entsprechend entwickelter Anwendungen wünschenswert ist. Vor diesem Hintergrund soll eine Evaluation der Nachnutzbarkeit erfolgen. Dabei soll das Serious Game in drei verschiedenen Varianten und unterschiedlich gesetzten Schwerpunkten der Informationskompetenzvermittlung in Hinblick auf das erzielte Spielerlebnis bewertet werden. Erreichen alle Spielversionen ein nahezu identisches Spielerlebnis, kann das entwickelte Serious Game auch unter Anpassung der zu lernenden Inhalte nachgenutzt werden, so dass ähnliche Resultate erzielt werden.

## Literatur

Boller, S. & Kapp, K. (2017). *Play to Learn*. Alexandria, Virginia: ATD Press.

Deterding, S., Dixon, D., Khaled, R. & Nacke L. E. (2007). Gamification: Toward a Definition. *CHI Workshop Proceedings* (S. 1–4). ACM.

Eckardt, L., Grogorick, S. & Robra-Bissantz, S. (2018). Play to Learn: Conducting a Playtest Session for Improving an Educational Game. *Proceedings der PACIS*. (S. 1120–1127). AIS.

Eckardt, L., Pilak, A., Löhr, M., van Treel, P., Rau, J. & Robra-Bissantz, S. (2017). Empirische Untersuchung des EGameFlows eines Serious Games zur Verbesserung des Lernerfolgs. *Proceedings der Bildungsräume 2017*. (S. 285–296). LNI.

Eckardt, L. & Robra-Bissantz, S. (2016). Design eines Spiels zum Lernen von Informationskompetenz. *Proceedings der DeLFI* (S. 95–106). LNI.

Eckardt, L. & Robra-Bissantz, S. (2018). Playtesting for a Better Gaming Experience: Importance of an Iterative Design Process for Educational Games. *Proceedings der AMCIS*. (S. 1–10). AIS.

Fu, F. L., Su, R. C. & Yu, S. C. (2009). EGameFlow: A Scale to Measure Learners' Enjoyment of E-Learning Games. *Computers & Education*, 52(1), 101–112.

Kapp, K. M. (2012). *The Gamification of Learning and Instruction: Game-Based Methods and Strategies for Learning and Instruction*. San Francisco: John Wiley & Sons.

Kommission Zukunft der Informationsinfrastruktur (2011). *Gesamtkonzept für die Informationsinfrastruktur in Deutschland. Empfehlung der Kommission Zukunft der Informationsinfrastruktur im Auftrag der Gemeinsamen Wissenschaftskonferenz des Bundes und der Länder*. s.l.

McGuinness, C. (2006). What Faculty Think – Exploring the Barriers to Information Literacy Development in Undergraduate Education. *The Journal of Academic Librarianship*, 32(6), 573–582.

Moschini, E. (2006). Designing for the Smart Player: Usability Design and User-entred Design in Game-based Learning. *Digital Creativity*, 17(3), 140–147.

Osborn, A. F. (1957). *Applied Imagination*. New York: Charles Scriber's Son.

Zichermann, G. & Cunningham, C. (2011). *Gamification by design: Implementing game mechanics in web and mobile apps*. Sebastopol: O'Reilly.

*Francine Meyer und Monika Taddicken*

# Hackdays als alternatives Lehrformat?
# Eine empirische Betrachtung eines Beispiellehrformats in Bezug auf mediale und technologische Bildung

## 1. Einleitung

Der Wandel digitaler Medientechnologien und damit verbundene Kommunikations- und Interaktionsverhaltensweisen beeinflussen diverse Bereiche. Was „als Digitalisierung [des] sozialen Lebens bezeichnet" (Jarke, 2018: 3) wird, erfordert neue mediale und technische Kompetenzen, für deren Vermittlung nicht zuletzt die Schule als Institution mit Bildungsauftrag in der Verantwortung steht. Soll das Schulangebot den Anforderungen der Digitalisierung gerecht werden, so scheint jedoch eine „Veränderung des schulischen Bildungsauftrags" (Eickelmann, 2018: 13) unabdinglich. Durch eine zeitliche Verzögerung der Anpassung kann eine Diskrepanz zwischen den Anforderungen und dem Schulangebot entstehen. Deshalb werden auch schulextern Formate entwickelt, die helfen sollen, den medialen, technologischen und informatischen Anforderungen zu begegnen. Inwiefern solche Formate dann tatsächlich geeignet sind, im schulischen Kontext die Wissensvermittlung medialer und technologischer Fähigkeiten bzw. Kompetenzen zu übernehmen, ist im Einzelnen zu evaluieren.

Im Rahmen dieses Beitrags wird das von Wissenschaft im Dialog (WiD) initiierte Format *Make Your School – Eure Ideenwerkstatt* analysiert. Bei sogenannten Hackdays machen sich Schüler*innen mit digitalen Tools vertraut (WiD, 2018). Die empirische Untersuchung beschäftigt sich mit den Fragen, welchen Mehrwert Lehrkräfte in solch einem Projekt sehen und inwiefern diese mit Sichtweisen der Schüler*innen übereinstimmen. Es werden anhand einer qualitativen Analyse die Erwartungshaltungen der Lehrkräfte in Bezug auf das Format ermittelt und quantitative Befunde vorgelegt, die sich auf die Befragung von Schüler*innen beziehen. Somit können die Übereinstimmungen sowie die Diskrepanzen zwischen den Erwartungen und Ansichten der Lehrkräfte und den Einschätzungen der Schüler*innen aufgezeigt werden.

## 2. Gesellschaftlicher Wandel und mögliche Herausforderungen

Sich stetig verändernde digitale Medientechnologien und damit verbundene Kommunikations- und Interaktionsverhaltensweisen tangieren omnipräsent diverse gesellschaftliche und individuelle Bereiche, weshalb die Aneignung von verschiedenen u. a. medialen Kompetenzen an Bedeutung gewinnt (Livingstone, 2009). Vor allem die Kompetenzvermittlung durch die Institution Schule ist fundamental und bildet die Grundlage gesellschaftlicher Entwicklung (Becker & Lauterbach, 2016). Es lässt sich jedoch beobachten, dass die stetige Anpassung der Lehrkonzepte an aktuelle Anforderungen eine Herausforderung darstellt (Röll, 2010). Aufgrund der konstitutionellen Rahmung ist eine Unterrichtsanpassung häufig nur schrittweise möglich. Schulunabhängig entwickelte Unterrichtsformate bieten hier das Potenzial, durch prozessorientierte statt traditionelle Kompetenzvermittlung der Diskrepanz zwischen langwierigen Entwicklungen im Bildungswesen und sich schnell wandelnden medialen Anforderungen zu begegnen. Die Betrachtung solcher Formate besitzt gesellschaftliche Relevanz, da das Wissen über Umgang und Nutzen digitaler Technologien vermittelt wird und somit auf die von der Gesellschaft gestellten Anforderungen reagiert werden kann (Bourdieu, 2001). Als Beispiel sollen hier die sogenannten Hackdays untersucht werden.

## 3. Hackdays in Schulen

Hackdays (auch: Hackathons oder Hackfeste) stammen aus dem Bereich der Softwareprogrammierung. Der Grundidee entsprechend wird das Erreichen von Zielen in Teamarbeit gefördert (Komssi et al., 2015; Schroll, 2017). Während eines zwei- bis dreitägigen Treffens wird intensiv und problemlösungsorientiert gearbeitet (Knoll, 2017; Komssi et al., 2015). Dabei geht das Hacken aus dem Begriff *Hackathon* auf die Tätigkeit des Programmierens mit Ergebnisfokussierung ein. Die Anspielung auf einen Marathon betont „die Größe der Herausforderung und die Beharrlichkeit, die erforderlich ist, um ins Ziel zu kommen" (Knoll, 2017: 136). In den vergangenen Jahren ist der Bekanntheitsgrad gestiegen, sodass das Format „Aufmerksamkeit jenseits der Hacker-Community auf sich gezogen" (Knoll, 2017: 135) hat. Die Struktur wird als ein „Alleinstellungsmerkmal" (Schroll, 2017: 137) beschrieben, die das Format attraktiv zu machen scheint.

Dieser Beitrag betrachtet Hackdays als alternatives Lehrformat zur Wissens- und Kompetenzvermittlung auch außerhalb des informatischen Bereichs. Im Rahmen des seit 2016 von WiD angebotenen Projekts *Make Your School – Eure Ideenwerkstatt* finden deutschlandweit Hackdays an Schulen statt, dessen übergeordnetes Thema die Verbesserung der eigenen Schule ist. Nach einer Phase des Problemlösens (Design Thinking) folgt das Realisieren einer eigenen Projektidee mit u. a. digitalen Tools. 25 bis 50 Schüler*innen pro Veranstaltung eignen sich Fertigkeiten, die Logik und Prinzipien medialer Technologien, mit dem Ziel der Entwicklung eines Prototyps, eigenständig an (WiD, 2018). Hierfür steht ein umfangreicher Materialkoffer zur Verfügung, der sowohl Workshop-Materialien als auch Werkzeuge bis hin zu Physical-Computing-Elementen (Sensoren, Aktoren und Microcontrollern) enthält. Anwesende Mentor*innen, v. a. Studierende technischer und/oder informatischer Studiengänge, stehen den Lernenden beratend bei. Die Lehrkräfte haben hier keine vermittelnde, sondern eine Organisationsfunktion inne (WiD, 2018).

## 4. Forschungslücke

In der Forschung wird häufig die Unterrichtsverbesserung durch digitale Medien fokussiert (Herzig, 2014) und die Wirksamkeitsbetrachtung von prozess- und projektorientiertem Unterricht vernachlässigt. Da Hackdays in ihrer ursprünglichen Funktion der kollaborativen Findung technologischer Lösungen dienen und Wissenserwerb lediglich ein Beiprodukt dieses Prozesses ist, wurde bislang nicht erforscht, welchen Mehrwert die Lehrkräfte in solch einem schulextern entwickelten Angebot überhaupt sehen. Obwohl das Format nicht curricular in den Schulalltag eingebettet ist, lässt die steigende Anzahl teilnehmender Schulen (MYS, 2018) vermuten, dass Lehrkräfte diesem Format ein bestimmtes Potenzial zuschreiben. Die erste Forschungsfrage lautet daher:

FF 1: *Welche spezifischen Vorteile / Potenziale sehen die Lehrkräfte in dem Format der Hackdays?*

Auch die Lernsichtweise der Schüler*innen ist von entscheidender Bedeutung, um den Nutzen bzw. einen möglichen Mehrwert des Formats zu ermitteln. Aus diesem Grund soll eine Zusammenführung der Erwartungen und Meinungen der Lehr- und Lernenden in Forschungsfrage zwei die Perspektive auf das Projekt vervollständigen:

FF 2: *Inwiefern gibt es Übereinstimmungen und Abweichungen hinsichtlich der Einschätzungen der Lehrkräfte und der Bewertungen der Lernenden?*

## 5. Methodisches Vorgehen

Um die Forschungsfragen zu beantworten, wurden leitfadengestützte Interviews mit Lehrkräften zu ihrer Wahrnehmung der Hackdays geführt und subjektive Einschätzungen der Schüler*innen mittels standardisiertem Fragebogen erhoben.

*Lehrer*innen-Interviews:* Zwischen Mai und November 2018 wurden fünf Lehrerinnen und fünf Lehrer (zw. 28 und 55 Jahre) befragt, die jeweils Hackdays an ihren Schulen (Gymnasien und Gesamtschulen) organisierten. Die Interviews mit je ein oder zwei Lehrkräften wurden gegen Ende der jeweiligen Hackdays geführt und dauerten 30 bis 40 Minuten. Ausgewertet wurden die transkribierten Interviews mittels strukturierter Inhaltsanalyse nach Mayring (2015). Es wurden Kategorien gebildet, die sich z. B. auf den Grund der Teilnahme, die Erwartungen der Lehrkräfte und die mögliche Kompetenzvermittlung beziehen. Dadurch wird es möglich, die Erwartungshaltungen der Lehrkräfte zu strukturieren und für die Analyse offenzulegen.

*Schüler*innen-Befragung:* Schüler*innen wurden mittels standardisierter Fragebögen (sowohl online als auch in Papierform) vor sowie nach den Hackdays befragt ($n = 233$). 58 Prozent aller Teilnehmenden waren männlich (6 Prozent: kA), knapp drei Viertel der Teilnehmenden (74 Prozent) besuchte die Oberstufe ($M = 16{,}1$ Jahre). 63 Prozent der Befragten gaben an, sich für das Projekt freiwillig angemeldet zu haben (6 Prozent: kA). Die Fragebögen umfassen Themen wie u. a. bisherige Erfahrungen und Kompetenzen im MINT-Bereich (Mathematik, Informatik, Naturwissenschaften und Technik) sowie Bewertungen der Hackdays und der Mentor*innen.

## 6. Ergebnisse

Bezüglich der Erwartungshaltungen der Lehrkräfte an das Projekt (FF1) wird ersichtlich, dass das Format eher als eine Ergänzung betrachtet wird, da es kein gemeinsam zu erreichendes Lernziel gibt. Es wird zudem von den Lehrenden benannt, dass die Verzahnung diverser Anforderungsbereiche hilfreich für die Vorbereitung auf den späteren Berufsalltag sei. Kritisch wird gesehen, ob den Lernenden tatsächlich der Umgang mit dem Vermittlungsschwerpunkt nähergebracht wird. Bezüglich der Wirksamkeit wird darauf hingewiesen, dass das Projekt auch Schülerinnen anspricht (Annahme 1). Dies könne im normalen Schulalltag zum Teil untergehen. Zudem wird vermutet, dass sich eine freiwillige Anmeldung positiv auf die Motivation auswirkt (Annahme 2). Ebenso wird ein Einfluss der Mentor*innen auf die Lernenden benannt (Annahme 3), da sie Menschen „aus dem realen Leben" (I3) seien. Auf diese drei vermuteten Potenziale wird in Bezug auf mögliche Übereinstimmungen hinsichtlich der Lehr- und Lernperspektive (FF2) eingegangen, wodurch charakteristische Einstellungsmerkmale des Projekts ermittelt werden können.

Mithilfe des t-Tests für unabhängige Stichproben konnte, wie aus Tabelle 1 ersichtlich wird, festgestellt werden, dass bezüglich des Interesses an informatischen Themen sowie in Zusammenhang mit dem Technikinteresse in der Gruppe der Schüler signifikant höhere Werte vorhanden sind als in der Gruppe der Schülerinnen (vergleiche zu ähnlichen Ergebnissen z. B. Finsterwald et al., 2012; Leonhardt et al., 2011).

Tabelle 1: Mittelwertvergleich zwischen Interesse an informatischen Themen und Technik sowie dem Spaß während der Hackdays nach Geschlecht.

|  | Schülerinnen M (SD) | Schüler M (SD) | t | p |
|---|---|---|---|---|
| Interesse an Informatik | 3,32 (1,15) | 3,95 (0,93) | - 3,94 | ≤ 0,001 |
| Interesse an Technik | 2,73 (0,91) | 3,54 (1,11) | - 4,07 | ≤ 0,001 |
| Spaß an den Hackdays | 4,27 (0,73) | 4,26 (0,95) | 0,05 | 0,958 |

Anmerkung: $n = 177$.

Es lässt sich jedoch kein signifikanter Geschlechterunterschied beim Spaß an dem Projekt feststellen. Schülerinnen haben also durchschnittlich weniger Interesse an Technik und informatischen Themen als Schüler, jedoch nicht signifikant weniger Spaß an den Hackdays. Die Annahme 1 der Lehrkräfte, dass auch Schülerinnen mithilfe der Hackdays erreicht werden können, kann demnach bestätigt werden und stellt sicherlich eine Besonderheit des Formats dar. Insofern ist hier ebenfalls ein gewisses Potenzial dieses Formats anzunehmen, einem „,gendering' der Fachkulturen" (Jahnke-Klein, 2013: 5) entgegenwirken zu können.

Die Unterschiede unfreiwilliger und freiwilliger Teilnahmen (Annahme 2) in Bezug auf das Interesse, an dem Hack weiterzuarbeiten, der Mitarbeit und dem Spaß während der Hackdays wurden ebenfalls mittels t-Test für unabhängige Stichproben untersucht.

Tabelle 2: Mittelwertvergleich zwischen Interesse an dem Hack weiterzuarbeiten und der Mitarbeit sowie dem Spaß während der Hackdays nach freiwilliger und unfreiwilliger Teilnahme.

|  | freiwillige Teilnahme M (SD) | unfreiwillige Teilnahme M (SD) | t | p |
|---|---|---|---|---|
| Interesse an dem Hack weiterzuarbeiten | 3,56 (1,14) | 3,42 (1,17) | - 3,90 | 0,699 |
| Mitarbeit bei den Hackdays | 4,36 (0,59) | 4,15 (0,88) | - 1,26 | 0,318 |
| Spaß an den Hackdays | 4,33 (0,80) | 4,05 (0,83) | - 1,39 | 0,169 |

Anmerkung: $n = 177$.

Wie aus Tabelle 2 ersichtlich, konnte kein signifikanter Unterschied festgestellt werden. Die Lernenden, die freiwillig an den Hackdays teilnahmen, hatten z. B. nicht signifikant mehr Spaß an der Veranstaltung als die Lernenden, die unfreiwillig teilgenommen haben. Somit gibt es eine Diskrepanz zwischen den Ansichten der Lehrkräfte und den Bewertungen der Lernenden. Aus diesem Ergebnis lässt sich folgern, dass auch eine obligatorische Teilnahme an den Hackdays positive Folgen haben kann – also z. B. auch, wenn Schüler*innen von sich aus zunächst weniger Interesse daran zeigen.

Die dritte Annahme der Lehrkräfte war, dass die Mentor*innen einen positiven Einfluss haben. Um dies zu untersuchen, wurde eine multiple lineare Regressionsanalyse durchgeführt (Tabelle 3). Als abhängige Variable wurde hier die Selbsteinschätzung des Zuwachses an Wissen während der Hackdays festgelegt. Als Prädiktoren wurden, neben dem Auftreten der Mentor*innen, die Abwesenheit von Lehrkräften sowie das Interesse an den Hackdays einbezogen, um eine umfassendere Erklärungsmöglichkeit zu erhalten.

Tabelle 3: Ergebnisse der multiplen linearen Regression zur Identifikation von Einflussfaktoren auf die Selbsteinschätzung des Wissenszuwachses während der Hackdays.

| Unabhängige Variablen | B | SE B | β | t |
|---|---|---|---|---|
| Interesse an den Hackdays | 0,37 | 0,11 | 0,301** | 3,23 |
| Freundlichkeit der Mentor*innen | 0,43 | 0,11 | 0,382*** | 1,65 |
| Etwas ohne Lehrkräfte lernen | 0,21 | 0,13 | 0,149 | 4,04 |

Anmerkung: $n = 120$; Korr. $R^2 = 0,33$; $p \leq 0,001$***; $p \leq 0,01$**; $p \leq 0,05$*; abhängige Variable: Wissenszuwachs während der Hackdays.

Die Ergebnisse stützen die Annahme eines möglichen Zusammenhangs zwischen dem Auftreten der Mentor*innen und dem Wissenszuwachs der Schüler*innen. Gleichzeitig gibt es offenbar auch einen Zusammenhang zwischen dem Interesse an den Hackdays und dem Ausmaß des Wissenszuwachses. Auch innerhalb der pädagogischen Psychologie wird ein Zusammenhang zwischen dem Interesse und dem Lernerfolg postuliert (Schiefele, 2008). Einen signifikanten Zusammenhang zwischen dem Spaß der Teilnehmenden und der Gegebenheit, dass die Lehrkräfte nicht in den Lernprozess involviert sind, konnte nicht festgestellt werden.

Es lässt sich insgesamt festhalten, dass die Hackdays die Erwartungen der Lehrenden überwiegend erfüllen bzw. mit Ausnahme der Einschätzung der optionalen und obligatorischen Teilnahmemöglichkeiten die Erwartungen bestätigt werden können.

## 7. Fazit und Ausblick

Die Schule als Institution der Kompetenz- und Wissensvermittlung steht der Herausforderung gegenüber, sich an sich rasant verändernde mediale Bedingungen anzupassen. Schulextern entwickelte Unterrichtsformate können hier Potenziale bieten. Die vorgelegte Untersuchung des Angebots *Make Your School – Eure Ideenwerkstatt* hat gezeigt, dass die mit diesem Format verbundenen Erwartungen der involvierten Lehrkräfte aus Lernperspektive überwiegend bestätigt werden können. So können mit diesem Format nicht nur Schüler, sondern auch Schülerinnen erreicht werden. Während sich beim Interesse an Informatik und Technik geschlechtsspezifische Unterschiede finden lassen (wie auch in anderen Studien), haben Schüler wie Schülerinnen ähnlich viel Spaß an dem Format. Die Betreuung durch die Mentor*innen, also Studierende informatischer und technischer Studiengänge, bestätigt sich als signifikanter Prädiktor für das subjektive Lernergebnis. Insofern scheint das untersuchte Format tatsächlich das Potenzial zu bieten, Interesse und Spaß zu vermitteln sowie auch Kompetenz- und Wissensaufbau leisten zu können – und damit Schüler wie Schülerinnen für entsprechende Tätigkeiten zu begeistern. Fraglich ist, inwiefern es sich um nachhaltige Effekte handelt, also inwiefern mittel- bis sogar langfristig Interesse und Spaß an Informatik und Technik gesteigert werden können und inwiefern das Gelernte in einen längerfristigen Kompetenz- und Wissensgewinn mündet. Diese – und weitere – Fragen werden in Bezug auf das Format *Make Your School – Eure Ideenwerkstatt* im folgenden Projektverlauf untersucht. In Bezug auf die vorgestellten Ergebnisse ist limitierend festzuhalten, dass aufgrund der geringen Fallzahlen sowie der Spezifik des Angebots keine verallgemeinerten Aussagen getroffen werden können. Dennoch kann diese Analyse Bestandteil einer allgemeineren Diskussion zu den Potenzialen schulextern entwickelter Unterrichtsformate sein, mindestens aber können die Befunde zurückfließen in die Angebotsentwicklung und -verbesserung.

## Literatur

Becker, R. & Lauterbach, W. (2016). Bildung als Privileg – Ursachen, Mechanismen Prozesse und Wirkungen. In R. Becker & W. Lauterbach (Hrsg.), *Bildung als Privileg 2016: Erklärungen und Befunde zu den Ursachen der Bildungsungleichheit* (5. Aufl., S. 3–53). Wiesbaden: Springer VS.

Bourdieu, P. (2001). *Wie die Kultur zum Bauern kommt. Schriften zu Politik & Kultur: Vol. 4.* Hamburg: VSA-Verlag.

Eickelmann, B. (2018). Digitalisierung in der schulischen Bildung. Entwicklungen, Befunde und Perspektiven für die Schulentwicklung und die Bildungsforschung. In N. McElvany, F. Schwabe, W. Bos & H. G. Holtappels (Hrsg.), *Digitalisierung in der schulischen Bildung. Chancen und Herausforderungen* (S. 11–26). Münster: Waxmann.

Finsterwald, M., Schober, B., Jöstl, G. & Spiel, C. (2012). Motivation und Attributionen: Geschlechterunterschiede und Interventionsmöglichkeiten. In H. Stöger, A. Ziegler & M. Heilemann (Hrsg.), *Lehr-Lern-Forschung: Band 1. Mädchen und Frauen in MINT: Bedingungen von Geschlechtsunterschieden und Interventionsmöglichkeiten* (S. 193–212). Berlin, Münster: Lit.

Herzig, B. (2014). *Wie wirksam sind digitale Medien im Unterricht.* Gütersloh: Bertelsmann Stiftung.

Jahnke-Klein, S. (2013). Benötigen wir eine geschlechtsspezifische Pädagogik in den MINT-Fächern? Ein Überblick über die Debatte und den Forschungsstand. *Schulpädagogik Heute*, 4(8), 1–19.

Jarke, J. (2018). Digitalisierung und Gesellschaft. *Soziologische Revue*, 41(1), 3–20.

Knoll, N. (2017). „HackHPI": How to organize a Hackathon. In T. Knoll (Hrsg.), *Veranstaltungen 4.0: Konferenzen, Messen und Events im digitalen Wandel* (S. 155–170). Wiesbaden: Springer Gabler.

Komssi, M., Pichlis, D., Raatikainen, M., Kindström, K. & Järvinen, J. (2015). What Are Hackathons For? *IEEE Software*, 32(5), 60–67.

Leonhardt, T., Brauner, P., Siebert, J. & Schroeder, U. (2011). Übertragbarkeit singulärer MINT-Interesse-initiierender außerschulischer Maßnahmen. *INFOS*, 127–136.

Livingstone, S. (2009). On the Mediation of Everything. *Journal of Communication*, 59(1), 1–18.

Make Your School – Eure Ideenwerkstatt (MYS) (2018). *Make Your School – Eure Ideenwerkstatt. Mit Kreativität, Spaß und digitalem Wissen zu einer besseren Schule.* Retrieved from https://www.makeyourschool.de/ [09.01.2019].

Mayring, P. A. E. (2015). *Qualitative Inhaltsanalyse. Grundlagen und Techniken.* Weinheim: Beltz Verlag.

Röll, F. J. (2010). Aufwachsen in der (Medien-)Gesellschaft. In G. Cleppien & U. Lerche (Hrsg.), *Soziale Arbeit und Medien* (S. 23–36). Wiesbaden: VS Verl. für Sozialwissenschaften.

Schiefele, U. (2008). Lernmotivation und Interesse. In W. Schneider & M. Hasselhorn (Hrsg.), *Handbuch der Pädagogischen Psychologie* (S. 38–49). Göttingen: Hogrefe.

Schroll, W. (2017). Kollaborative Innovationsprozesse: Hackathons in Theorie und Praxis. In T. Knoll (Hrsg.), *Veranstaltungen 4.0: Konferenzen, Messen und Events im digitalen Wandel* (S. 135–154). Wiesbaden: Springer Gabler.

Wissenschaft im Dialog (WiD) (2018). *Make Your School – Eure Ideenwerkstatt. Handbuch.* Retrieved from www.makeyourschool.de/wp-content/uploads/MYS_Handbuch_DIGITAL.pdf [03.10.2018].

*Dörte Sonntag, Oliver Bodensiek, Georgia Albuquerque und Marcus Magnor*

# Das Projekt TeachAR
## Eine hybride Lehr-Lern-Umgebung in der erweiterten Realität

## 1. Einführung

Im Projekt TeachAR wurden mittels Augmented Reality (AR) erweiterte Experimentierumgebungen mit dem Ziel entwickelt, unterschiedliche Lernräume der Physik stärker miteinander zu verbinden. Allgemein wird AR dazu genutzt, eine Kombination aus realer Umwelt und virtueller Realität zu erzeugen, indem insbesondere ein dreidimensionaler Bezug zwischen virtuellen und realen Objekten geschaffen wird. Die Nutzer können sowohl mit den realen als auch mit den virtuellen und visuell dargestellten Objekten in Echtzeit interagieren. Für eine zweidimensionale Darstellung der virtuellen Objekte im dreidimensionalen Raum ist ein Tablet oder ein Smartphone als Medium ausreichend. Ein deutlich höherer Grad an Immersion wird jedoch bei einer dreidimensionalen Wahrnehmung der virtuellen Objekte durch den Betrachter unter Verwendung von halbtransparenten AR-Brillen erzielt. Die Effektivität des Einsatzes von AR im Bereich der Lehre konnte insbesondere im Zusammenhang mit abstrakten und komplexen Fachkonzepten gezeigt werden (Bacca, Baldiris, Fabregat, Graf & Kinshuk, 2014). Dabei ergaben sich in Lernzuwächsen, Motivation und Zusammenarbeit der Lernenden signifikante Vorteile gegenüber herkömmlichen, analogen Lehr-Lern-Settings.

Fachliche Lehr-Lern-Räume als Summe von Formen und Randbedingungen des Lehrens und Lernens können für die Physik grob in zwei Bereiche unterteilt werden: Auf der einen Seite stehen eher formal-theoretische Inhalte, zumeist mathematische Modelle oder mathematisch formulierte Theorien, deren Modellverhalten analytisch oder numerisch unter Zuhilfenahme von Visualisierungen erkundbar ist. Demgegenüber steht der experimentell-reelle Lernraum, in dem reales Systemverhalten beispielsweise anhand realer Experimente studiert wird (vgl. Abbildung 1). In der Regel sind diese Lernräume beispielsweise durch getrennte Lehrveranstaltungen wie Theorie-Vorlesung und Praktikum bereits rein formal getrennt. Darüber hinaus werden die Übergänge und Verbindungen zwischen diesen Inhaltsbereichen erst in der Modellbildung explizit adressiert, die in Hochschullehre und Unterricht jedoch meist wenig oder spät betont, oder gar den Lernenden selbst überlassen wird und so zu Verständnisschwierigkeiten führen kann (Uhden, 2016).

## 2. Didaktischer Hintergrund

Um formal-virtuelle mit experimentell-reellen Lernräumen unmittelbar zu verbinden und so die Lücke zwischen theoretischen und experimentellen Inhalten zu schließen, werden im Projekt *TeachAR* die Möglichkeiten der immersiven Form von AR genutzt. Dabei können physische, digitale und potenziell auch soziale Lernerfahrungen in einer neuartigen hybriden Lernumgebung mit vielfältigen Möglichkeiten integriert werden.

Im vorgestellten Projekt werden realen Experimenten mittels AR nicht nur „unsichtbare" Messdaten visuell überlagert, sondern es wird unter Verwendung von zuvor berechneten Simulationsdaten eine dynamische Kopplung der Daten(-visualisierungen) an die experimentellen Parameter geschaffen. Dadurch wird ein direkter Vergleich zwischen dem theoretischen Modellverhalten und dem realen Experiment möglich.

Durch die mit Hilfe von AR erschaffene hybride Lernumgebung können Lernende theoretische Inhalte und das reale Experiment zeit- und ortsgleich studieren, wodurch zusätzliche kognitive Belastungen wie eine geteilte Aufmerksamkeit oder eine fehlende räumliche oder zeitliche Kontiguität reduziert werden können (Mayer, 2005). Den Lernenden werden alle für das Verständnis des Experiments wichtigen Aspekte zeitgleich visualisiert, sodass der Fokus verstärkt auf vernetzende Aspekte zwischen Experiment und Theorie gelegt werden kann. Durch die Herstellung von diesen Zusammenhängen kann beispielsweise das bei Lernenden im Bereich des Elektromagnetismus häufig nur fragmentierte Fachwissen miteinander verknüpft werden (Albe, Venturini & Lascours, 2001). Zusätzlich kann die Visualisierung der theoretischen Beschreibung dabei helfen, die abstrakten physikalischen Konzepte und Prozesse besser zu erfassen.

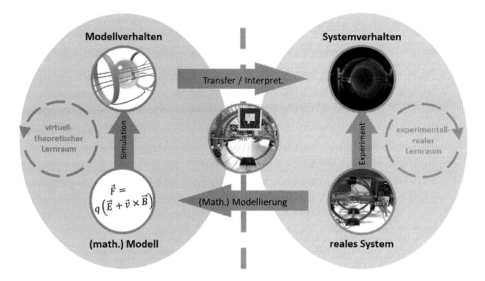

Abbildung 1: AR kann als verbindendes Element zwischen theoretischem und experimentellem Lernraum dienen und hybride Lernumgebungen mit vielfältigen Möglichkeiten erschaffen (eigene Darstellung)

## 3. Lehrformat: Experimente mit AR

Die Implementierung des dargestellten Ansatzes erfolgte im Rahmen des Lehramtsstudiums Physik in einem Experimentalpraktikum, das die Durchführung und Präsentation von Experimenten für den Unterricht fokussiert. Grundlage für diese Wahl waren einerseits die Adressierung der zunehmenden Digitalisierung des experimentellen Physikunterrichts, andererseits der Grad an Eigenständigkeit der Studierenden in diesem Lehr-Lern-Format. Die Studierenden erarbeiten dabei selbstständig zu verschiedenen unterrichtsrelevanten Versuchen korrespondierende Fachinhalte, setzen sich mit diesen auch fachdidaktisch auseinander, bereiten den Versuchsaufbau und eine unterrichtsnahe Versuchsdurchführung vor und präsentieren diese abschließend im Plenum. Die Weiterentwicklung der Medien- und medienpädagogischen Kompetenz der Studierenden ist in den Qualifikationszielen der Lehrveranstaltung bereits durch den ergänzenden Einsatz digitaler Werkzeuge und dessen didaktischer Reflexion enthalten. Die Verwendung von AR als zusätzliches digitales Werkzeug stellte damit per se keine Besonderheit für die Studierenden dar, jedoch wiesen sie keine Vorkenntnisse in der Nutzung von AR-Brillen auf, womit sowohl ein positiver, motivationaler Neuigkeitseffekt, als auch eine lernpsychologische Schwelle vorliegen könnte. Den Studierenden wurde daher eine Kurzeinführung in die AR-Technologie gegeben und die Verwendung der AR-Brille vorgestellt. Daraufhin nahmen sie eigenständig eine Kalibrierung der AR-Brille vor, die neben dem generellen Umgang bereits spezielle Aspekte der Mensch-Computer-Interaktion wie die Gestensteuerung beinhaltet. Daraufhin wurden diese neu erworbenen, rezeptiven Medienkompetenzen anhand der konkreten, im Rahmen des Projekts entwickelten, drei Demonstrationsexperimente aus dem Themenfeld Elektrizitätslehre zunächst unter Anleitung vertieft. In der weiteren eigenständigen Erprobung konnten sich die Studierenden damit auf einen im Projekt intendierten Aspekt der hybriden AR-Lernumgebung fokussieren: Die instantane Kopplung der experimentellen Handlungen an die Visualisierungen unterstützt dabei eine hohe räumliche und zeitliche Kontiguität. Damit wird für die Studierenden eine direkte Verbindung zwischen der Änderung experimenteller Parameter und dem Verhalten des Modells sichtbar. Ein konkretes Beispiel dafür ist in Abbildung 2 dargestellt. Darüber hinaus werden die Studierenden durch spezielle, im Projekt entwickelte, analoge Lehr-Lern-Materialien unterstützt.

Neben der Vertiefung von Fachinhalten für das eigene fachliche Lernen, reflektieren die Studierenden den möglichen Einsatz im Unterricht und setzen die AR-Technologie zur Präsentation ein. Dadurch erwerben Sie exemplarisch unterrichtsrelevante Kompetenzen zum Einsatz zukunftsorientierter, AR basierter hybrider Lernumgebungen. Sowohl die Nutzerfreundlichkeit, als auch Aspekte der Lernwirksamkeit wurden begleitend evaluiert (s. folgender Abschnitt) und darauf basierend die AR-Anwendungen und Materialien überarbeitet.

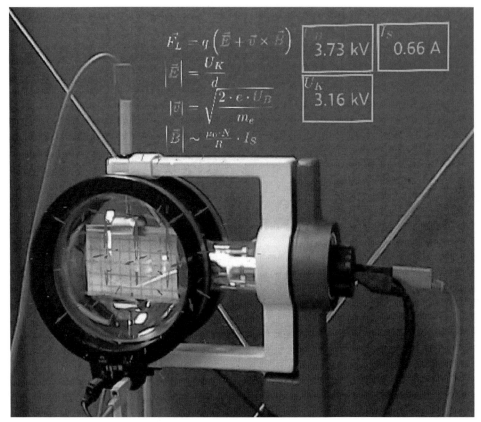

Abbildung 2: Visuell überlagerte Informationen über dem realen Experiment: elektrisches und magnetisches Feld, Formeln und Messwerte (Fotografin: Dörte Sonntag)

## 4. Feedback und Usability

Das Projekt wurde mit N=8 Lehramtsstudenten des Hauptschul-, Realschul- und gymnasialen Lehramts aus dem 3. bis 6. Bachelorsemester mit einer Interviewstudie zum konzeptuellen Verständnis im Prä-Post-Design sowie zu Usability-Aspekten explorativ evaluiert. So konnten neben einer Erhebung des Zuwachses an Fachwissen und dessen Vernetzung im Vorher-Nachher-Vergleich auch persönliche Erfahrungen der Studierenden mit der AR-Technologie sowie didaktische Reflexionen bzgl. des Einsatzes von AR-Experimentierumgebungen besser verstanden und nachvollzogen werden. Im Rahmen dieser ersten Evaluation konnten die AR-Umgebungen inkrementell sowohl in Bezug auf die Nutzerfreundlichkeit als auch in Hinblick auf fachdidaktische Zielsetzungen verbessert werden. So hat sich beispielsweise das zu Beginn notwendige Platzieren des virtuellen CAD-Modells über dem realen Experiment für die Hälfte der Studierenden als besonders anspruchsvoll herausgestellt. Dies ist notwendig, um eine räumlich korrekte Überlagerung der visualisierten Simulationsdaten zu erzielen. Um die Bedienung zu erleichtern, wurde daraufhin ein virtuelles Bedienfeld integriert, über das sich die Ausrichtung des Modells in kleinen Schritten optimieren lässt. Für die kommende Version ist eine Erkennung über optische Marker vorgesehen, sodass eine manuelle Ausrichtung nicht mehr nötig ist.

Die Hälfte der Studierenden gab an, eine hohe Begeisterung und Freude in der Arbeit mit der AR-Technologie zu empfinden. In den Selbsteinschätzungen bewerteten 87,5% die AR-Anwendung als unterstützend beim Experimentieren, die zusätzlichen Informationen wurden folglich nicht nur selektiv aufgenommen, sondern auch in die Experimentierphase integriert. Da in der AR-Experimentierumgebung keine fachlichen Erklärungen zum Experiment an sich stehen, ist u. a. unter Verwendung der Lehr-Lern-Materialien eine Vorbereitung auf die Thematik notwendig. Aufbauend auf diesem Vorwissen können die Felder schließlich in der AR-Umgebung im Dreidimensionalen räumlich erkundet werden. 62,5% der Studierenden sagen von sich, dass die AR-Experimentierumgebung bei ihnen das Vorwissen aktiviert hat.

In der Studie hatte etwa ein Viertel der Studierenden das Gefühl eines Aufmerksamkeitstunnels, das bedeutet sie haben sich stärker auf die virtuellen Elemente als auf die reale Umgebung konzentriert. Das führt zunächst dazu, dass die Vorteile von AR wie eine räumliche und zeitliche Kontiguität verfallen. Ein möglicher Grund dafür liegt in der Usability der AR-Brille, da in etwa 50 % der Studierenden angemerkt haben, dass die Brille sehr schwer ist und bei etwa einem Drittel auch die Raumabtastung durch den Tiefensensor der AR-Brille im Halbdunkeln nicht immer funktioniert hat. Dieser Effekt sollte sich jedoch mit wiederholtem Arbeiten mit der AR-Brille stark reduzieren.

Von hohem Interesse sind auch die didaktischen Reflexionen der Lehramtsstudierenden bzgl. des Einsatzes der AR-Experimentierumgebung, in denen sie von *„einer anderen Erfahrung"* sprechen, da die physikalischen Inhalte *„von einem anderen Blickwinkel"* gezeigt werden. Insgesamt wird die AR-Experimentierumgebung auch für die Präsentation der Experimente als nützlich angesehen, da die Feldvisualisierungen am Experiment unterstützend wirken können: *„[Die AR-Experimentierumgebung] unterstützt, denn man hat sich nicht so um Kopf und Kragen geredet, um die Feldstärke zu beschreiben und die Flussdichte und wie das zusammenhängt. So etwas ist immer sehr schwierig zu erklären, was man nicht sehen [oder] [...] spüren kann, versteht man nicht."* Diese Aussage untermalt die Projektidee, dass AR es über die Visualisierungen der berechneten Felder schaffen kann, den mathematischen und den experimentellen Lernraum miteinander zu verbinden. Weiterhin wird betont, dass mit AR *„anschaulichere Experimente"* entstehen, da *„die sonst unsichtbaren [Felder]"* durch die Darstellung über *„Vektorpfeile direkt vor einem schweben"*. Es wird explizit erwähnt, dass damit *„die Vorstellung von Feldern"* gefördert, sowie *„das Verständnis der Wirkung dieser"* verdeutlicht wird. Insgesamt sehen 87,5% der Studierenden auch in didaktischer Hinsicht, sowohl zur Unterstützung der Lehrenden als auch zur Unterstützung der Lernenden einen großen Vorteil der AR-Experimentierumgebung gegenüber dem klassischen Experiment.

Im zweiten Teil der Evaluation wurde ein möglicher Wissensgewinn oder Wissensverlust der Teilnehmenden insbesondere im Hinblick auf die vernetzenden Fachstrukturen der Elektrizitätslehre untersucht. Insgesamt gibt es eine höhere Anzahl an Wissensvernetzungen bei den Lernenden nach dem Experimentieren mit der AR-Anwendung. Das stützt zunächst die Hypothese, dass AR zwei Lernräume vereint und so eine engere Verknüpfung zwischen beiden schafft. Weiterhin konnten Fehlvorstellungen der Lernenden im Schnitt minimal reduziert werden. Im Allgemeinen können diese Aussagen aber noch nicht ausschließlich auf die AR-Anwendung bezogen werden, da alleine der Aspekt des Experimentierens auch große Auswirkungen haben kann. Daher schließt sich hier eine Vergleichsstudie zwischen dem Experiment mit AR-Anwendung und dem Experiment ohne AR-Anwendung, aber mit entsprechenden Ersatzdarstellungen, an.

Um eine noch stärkere Verbindung zwischen Theorie und Experiment zu schaffen, wurden basierend auf der Evaluation in einer zweiten Version der AR-Experimentierumgebung zusätzlich Formeln zur Beschreibung der Felder und deren Kraftwirkung auf geladene Teilchen aus dem theoretischen Lernraum eingebunden und ebenfalls an die experimentellen Parameter gekoppelt. Verändert man nun beispielsweise den Spulenstrom und damit das anliegende Magnetfeld, wird die Formel für das Magnetfeld oben rechts in der Anwendung eingeblendet und farblich in der Formel für die Kraftwirkung auf die Elektronen markiert (vgl. Abbildung 2). Dem Lernenden wird die Formel, die für das physikalische Verständnis relevant ist, in der jeweiligen Situation in direktem Zusammenhang gezeigt, sodass die räumliche und zeitliche Kontiguität erhöht und damit weiterhin die kognitive Belastung reduziert werden kann.

## 5. Zusammenfassung / Ausblick

Augmented Reality bietet für den Bildungsbereich zahlreiche Möglichkeiten, immersive und hybride Lehr-Lern-Räume zu erschaffen, in denen digitale Informationen nahtlos in die physische Welt integriert werden können. In diesem Beitrag wurde ein konkretes Beispiel einer derartigen Lehr-Lern-Umgebung aus den Naturwissenschaften präsentiert und in einer explorativen Studie qualitativ evaluiert. Tendenziell wird dabei sowohl das Lernen, als auch das Lehren in und mit dieser hybriden Umgebung positiv bewertet, wenngleich einige Optimierungspotenziale identifiziert werden konnten. Während sich auch in weiteren, teils quantitativen Studien grundsätzlich positive Effekte bei der Verwendung von AR abzeichnen, steht die empirische Forschung in diesem Bereich gerade erst am Anfang. Zusammen mit der Entwicklung weiterer Anwendungsfelder sollten daraus beispielsweise generalisierbare, lern- und kompetenzförderliche Gestaltungskriterien von AR-Umgebungen abgeleitet werden. Da die brillenbasierte AR mittel- bis langfristig als Nachfolgetechnologie von Smartphones prognostiziert wird (Qualcomm Technologies, 2016), sollten didaktische Kriterien und Konzepte zum Einsatz immersiver AR im Bildungsbereich in der Breite bereits entwickelt werden, *bevor* diese Technologie Alltag und Bildung, ähnlich wie heute Smartphones, prägt.

Dieses Lehrprojekt wurde im Rahmen des Innovationsprogramms Gute Lehre der TUBraunschweig aus dem BMBF-Projekt teach4TU unter dem Förderkennzeichen 01PL17043 gefördert.

## Literatur

Albe, V., Venturini, P. and Lascours, J. (2001) 'Electromagnetic Concepts in Mathematical Representation of Physics', *Journal of Science Education and Technology*, *10*(2), 197–203.

Bacca, J. et al. (2014) 'Augmented Reality Trends in Education: A Systematic Review of Research and Applications', *Educational Technology & Society*, *17*(4), 133–149.

Mayer, R.E. (2005) 'Cognitive Theory of Multimedia Learning', in Mayer, R. (ed.) *The Cambridge Handbook of Multimedia Learning*. Cambridge: Cambridge University Press, 31–48.

Qualcomm Technologies, I. (2016) *The Mobile Future of Augmented Reality*. Available at: https://www.qualcomm.com/documents/mobile-future-augmented-reality.

Uhden, O. (2016) ‚Verständnisprobleme von Schülerinnen und Schülern beim Verbinden von Physik und Mathematik', *Zeitschrift für Didaktik der Naturwissenschaften*, *22*(1), 13–24. doi.org/10.1007/s40573-015-0038-4.

*Markus Gerke, Isabelle Dikhoff und Yahya Ghassoun*

# Vom Bild zum 3D-Modell: VR meets Inverted Classroom
## Projektbericht zum Lehr-Lern-Konzept im Rahmen des Innovationsprogrammes Gute Lehre von Teach4TU

## 1. Ausgangssituation und Ziele

Die Photogrammetrie ist die Wissenschaft, die sich mit der Ableitung von Objektgeometrie und Semantik aus Bildern befasst. In der Lehre müssen insbesondere die mathematischen Beziehungen zwischen Kamerageometrie und Objektraum vermittelt werden. Hierbei gibt es einige grundlegende Konzepte, die – einmal von den Studierenden verstanden – auf nahezu alle Fragestellungen in der Praxis und Wissenschaft angewendet werden können. Eine didaktische Herausforderung ist, dass wir im 3D-Raum arbeiten und die Vermittlung der Konzepte bei traditionellen Herangehensweisen stets mit einer Visualisierung im 2D-Raum verbunden ist. Diese Reduktion und Vereinfachung erschwert den Lernprozess.

Mit Hilfe moderner Medien in der Lehre, hier vor allem der virtuellen Realität (VR), ist es möglich, die Inhalte direkt im 3D-Raum zu vermitteln und somit „erfahren" zu lassen. Bei den moderneren Technologien können 3D-Welten mit Hilfe einer speziellen Brille (Cardboard) und eines Smartphones begangen und beispielsweise interaktiv erlebt werden. In Abbildung 1 ist links eine VR-Brille zu sehen, in die ein handelsübliches Smartphone eingelegt wird. Die Applikation auf dem Smartphone (rechte Seite: IGP VR) bereitet die 3D-Szenen dann so auf, dass mit Hilfe der optischen Bildtrennung in linkes und rechtes Bild beim Betrachten ein 3D-Eindruck entsteht.

Die Anwendung moderner VR-Technologien bei der Vermittlung photogrammetrischer Grundlagen und deren Einsatz beispielsweise bei der Erfassung eigener 3D-Modelle durch Studierende hat viele Vorteile:

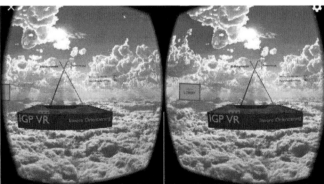

Abbildung 1: VR-System Homido („Cardboard") und Bildschirmfoto der entwickelten Cardboard-App „IGP VR" (eigene Darstellung)

- Direktes „Erleben" der Strahlengeometrie: wie hängt der Bildpunkt in einem Kamerabild geometrisch mit dem abgebildeten Objekt zusammen?
- Interaktives Erkunden: der Einfluss von ungünstigen Kamerastandpunkten (resultierend in einer schlechten Schnittgeometrie im Objektraum) kann direkt visualisiert und interaktiv kann der Effekt, den das Hinzufügen weiterer Bilder in den Verband hat, erkannt werden.
- Unabhängigkeit von Kontakt-Einheiten: durch das Aufbereiten des Lernmaterials in komplett digitaler Form, inkl. der angesprochenen VR-Technologie, die auf Smartphones genutzt werden kann, werden die Studierenden in die Lage versetzt, eigenständig und unabhängig von vorgegebenen Terminen und Orten nach dem Prinzip „Learning by Doing" zu studieren.
- Gesteigerte Lernmotivation durch das 3D-Erlebnis, vor allem, wenn selbst erstellte Modelle „begangen" werden können.

Aus dieser Motivation heraus wurde im Projektjahr ein Lehr-Lern-Konzept erarbeitet, welches den Einsatz der VR-Technologie in der Lehre der Photogrammetrie einbindet. Die Vorteile des direkten Erlebens eines Modells sollten zur Verbesserung des Verständnisses der Studierenden genutzt werden.

Zum anderen bietet der Einsatz des Prinzips des Inverted Classroom im Lehr-Lern-Konzept weitere Vorteile. Die Selbstlernphase der Studierenden kann für einen Teil der Wissensvermittlung mit Hilfe von Lernvideos genutzt werden, sodass es möglich ist, in der Präsenzphase detaillierter auf Fragen einzugehen und einen Zeitraum für vertiefende Inhalte zu schaffen. Zudem kann so der Aspekt der Lernortunabhängigkeit umgesetzt werden.

Somit besteht der Lehransatz aus drei Säulen:
- Ein Lernvideo, das in die Themen der jeweiligen nächsten Kontaktstunde einführt und bereits Grundlagenwissen vermittelt.
- Die Kontaktstunde, in der die Grundlagen des Videos durch aktivierende Methoden vertiefend erklärt und vermittelt werden. Zusätzlich wird die Prezi-Präsentationstechnologie genutzt, um flexibel zwischen den Inhalten wechseln zu können und beispielsweise nur bei Bedarf auf die Grundlagen, die im Video bereits behandelt wurden, zurückzugreifen.
- Die interaktive Komponente, die auf der oben eingeführten 3D-Technologie beruht.

Die Zielgruppe für die Umsetzung des Projektes war ein Modul einer Mastervertiefungsrichtung, in der sechs Lehreinheiten für das Thema Photogrammetrie reserviert sind. Die Gruppengröße von ungefähr zwanzig Teilnehmenden bietet sich für die Durchführung eines innovativen Projektes an.

## 2. Herausforderungen im Projektverlauf

Die Herausforderungen, die im Projektverlauf aufgetreten sind, können in die Kategorien Zeit und Support eingeteilt werden.

### 2.1 Zeit

In der Durchführung des Konzeptes wird einige Zeit für die Einführung in die Thematik der Photogrammetrie benötigt, da die Studierenden dieser Mastervertiefungen im Allgemeinen noch nicht im Detail mit dieser Wissenschaft in Berührung gekommen sind. Dieser thematische Hintergrund wird allerdings benötigt, um mit dem VR-Modell umzugehen und die Verknüpfungen zur Theorie zu verstehen. Ebenso wird Zeit innerhalb der Lerneinheiten benötigt, um in die neuen Medien einzuführen.

Eine weitere zeitliche Herausforderung stellte sich in der Erstellung der Lernvideos dar. Da die Verzahnung der Selbstlernphase mit den Kontakteinheiten sehr stark sein sollte, musste die Aufteilung der Inhalte und ebenso die Weise der Vermittlung innerhalb der Videos detailliert durchdacht werden.

### 2.2 Support

Am Anfang des Projektverlaufs war eine Gruppengröße von 200 Studierenden für den Einsatz des VR-Elements geplant. Um dies zu realisieren, müsste die Auflage der Technischen Universität Braunschweig erfüllt werden, die erstellte Smartphone App in einem Appstore zur Verfügung zu stellen. In diesem Fall könnte ein sehr hohes Maß an Support notwendig sein, da verschiedene Smartphones eventuell nicht mit der App kompatibel sind oder die selbstangeschafften Cardboard-Systeme nicht mit der App zusammenarbeiten. Dies war ein Grund dafür die Zielgruppe auf eine kleine Teilnehmerzahl zu beschränken, hier max. 20. In solch einer Gruppengröße kann dann auch die Alternative sein, VR-Systeme vorrätig am Institut anzuschaffen und auszuleihen. Die Einbettung in eine übungsähnliche Kontaktstunde ist somit gut möglich.

## 3. Ergebnisse

Das Lehr-Lern-Projekt wurde auf den drei Säulen aufgebaut, wie in Kapitel 1 beschrieben. Die Selbst- und Präsenzlernphasen der Studierenden werden stark in den Fokus genommen und für das Prinzip des Inverted Classroom genutzt.

Der Einsatz von Lernvideos stützt das umgedrehte Prinzip mit inhaltlicher Vorbereitung. Die Lernvideos werden zur Vorbereitung auf die Kontaktstunden vorausgesetzt. Durch schrittweise Animation und eine symbolische Visualisierung, unterstützt durch den gesprochenen Text, kann eine gute Einführung in das Thema gegeben werden. Ebenso sind die Videos zur Wiederholung im Laufe der Veranstaltung geeignet.

Im Lernmanagementsystem Stud.IP wurde durch das Evaluationstool ein Fragebogen für die Phase nach jedem Lernvideo zur Verfügung gestellt. Dort ist es möglich direkt Fragen zu stellen, die sich beim Anschauen des Videos ergeben haben.

Die Kontaktstunde wird mit dem Online-Präsentationstool „Prezi" durchgeführt. Durch dieses Tool kann mehr Flexibilität in Form einer nichtlinearen Präsentation erreicht werden. Das Eingehen auf Fragen ist durch die Gliederung in Themen sehr viel leichter und ebenso können Vertiefungsthemen entsprechend gekennzeichnet und in der Kontaktstunde behandelt werden. Der Zeitgewinn durch einen Teil der Inhaltsvermittlung innerhalb der Selbstlernphase mit Hilfe der Lernvideos schafft ebenso Raum für flexibleres Handeln in der Kontaktstunde. Für Aktivierungsphasen innerhalb der Kontaktstunde wurde teilweise Quiz eingesetzt, umgesetzt mit dem Tool „Socrative.com". An dieser Stelle konnte der Lehrende einen Eindruck des Kenntnisstandes der Studierenden gewinnen und parallel Inhalte gemeinsam wiederholen.

In einer betreuten Selbstlernphase, weiter VR-Lounge genannt, stehen für die Studierenden zu unterschiedlichen Themen VR-Modelle innerhalb einer selbstentwickelten App bereit. Sie funktioniert nach dem Cardboard-Prinzip, wie unter Abschnitt 1 beschrieben. Anhand von Kopfbewegungen und mit Hilfe des eingesetzten Controllers können die Modelle von außen aus verschiedenen Perspektiven betrachtet werden. In der VR-Lounge stehen das Erleben der Theorie und die Diskussion unter den Studierenden im Vordergrund. Dazu wurden Übungsaufgaben erstellt, in welchen Aussagen auf Ihre Richtigkeit geprüft, Fehler in Abbildungen gefunden und Fragen diskutiert werden können.

Als Alternative zum VR-Modell werden 3D-Modelle verwendet. Diese wurden mit der Software „SketchUp" implementiert und können über die Plattform „Sketchfab" bereitgestellt werden.

## 4. Evaluation und Feedback

### 4.1 Innerhalb der Projektphase

In der ersten Hälfte des Projektes, im Wintersemester 17/18, wurden die Studierenden in die Konzeption der VR-Modelle miteinbezogen. Das Ziel dieser Evaluierung war es, die Lehrsituation in 2D mit der Hinzunahme von begehbaren 3D-Modellen zu vergleichen. Dabei sollten die Aspekte der Lernmotivation mit der Kurzskala intrinsischer Motivation (KIM), angelehnt an Wilde, Bätz, Kovaleva & Urhahne (2009), des Verständnisses (inkl. Selbsteinschätzung) und im Fall der Verwendung des VR-Systems auch das Wohlbefinden der Studierenden betrachtet werden. Dazu wurden Masterstudierende des Moduls „Monitoring" befragt, die innerhalb des Wintersemesters eine sehr kurze Einführung in die Grundlagen der Photogrammetrie gehört haben.

Es haben jeweils sieben Studierende teilgenommen, wobei nur sechs Teilnehmende bei beiden Durchläufen teilgenommen haben. Durch die geringe Teilnehmendenzahl haben die Ergebnisse nur Indikatorwert. Die Werte in den Dimensionen der KIM haben sich mit dem 3D-Modell verbessert. Die Teilnehmenden verspürten vor allem mehr Spaß. Insgesamt lässt sich eine deutlich gesteigerte Motivation der Studierenden durch das 3D-Modell feststellen.

Aufgrund einer sehr engen Bewertungsskala im Teil der Verständnisfragen lässt sich kein Schluss ziehen, ob sich das Verständnis der Studierenden verbessert hat. Im Gegensatz dazu steht die Selbsteinschätzung der Teilnehmenden, bei der sie angaben, das Prinzip deutlich besser verstanden zu haben.

Im nächsten Evaluierungsblock innerhalb des Sommersemesters 2018 wurden Fragen in den Bereichen Motivation (extrinsisch), Umgang mit dem neuen Medium, Verständnis (inkl. Selbsteinschätzung) und Verträglichkeit erhoben, mit dem Ziel den Mehrwert des neuen Mediums für die Studierenden zu erfragen. Ebenso sollte dieser Fragebogen dazu genutzt werden, praktische Ansätze zur Verbesserung des Lehrkonzeptes und zur Einbettung eines neuen Mediums (VR-System) in die Kontaktstunde dienen.

Das Testen des VR-Systems und die anschließende Befragung wurden mit einer Gruppe von 30 Studierenden durchgeführt, die in ihrer Vorlesung „Bauen im Bestand" nur einen kurzen Einstieg in die Photogrammetrie erhalten konnten.

Die grundlegenden Schlüsse, die aus der Befragung gezogen werden konnten, sind folgende: Die mündliche Einführung hat vielen Studierenden geholfen. Allerdings wurde angeregt, dass es als erklärende Person sinnvoll sein könnte zu sehen, was gerade der Proband sieht.

Es besteht Bedarf an ausreichend Zeit zur Einführung in die Thematik Photogrammetrie. Es wird von den Studierenden beschrieben, dass die Vorlesungsfolien nützlich seien, um die graphischen Elemente im VR-Modell zu verstehen. Außerdem spiegelt sich in dem Ergebnis von Verständnisfragen wider, dass die Zeit für die Vorlesung sehr knapp war und vermutlich auch keine oder wenig Beschäftigung mit ausgeteilten Materialien zur Wiederholung erfolgt ist.

Die Studierenden sehen einen Nutzen, mit 3D-Modellen bzw. VR-Systemen zu lernen. Es erhöhe sich der Spaß oder das Interesse und es sei eine Hilfe zum räumlichen Vorstellen. Allerdings kann das VR-System innerhalb der Lehrveranstaltung nur als zusätzliche Lernhilfe verwendet werden. Ein Grund dafür ist, dass körperliche Beschwerden, wie Kopfschmerzen, Schwindel oder Unwohlsein auftreten können, sodass dieses Element nicht verpflichtend sein darf.

Ebenso bestätigte sich, dass das Einbetten des VR-Systems in das Lehrkonzept für eine Gruppengröße von ca. zwanzig Teilnehmenden geeignet ist.

Schlussendlich motivierten diese Evaluationsergebnisse und auch der Umstand, dass die Veröffentlichung einer App viel technischen Support erfordert, dazu, dass das VR-System in der VR-Lounge, wie in Kapitel 3 beschrieben, im Anschluss an die Vorlesung betreut ausprobiert werden kann. Dadurch ist eine persönliche, mündliche Einführung gewährleistet und es können auch noch parallel denkanregende und diskussionsfördernde Aufgaben gestellt werden.

## 4.2 Nach der ersten Umsetzung

Zur Evaluation des gesamten Lehr-Lernkonzeptes nach der ersten Umsetzung wurde die Feedbackmethode SMS eingesetzt. Die Studierenden sollten sich in die drei Situationen nach
- der Vorbereitung mit dem Lernvideo
- der Kontaktstunde
- nach der VR-Lounge/Übung

hineinversetzen und jeweils eine fiktive kurze Nachricht mit genau sieben Wörtern verfassen, die den persönlich gewonnenen Eindruck beschreibt.

Die Aussagen zu der Vorbereitung mit den Lernvideos beschrieben, dass die Videos sich gut als Vorbereitung oder zum Einstieg eignen würden. Ebenso wurde auch der Informationsgehalt beurteilt. Die Kommentare dazu waren heterogen, denn manche Studierenden befanden die Informationen als zu viel und manche als zu wenig.

Das Feedback für die Situation nach der Kontaktstunde sagte aus, dass innerhalb dieser Zeit ein besseres Verständnis erlangt worden sei. Außerdem wurden die Inhalte als nähere Information oder Ergänzungen zum Video betrachtet.

Zu VR-Lounge und der Übung äußerten sich die Studierenden positiv, dass nun eine bessere Vorstellung durch die (räumliche) Visualisierung möglich sei. Außerdem habe sich auch das Verständnis bei einigen Teilnehmenden verbessert. Zudem wurde erwähnt, dass in dieser Lernphase ein praktisches Anwenden möglich sei.

## 5. Fazit

Besonders positiv am Projekt ist der Gedanke des Inverted-Classroom-Prinzips. Es gibt die Möglichkeit, Zeit zu schaffen für die Vertiefung der Inhalte. Ebenso ist die Erstellung digitaler Vorlesungsmaterialien, seien es Quiz, eine Prezi, Lernvideos oder 3D-Modelle eine Möglichkeit, sich mit der eigenen Thematik der Vorlesung nochmal neu auseinander zu setzen, um eine möglichst gute Vermittlung und ein gutes Verständnis bei den Studierenden zu erreichen. Die Durchführung der Vorlesung mit Hilfe digitaler Medien leistet eine Unterstützung für die Lehrperson. Auf der Seite der Studierenden wird auch ein Mehrwert erreicht, z.B. eine stärkere Abwechslung durch die Verwendung neuer Elemente. Allerdings haben Studierende eine individuelle Art zu lernen, sodass in Bezug auf Medium oder Material nicht immer ein direkter Mehrwert von jedem*jeder Teilnehmer*in gesehen wird. Auf die individuellen Bedürfnisse sollte immer eingegangen werden, was jedoch mit der hier vorgestellten Medienvielfalt möglich ist.

## Literatur

Wilde, M., Bätz, K., Kovaleva, A., Urhahne, D. (2009): Überprüfung einer Kurzskala intrinsischer Motivation (KIM). *Zeitschrift für Didaktik der Naturwissenschaften 15*. Online verfügbar unter http://archiv.ipn.uni-kiel.de/zfdn/pdf/15_Wilde.pdf, zuletzt geprüft am 31.01.2019.

Linda Eckardt, Adam Jankowiak und Susanne Robra-Bissantz

# Wollen Studierende in einer virtuellen Realität lernen?
## Ein vergleichendes Meinungsbild

**Abstract**

Das Erlernen von Fähigkeiten in virtuellen Umgebungen mittels Head-Mounted Displays ist ein aktueller Trend mit vielen Vorteilen. Beispielsweise werden Lernerlebnisse durch eine höhere Immersion erfahrbarer. Durch ein Überangebot an Möglichkeiten besteht jedoch auch die Gefahr der kognitiven Überlastung. Bei einer Einführung von virtuellen Realitäten zum Lernen können Hochschulen schwer einschätzen, wie dieses Angebot von den Studierenden angenommen wird. Daher wird im vorliegenden Beitrag eine Studie vorgestellt, in der das Interesse der Studierenden beim Lernen mit VR-Brillen vergleichend zwischen den Jahren 2015 und 2017 untersucht wird. Die Ergebnisse zeigen, dass das Interesse am Lernen mit VR-Brillen kein kurzfristiger Trend ist und die Studierenden dieser Art des Lernens allgemein positiv gegenüberstehen.

## 1. Einleitung und Motivation

Virtuelle Realität (VR) ist ein aktuell viel diskutierter Trend mit hohem Potential zur Veränderung und Verbesserung der Lernerfahrung und beschreibt eine computergenerierte Echtzeitdarstellung einer fiktiven Welt, in der Menschen Interaktionen durchführen können (Schwan & Buder, 2006). Im Kontext von virtuellen Lernumgebungen erfolgt meistens ein Verweis auf konstruktivistische Lerntheorien (Hu-Au & Lee, 2017). Somit gelten Studierende als aktive Informationsverarbeitende, welche durch den Einsatz von VR die Möglichkeit erhalten, Lerninhalte, die zu weit weg, zu gefährlich, außerhalb der sinnlichen Wahrnehmung oder historisch sind, direkt und praktisch zu erleben, ohne ihre Lernumgebung zu verlassen (Eckardt et al., 2017). VR stärkt zudem das Engagement, indem den Studierenden ein stärkeres Gefühl der Präsenz und Immersion, im Vergleich zu traditionellen Lernmethoden, ermöglicht wird (Bailenson et al., 2008). Auf der anderen Seite besteht durch VR-Technik auch das Risiko, sich in dem Überangebot an Möglichkeiten zu verlieren (Schwan & Buder 2006). Insbesondere droht bei ungenügenden Vorkenntnissen eine kognitive Überlastung der Studierenden (Josting & Hoppe, 2006). Zudem erfolgt bei der digitalen Umsetzung der VR-Technik, infolge der Head-Mounted Displays (HMDs), oftmals eine Simulationskrankheit. Sie tritt dann auf, wenn die Qualität der Darstellung aufgrund geringer Bildfrequenz mangelhaft ist und beeinträchtigt den Lernenden bei der Erfüllung seiner Aufgaben, da bei einer längeren und durchgehenden Nutzung Nebenwirkungen wie Übelkeit, Schwindel und trockene Augen auftreten können (Kleven et al., 2014).

VR hat demnach Potential das Lernen positiv zu beeinflussen. Jedoch besteht auch die Gefahr, dass entsprechende Lernanwendungen von Studierenden abgelehnt werden. Universitäten können bei einer Einführung der VR im Lernkontext nur schwer beurteilen, ob die Technologie bei den Studierenden zum Lernen angenommen wird.

Zu diesem Zweck wird in dem Beitrag eine Umfrage über zwei Jahre vorgestellt, welche das Interesse der Studierenden beim Lernen in einer VR untersucht.

## 2. Studie zum Lernen in virtuellen Realitäten

### 2.1 Design der Studie

Zur Erhebung des Interesses am Lernen in einer virtuellen Realität wurde mit einem Abstand von zwei Jahren eine identische Online-Umfrage durchgeführt. Zunächst wurden die Studierenden um eine Einschätzung ihrer Erfahrungen im Umgang mit virtuellen Realitäten inkl. HMDs befragt. Anschließend wurde die Einstellung gegenüber verschiedenen Vor- und Nachteilen, die mit dem Erlernen von Fähigkeiten und Kenntnissen in virtuellen Umgebungen einhergehen, über einen Grad der Zustimmung oder Ablehnung abgefragt. Die Beantwortung der Fragen erfolgte durch die Verwendung einer 5-stufigen Likert-Skala (trifft nicht zu, ..., trifft zu).

### 2.2 Auswertung der Studie

Bei der im Jahr 2015 durchgeführten Untersuchung haben 52 Studierende mit einem Durchschnittsalter von 26 Jahren teilgenommen. 2017 haben 81 Studierende, im Durchschnitt 24 Jahre, die Umfrage vollständig ausgefüllt. Das bedeutet, dass das allgemeine Interesse an der Thematik und die Teilnahmebereitschaft innerhalb der zwei Jahre angestiegen ist. Antworten auf Fragen, die mithilfe einer 5-stufigen Likert-Skala erhoben wurden, werden in dem folgenden Auswertungsteil zu negativ (trifft nicht zu; trifft eher nicht zu), neutral (weder/noch) und positiv (trifft eher zu; trifft zu) zusammengefasst. Außerdem werden die Antworten in Prozent angegeben.

Aus der Tabelle 1 geht hervor, dass im Jahr 2015 über 90% der Teilnehmenden noch keine Erfahrung mit Lernumgebungen mit VR-Brillen gemacht haben. Dahingegen sind die gemachten Erfahrungen bis zum Jahr 2017 bereits angestiegen.

Tabelle 1: Erfahrungen mit virtuellen Lernumgebungen

| Haben Sie bereits Erfahrungen mit virtuellen Lernumgebungen? | | |
|---|---|---|
| | 2015 in % | 2017 in % |
| Ja | 7,69 | 25,90 |
| Nein | 92,31 | 74,10 |

Die gestiegenen Erfahrungen können mit der zunehmenden Verbreitung und der Preisentwicklung von VR-Brillen zusammenhängen. Eine Prognose zum Verkaufspreis von VR-Brillen bis zum Jahr 2018 zeigt deutlich, dass die Verkaufspreise sinken (KZero). Darüber hinaus prognostiziert eine weitere Statistik, dass die Nutzerzahlen von VR-Produkten weltweit ansteigen. Während die Nutzerzahlen im Jahr 2016 bei rund 6,4 Millionen lagen, sollen sie bis zum Jahr 2020 bereits auf über 20 Millionen ansteigen (eMarketer). Das lässt darauf schließen, dass der Trend weiter anhalten wird und auch die Erfahrungen im Umgang mit virtuellen Lernumgebungen weiter ansteigen.

In Tabelle 2 sind die Einschätzungen zu den Vorteilen beim Lernen mit VR-Brillen aufgeführt.

Tabelle 2: Einstellung zu den Vorteilen

| Vorteile | 2015 in % | | | 2017 in % | | |
|---|---|---|---|---|---|---|
| | Neg. | Neutral | Pos. | Neg. | Neutral | Pos. |
| Beim Lernen mit VR-Brillen bin ich motivierter. | 15,39 | 50,00 | 34,61 | 22,62 | 31,70 | 45,68 |
| Ich lerne besser, wenn Aktivität gefordert wird. | 3,85 | 11,54 | 84,61 | 14,80 | 11,12 | 74,08 |
| Ich finde es wichtig, dass ich den Schwierigkeitsgrad beim Lernen selbst wählen kann. | 3,85 | 9,62 | 86,53 | 8,60 | 9,87 | 81,53 |
| Es ist mir wichtig, dass ich Übungen wiederholen kann. | 1,92 | 9,62 | 88,46 | 2,46 | 9,88 | 87,66 |
| Beim Lernen mit VR-Brillen möchte ich jederzeit Zugriff auf die Lerninhalte haben. | 5,77 | 9,62 | 84,61 | 6,67 | 10,00 | 83,33 |
| Es hilft mir, risikolos Übungen durchführen zu können. | 11,54 | 21,15 | 67,31 | 11,12 | 27,16 | 61,72 |
| Es hilft mir, mit anderen zusammenzuarbeiten. | 6,97 | 9,83 | 83,20 | 18,95 | 27,63 | 53,42 |

Die Mehrheit der Umfrageteilnehmenden bewertet die möglichen Potentiale vom Lernen in einer VR positiv. Die Ergebnisse unterscheiden sich dabei zwischen den beiden Befragungszeitpunkten kaum. Im Jahr 2017 wurden mit einer Ausnahme alle Vorteile etwas schlechter bewertet als im Jahr 2015. Eine mögliche Begründung dafür kann sein, dass der Hype um VR, trotz der zunehmenden Verbreitung, als etwas Neues bereits wieder etwas zurückgegangen ist (eMarketer) und damit auch die Chancen, die mit dieser Technologie einhergehen, zurückhaltender bewertet werden. Die Aussage „Beim Lernen mit VR-Brillen bin ich motivierter" wurde mehrheitlich neutral beurteilt. Die Lernenden erwarten demnach nicht, dass der Einsatz von VR-Brillen zu mehr Motivation beim Lernen führt. Im Jahr 2017 bewerteten mehr Teilnehmende die Aussage positiv als zum vorherigen Befragungszeitpunkt, aber nach wie vor nicht mehrheitlich. In der Zwischenzeit haben mehr Studierende Lernumgebungen mit VR-Brillen ausprobiert und konnten so erste Erfahrungen sammeln. Aus diesem Grund ist die Einschätzung der Motivationswirkung möglicherweise positiver ausgefallen. Das Lernen mit anderen wurde 2017 als deutlich weniger wichtig bewertet als 2015. Eine mögliche Ursache kann sein, dass viele Teilnehmenden noch immer nicht die Möglichkeit hatten VR-Lernanwendungen auszuprobieren, insbesondere Anwendungen, die eine Zusammenarbeit zwischen den Lernenden fördern. Im Jahr 2017 haben zwar bereits mehr Umfrageteilnehmende Erfahrungen mit VR-Lernanwendungen sammeln können, diese müssen jedoch nicht Elemente der Kooperation beinhaltet haben. Bislang findet Lernen in VR oftmals isoliert statt (Eckardt et al., 2017). Aus diesem Grund ist es wahrscheinlich, dass trotz steigender Erfahrungen mit entsprechenden Lernanwendungen die Vorstellung einer Zusammenarbeit in solch einer Anwendung ausbleibt bzw. zurückgegangen ist.

In Tabelle 3 sind die Einschätzungen zu den Nachteilen beim Lernen mit VR-Brillen dargestellt.

Tabelle 3: Einstellung zu den Nachteilen

| Nachteile | 2015 in % | | | 2017 in % | | |
|---|---|---|---|---|---|---|
| | Neg. | Neutral | Pos. | Neg. | Neutral | Pos. |
| Beim Lernen mit VR-Brillen möchte ich in einer technisch einwandfreien Umgebung lernen. | 3,84 | 7,69 | 88,47 | 7,39 | 20,98 | 71,63 |
| Die Realitätsnähe hat einen Einfluss auf den Lerneffekt. | 11,54 | 17,31 | 71,15 | 11,08 | 13,58 | 75,34 |
| Eine Simulation kann nie denselben Lerneffekt haben wie das Lernen in der Realität. | 48,08 | 32,69 | 19,23 | 41,98 | 28,40 | 29,62 |
| Ich bin bereit über das Head-Mounted Display hinaus weitere Geräte (z. B. Joysticks oder Bewegungssensoren) zu benutzen. | 9,61 | 11,54 | 78,85 | 28,39 | 12,35 | 59,26 |
| Es macht mir nichts aus ein schweres Head-Mounted Display auf dem Kopf zu tragen. | 28,85 | 32,69 | 38,46 | 34,56 | 32,10 | 33,34 |
| Geringe Beeinträchtigungen (z. B. Schwindelgefühle oder Übelkeit) durch die Nutzung von VR-Brillen wären für mich akzeptabel. | 69,13 | 9,62 | 21,25 | 61,74 | 20,98 | 17,28 |
| Um mittels VR-Brillen einen höheren Lernerfolg zu erzielen, wäre ich bereit einen höheren Preis für die Technik zu zahlen. | 42,29 | 36,54 | 21,17 | 43,21 | 29,62 | 27,17 |

Das Lernen in einer technisch einwandfreien Umgebung ist auf die Wahrnehmung der Umgebung bezogen. Um eine virtuelle Umgebung realistisch wirken zu lassen, muss das darin Erlebte möglichst identisch mit der echten Realität sein. Das Auftreten von Fehlern kann dabei das Gefühl der Immersion negativ beeinflussen. Somit hat die Mehrheit der Umfrageteilnehmenden angegeben, dass das Lernen in einer technisch einwandfreien Umgebung wichtig ist, aber auch die Realitätsnähe einen Einfluss auf das Lernen ausübt. Obwohl die meisten Teilnehmenden angegeben haben, dass die Realitätsnähe das Lernen beeinflusst, teilt die Mehrheit die Meinung, dass der Lerneffekt in einer Simulation nicht schwächer ausfällt, als in der Realität. Das Tragen von weiteren Geräten neben dem Head-Mounted Display wurde im Jahr 2015 noch positiver aufgenommen als im Jahr 2017. Trotz Beeinträchtigungen, die durch die direkte Beeinflussung auf den Körper entstehen und körperliche Einschränkungen, die durch das Tragen des benötigten Equipments auftreten, stehen die Umfrageteilnehmenden dem Tragen weiterer Geräte nach wie vor positiv gegenüber. Das Tragen eines schweren Head-Mounted Displays wird allerdings differenziert betrachtet. Zu beiden Messzeitpunkten sind die Meinungen geteilt und es gibt keine eindeutige Tendenz. Die Umfrageteilnehmenden bewerten das Auftreten von Beeinträchtigungen (z. B. Schwindel) als negativ und nicht akzeptabel. Auch sind sie für einen höheren Lernerfolg nicht dazu bereit mehr Geld für die Technik zu bezahlen.

## 3. Zusammenfassung und Ausblick

Alles in allem zeigen die Ergebnisse der Umfrage, dass Studierende dem Lernen mit VR-Brillen positiv gegenüberstehen. Auch sind die Ergebnisse in dem betrachteten Vergleichszeitraum kaum unterschiedlich ausgefallen, so dass virtuelle Realitäten nicht nur als kurzfristiger Trend, sondern als beständig angesehen werden können und vor allem das Interesse an dessen Einsatz längerfristig vorhanden ist.

Die Gestaltung von lernzielorientierten Anwendungen und deren Erprobung in der Praxis ist demnach vermehrt notwendig, um sowohl das Erreichen von Lernerfolgen, auch im Vergleich zu anderen bereits etablierten Lernformen, zu überprüfen als auch optimale Anwendungs- bzw. Lernfelder zu identifizieren.

## Literatur

Bailenson, J. N., Yee, N., Blascovich, J., Beall, A. C., Lundblad, N. & Jin, M. (2008). The use of immersive virtual reality in the learning sciences: Digital transformations of teachers, students, and social context. *The Journal of the Learning Sciences*, *17*(1), 102–141.

Eckardt, L., Grotjahn, A., Jankowiak, A., Krain, A., Wang, H., Wei, J. & Robra-Bissantz, S. (2017). Systematische Literaturanalyse zum Lernen in virtuellen Realitäten. In C. Ullrich & M. Wessner (Hrsg.), *DeLFI and GMW Workshops 2017*. Chemnitz: Ceur.

eMarketer (2016). *Prognose zur Anzahl der Virtual-Reality-Nutzer weltweit von 2016 bis 2020 (in Millionen).* Verfügbar unter https://de.statista.com/statistik/daten/studie/426237/umfrage/prognose-zur-anzahl-der-aktiven-virtual-reality-nutzer-weltweit/

Flynn, L. R. & Goldsmith, R. E. (1999). A short, reliable measure of subjective knowledge. *Journal of business research,* 46(1), 57–66.

Hu-Au, E. & Lee, J. J. (2017). Virtual reality in education: a tool for learning in the experience age. *International Journal of Innovation in Education,* 4(4), 215–226.

Josting, P. & Hoppe, H. (2006). *Mädchen, Jungen und ihre Medienkompetenz, Aktuelle Diskurse und Praxisbeispiele für den (Deutsch-)Unterricht.* München: kopaed.

Kleven, N. F., Prasolova-Førland, E., Fominykh, M., Hansen, A., Rasmussen, G., Sagberg, L. M. & Lindseth, F. (2014). Training nurses and educating the public using a virtual operating room with Oculus Rift. In *International Conference on Virtual Systems & Multimedia* (S. 206–213). IEEE.

KZero (2014). *Prognose zum durchschnittlichen Verkaufspreis von Head-Mounted-Displays (Virtual Reality) in den Jahren 2014 bis 2018 (in US-Dollar).* Verfügbar unter https://de.statista.com/statistik/daten/studie/430782/umfrage/prognose-zum-verkaufspreis-von-head-mounted-displays/.

Schwan, S. & Buder, J. (2006). *Virtuelle Realität und E-Learning.* Verfügbar unter https://www.e-teaching.org/didaktik/gestaltung/vr/vr.pdf

# Forschung

*Susanne Robra-Bissantz*

# Editorial

Die Beiträge im Track Forschung ranken sich um zwei Lehr-/Lernszenarien, die in aller Munde sind, wenn innovative und digital unterstützte Lehre an einer Präsenzhochschule diskutiert wird: der so genannte Inverted Classroom sowie das Blended Learning. In beiden Fällen ist der reale Lernort eigentlich immer fester Teil von Konzepten. Zudem liegt schon einiges an Ideen, Erprobungen, Ausgestaltungen vor, sodass zunehmend empirische Studien die ausgereiften Implementierungen ergänzen.

Das Thema Inverted Classroom startet mit der „Digitalen Vorlesung", einer von Frau Witowski vorgestellten Veranstaltung, die vorab produzierte Videoaufnahmen einer traditionellen Vorlesung über verschiedene Phasen des Wissenserwerbs mit Chat-Sprechstunden (vertiefen), Diskussionsforen (reflektieren) und der gezielten Übung in Präsenzveranstaltungen kombiniert. In einer anschließenden Diskussion zeigt sich die einstimmige Meinung, dass sich hier, ebenso wie in vielen anderen Konzepten, insbesondere die regelmäßige und durchgängige Beteiligung von Studierenden – ebenso wie in der Präsenzlehre – auch in Online-Formaten als äußerst anspruchsvoll herausstellt. Dabei wird der Begriff einer Prime-Time – der Präsenzzeit – geprägt und als besonders wertvolle und besonders zu gestaltende Zeit hervorgehoben.

Professor Morisse motiviert die Zuhörenden für seinen Beitrag mit einer Runde digitaler Interaktion. Für ihn und seine Mitautorin ist der wesentliche Vorteil des Grundkonzepts eines Inverted Classrooms die Möglichkeit, auf die (weiter zunehmende) Diversität der Lernenden zu reagieren. So bietet dieses Lehrkonzept bereits in einer Allein-Lernphase viele Möglichkeiten der Anpassung von Geschwindigkeit, Zeit, Ort etc. des Lernens an den Einzelnen. Weitere Reflexionen sowie die Vorstellung eines eigenen raffinierten Gesamtkonzepts – mit Selbstreflexion und an den Wissensstand der Lernenden angepasster Übung in der Prime Time – befeuern die Diskussion zur Analyse, Akzeptanz sowie dem Umgang mit Diversität, und das nicht nur auf Seiten der Studierenden, sondern auch bei Lehrenden.

Insbesondere in der Ausbildung von Lehrenden macht derzeit ein Format Karriere, das sich auf Videographie – die Analyse von Videos – zur Kompetenzmessung oder gemeinsamen Kompetenzentwicklung stützt. Frau Dr. König nutzt Videos von Lehrsimulationen, um über ein gegenseitiges Peer Video Feedback Lehramtsstudierende zu einer Reflexion ihrer Handlungsfähigkeiten im Unterricht anzuregen. Mit der Videographie als Grundlage sind interessante Formen des auf Online- und Präsenzphasen verteilten Kompetenzerwerbs möglich. Entsprechend diskutieren die Teilnehmenden des Tracks das Format und seinen Einsatz in einem auf beispielsweise soziale Fähigkeiten zielenden Inverted Classroom.

Frau Meißner beginnt den auf das Blended Learning fokussierten Slot mit einem Erfahrungsbericht zu einem Webinar, das als Achtsamkeitstraining, ebenfalls für Lehramtsstudierende, dient. Das besondere Interesse der Zuhörenden weckt ein Vorteil des Settings, der in dem beschriebenen, sehr persönlichen Kompetenzerwerb besonders zum Tragen kommt: der im Webinar jederzeit mögliche Wechsel zwischen sehr privaten und sozialen Phasen. Dabei wird auch das Blended Learning als besonders hilfreich bei diversen Lehrenden betrachtet.

Auch der folgende Beitrag basiert auf der Ansicht, dass mediengestützte Lehre die Heterogenität von Lernenden gut greifen kann. Allerdings berichtet das Team um Frau Wedler und Frau Huy von aktiver Medienarbeit und damit von der Eigenerstellung von digitalen Inhalten in Präsenzveranstaltungen – und das mit dem Ziel, die Selbstwirksamkeitserwartung von Lehramtsstudierenden in der Nutzung digitaler Medien zu steigern. Besonderes Interesse findet hier die Form der Medienproduktion – das im Internet bereits beliebte Erklärvideo, das mit diesem Beitrag eine Bestätigung des vermuteten Erfolgs erfährt.

Über die folgenden zwei Beiträge von Frau Eckardt und Frau Reining sowie Herrn Thiede hinweg zeigt sich die Herausforderung und damit die Bandbreite darin, wissenschaftliche Erkenntnisse zum Erfolg digital gestützter Lehrformate zu gewinnen. Der (objektive) Lernerfolg bietet sich zwar als Erfolgskriterium an. Da er jedoch nur schwer in seiner direkten Abhängigkeit von digitalen Lernformen messbar ist, kommen stattdessen häufig andere Zielvariablen zum Einsatz. Auf Seiten der beeinflussenden Szenarien sind unterschiedliche Technologien ebenso interessant wie Konzepte, die IT ebenso wie ein spezielles Lernformat oder sogar einzelne Aspekte komplexer Lernformen umfassen. Der Beitrag von Frau Reining und Herrn Thiede betrachtet hier als ein typisches Analysegebiet die Usability und die von Studierenden wahrgenommene Eignung von unterschiedlichen Technologien – App oder Augmented Reality – zur Wissensvermittlung. Der Beitrag von Frau Eckardt dagegen fokussiert den Lernerfolg – objektiv und subjektiv – und analysiert, wie er über die Spielgeschichte in einem digital gestützten Serious Game, genauer sogar, ob er über eine möglichst realitätsnahe oder fiktive Geschichte, positiver beeinflusst wird.

Konsens über alle Beiträge bleibt, dass gute Lehre auch mit digitalen Medien vom guten Gesamtkonzept abhängt und nur vielfältige, wohldurchdachte Formen zum erwünschten Erfolg führen. Dieser kann sich, laut der Beiträge des Tracks, insbesondere im Umgang mit Diversität sowie im Erwerb besonderer, schwierig direkt zu vermittelnder Kompetenzen manifestieren. Immer stellt sich jedoch die Frage, ob innovative Lernformate nicht auch innovative Probleme hervorrufen, beispielsweise, wenn sie zu manchen Studierenden und Lehrenden besser passen als zu anderen, wenn sich Workloads verschieben oder wenn die anschließenden Prüfungsformen nicht zu den Lehrformen passen. Häufig passen allerdings gute Ideen zu Prüfungen wie Peer-Formate oder Mid-Term-Klausuren zumindest vermeintlich nicht zu bestehenden Prüfungsordnungen. Insgesamt wünscht sich die diskutierende Gruppe im Track Forschung mehr Wertschätzung und Förderung von Aktivitäten, die innovatives Lehren und Lernen erforschen. Denn – so zeigen es Erfahrungen, empirische Erkenntnisse und Diskussionen – einfache Szenarien gibt es nicht. Erfolgreiche Konzepte müssen gründlich und mit genügend Zeit und Kraft konzipiert, implementiert und immer weiter verbessert werden.

*Marc Gürtler, Nicole Nicht und Eileen Witowski*

# Die digitale Vorlesung zur Steigerung der Effektivität und Effizienz des Lernens in Großgruppen

## 1. Ausgangslage und Zielsetzung

Die Anzahl der Studierenden an deutschen Hochschulen ist in den letzten 10 Jahren um fast 70% gestiegen. (Vgl. Statista, 2018) So stehen Lehrende an Hochschulen vermehrt dem Problem gegenüber, die Lernumgebung für eine möglichst große Anzahl an Studierenden effektiv und effizient zu gestalten. In Rahmen eines Innovationsprogrammes für gute Lehre an der Technischen Universität Braunschweig wurde ein neues Lehrkonzept in der Vorlesung Finanzierungstheorie des Instituts für Finanzwirtschaft basierend auf der „Inverted Classroom"-Methode implementiert. Ziel dieses Beitrages ist die Erörterung der Frage, ob dieses Lehrkonzept zu einer Steigerung der Effektivität und Effizienz des Lernens in Großgruppen führen kann.

Das Lehrkonzept wird im Rahmen der wirtschaftswissenschaftlichen Bachelor-Vertiefung Finanzwirtschaft eingesetzt, die sich wiederum aus den Vorlesungen Finanzierungstheorie und Investitionstheorie zusammensetzt. Beide Vorlesungen wurden bislang überwiegend auf klassische Art in Vorlesungsform angeboten. Prüfungsergebnisse haben gezeigt, dass Lehrinhalte teilweise nicht tiefgehend verstanden wurden und den Studierenden Transferleistungen nicht leichtfallen. Da die Bachelor-Vertiefung Finanzwirtschaft von relativ vielen Studierenden (ca. 80–100) besucht wird, ist eine flexiblere Lehrmethode im Hörsaal kaum umzusetzen. Dennoch sollen die Studierenden zu einem intensiveren Lernen motiviert werden. Zu diesem Zweck wird im Wintersemester 2018/19 erstmals das im Folgenden vorzustellende Lehrkonzept beruhend auf dem „Inverted Classroom"-Konzept eingesetzt. Damit der Lernerfolg untersucht werden kann, wird das Lehrkonzept nur in der Veranstaltung Finanzierungstheorie eingesetzt, die Veranstaltung Investitionstheorie wird weiterhin in klassischer Vorlesungsform angeboten.

Das generelle Ziel der Anwendung des Lehrkonzeptes „Inverted Classroom" im Rahmen der Finanzierungstheorie besteht darin, den Studierenden zu einem tiefergehenden Verständnis des Lehrinhalts zu verhelfen. Im Fokus steht dabei, den Studierenden das selbstständige, eigenverantwortliche und kompetenzorientierte Lernen zu ermöglichen, um auf diese Weise das Verständnis der Lehrinhalte effektiv zu fördern. Dadurch soll eine Steigerung der Effektivität und Effizienz des Lernens in Großgruppen erzielt werden.

Da die Studierenden für eine erfolgreiche Teilnahme an der Bachelor-Vertiefung Finanzwirtschaft beide Veranstaltungen, Finanzierungstheorie und Investitionstheorie, absolvieren müssen, kann der Effekt des Lehrprojektes für die Finanzierungstheorie hervorragend mittels der „Difference-in-Differences"-Methode gemessen werden. Die Methode ist besonders geeignet, da durch die identische Veranstaltung Investitionstheorie eine perfekte Kontrollgruppe vorliegt.

## 2. Das Lehrkonzept „Die digitale Vorlesung"

In Anlehnung an das Grundprinzip des „Inverted Classroom" ist das Lehrkonzept „Die digitale Vorlesung" in vier Bestandteile unterteilt. Abbildung 1 verdeutlicht den Aufbau der Veranstaltung.

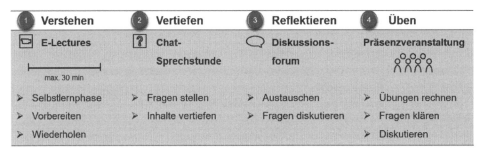

Abbildung 1: Aufbau der Veranstaltung (eigene Darstellung)

Das Konzept des „Inverted Classroom" spiegelt sich hauptsächlich in den E-Lectures und in der Präsenzveranstaltung wieder. Zusätzlich wird den Studierenden sowohl eine Online-Sprechstunde in Form eines Eins-zu-Eins-Chats mit dem*der wissenschaftlichen Mitarbeiter*in (die Expertensprechstunde) als auch ein allgemeines Diskussionsforum verfügbar gemacht. Im Folgenden wird näher auf das Design und die Grundkonzeption der einzelnen Bestandteile eingegangen.

Grundsätzlich soll das hier vorgestellte didaktische Konzept „Die digitale Vorlesung" durch eine grundlegende Neugestaltung der Vorlesung Finanzierungstheorie umgesetzt werden. Der hier vorgestellten Lehrmethode liegt das Konzept des „Inverted Classroom" zu Grunde. Dieses beruht auf zwei Phasen: Online- und Präsenzphase. (Vgl. Handke & Schäfer, 2012) Die Onlinephase soll über sogenannte E-Lectures erfolgen, die online zur Verfügung gestellt werden. Dies gibt Studierenden unter anderem die Möglichkeit des Wiederholens, der Anpassung an die individuelle Lerngeschwindigkeit und beugt eventuell bestehenden Wissenslücken vor. Diese E-Lectures haben je nach Thematik eine Länge von ungefähr 10 bis 30 Minuten. Der Vorteil von Videos dieser Länge im Gegensatz zu einer 90-minütigen Vorlesung mit physischer Präsenz des Dozenten liegt zum einen in der Strukturierung und der deutlicheren Abgrenzung der unterschiedlichen Themenabschnitte einer Vorlesungseinheit. Zum anderen ist damit auch die Möglichkeit gegeben, dass die Studierenden diese Videos mit einer höheren Aufmerksamkeit aufnehmen und verarbeiten, da die Konzentration bei längerer kognitiver Anstrengung stetig abnimmt. (Vgl. Handke & Schäfer, 2012) Um die Studierenden zusätzlich zum kontinuierlichen Lernen zu motivieren, besteht die Möglichkeit, die Kapitel sequentiell freizuschalten. Bevor mit dem nächsten Thema fortgefahren werden kann, müssen die Studierenden zunächst einen kurzen Selbsttest bearbeiten. Dies fordert die Studierenden auf, sich regelmäßig und nicht erst in der Woche vor einer Prüfung mit den Lehrinhalten auseinanderzusetzen, und reduziert somit die negativen Folgen von Prokrastination. So lässt sich eine Ballung von Fragen an den*die wissenschaftliche*n Mitarbeiter*in infolge der Arbeitsaufschiebung der Studierenden in der letzten Woche vor der Prüfung verhindern und es ist eine intensivere individuelle Betreuung der Studierenden durch eine zeitlich über das Semester ausgewogene Verteilung der Fragen möglich.

Die Darstellung der Videos erfolgt auf zwei Arten: Screencast oder das Filmen des Dozenten zusammen mit den Präsentationsfolien. Ein Screencast ist die alleinige Darstellung der Bildschirmpräsentation begleitet von den Erklärungen des*der Lehrenden in Form von Tonaufnahmen und eignet sich insbesondere dann gut, wenn der Fokus auf der Bearbeitung der Folien liegt. (Vgl. Kück, 2014) Diese liegen den Studierenden bereits als Skript vor. Da in den Vorlesungen des Instituts viel Wert auf das tiefergehende Verständnis der Thematik gelegt wird, eignet sich der Screencast hervorragend für das Ergänzen zusätzlicher Erklärungen. Damit kann die Theorie sukzessive durch Hinzufügen von sowohl schriftlichen als auch mündlichen Erklärungen erarbeitet werden, was speziell für die in Teilen recht mathematische Vorlesung förderlich ist. Die zweite Form der E-Lecture kommt einer klassischen Vorlesung näher, da die Kamera genau das filmt, was die Studierenden im Vorlesungssaal sehen würden: den Dozenten und die Präsentationsfolien. Diese Form eignet sich dann sehr gut, wenn es sich um einführende Sätze in einen neuen Themenabschnitt oder allgemeine Erläuterungen handelt. In diesem Fall sind zusätzliche Gesten bzw. die Körpersprache der dozierenden Person für das Verständnis hilfreich. Bei zusätzlichen Anmerkungen, die in der E-Lecture verschriftlicht werden, ist es durch Videobearbeitung zusätzlich möglich, Folien für kurze Zeit in den Vordergrund zu rücken. Dadurch wird die Aufmerksamkeit der Studierenden geweckt und sie erhalten die Möglichkeit, zusätzliche Notizen mitzuschreiben.

Die Methode des „Inverted Classroom" birgt den Nachteil, dass die Studierenden der Lehrperson nicht parallel zur Vorlesung Fragen stellen können. (Vgl. Kück, 2014) Daher wird die Onlinephase zusätzlich zu dem bestehenden Konzept durch eine Chat-Sprechstunde ergänzt: In wöchentlichen Abständen wird ein*eine wissenschaftliche*r Mitarbeiter*in den Studierenden in einem privaten Eins-zu-Eins-Chat Fragen zu den E-Lectures beantworten. Hierbei wird ein besonderer Wert auf die Anonymität der Studierenden gelegt, die dadurch gegeben ist, dass der Chat nur für den jeweiligen Studierenden selbst und für den*die wissenschaftliche*n Mitarbeiter*in sichtbar ist. Denkbar ist, dass Studierende durch diese Anonymität weniger gehemmt sind, Fragen zu stellen, als es im Vorlesungssaal erfahrungsgemäß der Fall ist. Des Weiteren wird es ein allgemeines digitales Diskussionsforum geben, in dem sowohl wissenschaftliche Mitarbeiter*innen den Studierenden als auch Studierende untereinander Fragen zu den Inhalten der Vorlesung beantworten oder diskutieren können. Der Vorteil hierbei liegt hauptsächlich in der Möglichkeit, Antworten auf häufiger im anonymen, privaten Eins-zu-Eins-Chat gestellten Fragen allen Studierenden zur Verfügung zu stellen. Darüber hinaus können Studierende zusätzlich ihr Wissen mit anderen Studierenden diskutieren bzw. teilen. Dies fördert die Kommunikation und Unterstützung zwischen den Studierenden und ermöglicht zusätzlich, bereits gestellte Fragen nochmals erörtern zu können. (Vgl. Häfele & Maier-Häfele, 2004)

Neben dem zeitlich flexiblen Angebot der Online-Vermittlung findet die Präsenzphase zu den regulären Vorlesungszeiten statt. Zwischen Onlinephase und Präsenzphase ist eine zeitliche Verschiebung von einer Woche vorgesehen. Somit bleibt den Studierenden stets ausreichend Zeit, den Inhaltsstoff der E-Lectures bis zur jeweiligen Präsenzveranstaltung zu erarbeiten. Die Präsenzphase bietet die Möglichkeit, der Lehrperson im Plenum der Anwesenden Fragen zu den Inhalten zu stellen, und gewisse Themen mit dem Dozenten zu diskutieren. Außerdem wird im Rahmen der Präsenzphase eine Übung abgehalten, die auf das in der E-Lecture behandelte Thema abgestimmt ist.

## 3. Evaluation und empirische Auswertung

Die empirische Auswertung findet in mehreren Phasen statt. Die hierfür notwendigen Daten können zum einen durch qualitative Evaluationen mittels persönlicher Interviews mit den Studierenden gewonnen werden. Diese sollen durch das BMBF geförderte Projekt teach4TU mittels Teaching Analysis Poll (TAP)-Verfahren durchgeführt werden, um ein möglichst ehrliches Feedback zu erhalten. Das „TAP"-Verfahren ist eine Evaluationsmethode, bei der die Lehrenden in einer laufenden Lehrveranstaltung direktes Feedback durch die Studierenden erhalten. Im Rahmen eines Lehrbesuchs wird das „TAP"-Verfahren ungefähr in der Mitte des Semesters durchgeführt. Den Studierenden werden hierbei die folgenden Fragen zur Diskussion an die Hand gegeben:
- Wodurch lernen Sie in dieser Veranstaltung am meisten?
- Was erschwert Ihr Lernen?
- Welche Verbesserungsvorschläge haben Sie für die hinderlichen Punkte?

In Abwesenheit der Lehrperson(en) diskutieren die Studierenden dann in Kleingruppen diese Fragen und sammeln die Antworten anschließend, moderiert von teach4TU, im Plenum.

Im Anschluss daran wertet teach4TU die Evaluation aus und teilt den Lehrenden in einem Feedback-Gespräch die Ergebnisse mit. Da die Auswertung während der Vorlesungszeit stattfindet, besteht die Möglichkeit, direkt darauf zu reagieren und gegebenenfalls Änderungen an der Lehrkonzeption vorzunehmen. So profitieren die Studierenden von ihrem eigenen Feedback. Dadurch wird eine größere Bereitschaft erwartet, eine möglichst ehrliche Rückmeldung zu der Veranstaltung zu geben. Außerdem besteht auf diese Weise auch die Möglichkeit, auf die individuellen Bedürfnisse einer Studierendengruppe einzugehen, die sich jedes Semester ändern können. Die qualitative Evaluation kann ergänzt werden durch das freie Kommentarfeld der Evaluationsbögen, die zum Ende des Semesters ausgegeben werden.

Neben der qualitativen Auswertung des Projekts soll am Ende des Semesters auch eine quantitative Evaluation stattfinden, die dann auch empirisch ausgewertet wird. Diese setzt sich aus mehreren Bestandteilen zusammen, die im Folgenden erklärt werden.

Die Datenerhebung für die quantitative Evaluation wird in drei Schritten erfolgen. Im ersten Teil sollen die Studierenden ihren persönlichen Lernerfolg einschätzen.

Dazu erhalten sie einen selbst konzipierten Fragebogen, der anders als der klassische EvaSys-Fragebogen auf das Projekt abgestimmt ist. Die Antworten liegen in Form einer Likert-Skala vor. Den Fragebogen sollen die Studierenden in beiden Teilen der Bachelorvertiefung ausfüllen. Der Vorteil hierbei liegt darin, dass die Fragen individuell gestaltet werden und somit auf das Projekt abgestimmt werden können. Hier soll vor allem gemessen werden, wie das Projekt bzw. die Veranstaltungsform im Gegensatz zu der klassischen Vorlesungsform von den Studierenden in Hinblick auf die Effizienz des Lernens (*soft_efficiency*) beurteilt wird und wie sie ihren persönlichen (subjektiven) Lernerfolg bzw. die Effektivität des Lernens (*soft_effectiveness*) einschätzen.

In einem weiteren Schritt werden die finalen Prüfungsergebnisse betrachtet, um auf den objektiven Lernerfolg der Studierenden durch das Projekt (*hard_effectiveness*) zu schließen. Die Einführung des vorgestellten Lehrkonzeptes in der Finanzierungstheorie gleicht einem natürlichen Experiment. Allgemein liegt ein natürliches Experiment vor, wenn ein exogenes Ereignis (hier: die Änderung der Lehrmethode) das Umfeld (hier: das Lernumfeld) von bestimmten Personen (hier: die Studierenden) verändert. Das Experiment enthält eine sogenannte Treatmentgruppe, die von dem Ereignis betroffen ist (hier: Studierende der Veranstaltung Finanzierungstheorie), und eine Kontrollgruppe, die vom Ereignis nicht betroffen ist (hier: Studierende der Veranstaltung Investitionstheorie). Die Treatmentgruppe und die Kontrollgruppe sollten ähnlich in Bezug auf ihre Charakteristika bzw. im Idealfall identisch sein. (Wooldridge, 2016: 410) Wie bereits erwähnt, ergibt sich aufgrund der gleichen Hörerschaft der Vorlesungen Finanzierungstheorie und Investitionstheorie im Rahmen der Bachelor-Vertiefung Finanzwirtschaft eine „perfekte" Kontrollgruppe. Für beide Gruppen werden Daten vor dem Ereignis (WS 2017/18) und nach dem Ereignis (WS 2018/19) erhoben, aus denen *hard_effectiveness* für beide Zeitpunkte untersucht werden kann. Für *soft_effectiveness* und *soft_efficiency* können mithilfe des selbst konzipierten Fragebogens nur für WS 2018/19 Daten aus beiden Gruppen erhoben werden. Deshalb sind hier andere Analysemethoden anzuwenden als für die Variable *hard_effectiveness*.

Letztere wird aus den Klausurergebnissen gebildet, die am Ende des Wintersemesters im Anschluss an die Modulveranstaltungen stattfindet. Weiterhin gibt es eine Wiederholungsklausur im jeweils darauffolgenden Semester. Um Unterschiede zwischen den Klausurteilnehmern und -teilnehmerinnen der beiden Klausurtermine erfassen zu können, wird im nachfolgenden Regressionsmodell zusätzlich (durch Berücksichtigung einer entsprechenden Dummy-Variable „Semester") nach diesem Termin kontrolliert.

Konkret wird zur Auswertung des objektiven Lernerfolgs die Methode „Difference-in-Differences" verwendet. Das bedeutet, zur Erklärung der Variablen *hard_effectiveness* wird ein lineares gepooltes Regressionsmodell verwendet:

$$y = \beta_0 + \delta_0 \cdot d2 + \delta_1 \cdot dT + \delta_2 \cdot d2 \cdot dT + \sum_{j=1}^{k} \beta_j \cdot x_j + u, \tag{1}$$

wobei y hier stellvertretend für hard_effectiveness und $x_j$ ($j=1,…,k$) für die erklärenden Kontrollvariablen wie z. B. Geschlecht, Studiengang, Semester oder ähnliches stehen. Zusätzlich kommen bei der „Difference-in-Differences"-Methode noch der Treatment-Dummy dT und der Zeitperioden-Dummy d2 als erklärende Variablen hinzu:

$$dT = \begin{cases} 1, \text{ wenn die Beobachtung zur Vorlesung Finanzierungstheorie gehört,} \\ 0, \text{ wenn nicht.} \end{cases} \quad (2)$$

$$d2 = \begin{cases} 1, \text{ wenn die Beobachtung in WS 2018/19 stattgefunden hat,} \\ 0, \text{ wenn nicht.} \end{cases} \quad (3)$$

Mithilfe dieses Modells lassen sich diverse Effekte messen. Von besonderem Interesse ist die um die allgemeine Entwicklung des Lernerfolgs bereinigte erwartete Änderung des objektiven Lernerfolgs durch die Änderung der Lehrmethodik in der Finanzierungstheorie. Dieser sogenannte „average treatment effect" kann mithilfe von $\delta_2$ gemessen werden.

## 4. Ausblick

Das Projekt befindet sich derzeit in der Durchführung. Die erste Evaluation wird im März 2019 stattfinden. Erst dann ist es möglich, ein Fazit über das Veranstaltungsformat zu ziehen. Getestet werden soll das Konzept über mehrere Semester hinweg, um eine valide Aussage treffen zu können. Auf diese Weise wird berücksichtigt, dass Studierende gegebenenfalls Zeit benötigen, sich auf die für sie neue Art des Lernens einzustellen. Anhand des Studierendenfeedbacks kann die Konzeption leicht angepasst werden und so für künftige Semester verbessert werden. Eine Anwendung des Lehrkonzepts auf andere Veranstaltungen des Instituts ist ebenfalls denkbar.

## Literatur

Häfele, H. & Maier-Häfele, K. (2004): *101 e-Learning Seminarmethoden*. Bonn: manager-Seminare-Verlag.

Handke, J. & Schäfer, A. M. (2012): *E-Learning, E-Teaching und E-Assessment in der Hochschullehre*. Oldenbourg: De Gruyter.

Kück, A. (2014): *Unterrichten mit dem Flipped Classroom-Konzept – Das Handbuch für individualisiertes und selbstständiges Lernen*. Mülheim an der Ruhr: Verlag an der Ruhr.

Statista (2018): *Anzahl der Studierenden an Hochschulen in Deutschland in den Wintersemestern von 2002/2003 bis 2017/2018*. www: https://de.statista.com/statistik/daten/studie/221/umfrage/anzahl-der-studenten-an-deutschen-hochschulen/.

Wooldridge, J. M. (2016): *Introductory Econometrics – A Modern Approach*. Boston: Cengage Learning.

*Eva Nolte und Karsten Morisse*

# Inverted Classroom
# Eine Methode für vielfältiges Lernen und Lehren?

## 1. Einführung – Kontext und Relevanz

Die Diskussion an Hochschulen um Chancengleichheit als Gleichverteilung von Erfolgschancen (Ladwig, 2000: 163) hat ihre Grundlage u. a. in der verstärkten Wahrnehmung der Diversität der Studierenden (Multrus, Majer, Bargel & Schmidt, 2017) und der weiterführenden Erkenntnis, dass unterschiedliche Merkmale in ihrer intersektionalen Kombination (vgl. Crenshaw, 1989) die soziale Adaption an das Studium und damit den Studiumserfolg beeinflussen (vgl. Berthold & Leichsenring, 2012). Chancengleichheit ist nicht für alle Studierenden gleichermaßen vorhanden.

Auf der Basis dieser Ergebnisse und im Hinblick auf Konzepte wie die des Lebenslangen Lernens und der Offenen Hochschule ist die Auseinandersetzung mit der Gestaltung Chancengleichheit ermöglichender Studienbedingungen unabdingbar. Hochschullehre als wichtiger Kernbereich von Hochschule ist Teil dieses Prozesses und bedeutet die Weiterentwicklung hin zu diversitätsorientierter Lehre (Czollek & Perko, 2008: 9).

In diesem Beitrag wird das Lehrformat Inverted Classroom (Baker, 2000; Lage, Platt & Treglia, 2000) als Beispiel diversitätsorientierter Lehre anhand einer praktischen Umsetzung an der Hochschule Osnabrück im Hinblick auf Anschlussmöglichkeiten für diverse Studierende unter Zugrundelegung von Bausteinen diversitätsorientierter Lehre untersucht.

Die in diesem Text verwendete Definition folgt in Bezug auf die Dimensionen von Diversität dem Modell von Gardenswartz und Rowe (2010) und im Hinblick auf eine potenzialorientierte und intersektionale Betrachtungsweise Spelsberg (2013). In der Praxis ergibt sich aus dieser Definition die Forderung nach einem flexiblen Modell von Lehre, das diversen Studierenden in unterschiedlichen Lebenslagen möglichst vielfältige Anschlussmöglichkeiten ermöglicht.

## 2. Bausteine diversitätsorientierter Lehre

**Partizipation** bedeutet im Hinblick auf eine konkrete Lehrveranstaltung die Möglichkeit zur Teilnahme unabhängig von Lebenslagen sowie Barrierefreiheit der Zugänge, wie sie z. B. Blended-Learning-Arrangements durch eine zeit- und ortsunabhängige Gestaltung ermöglichen (Zervakis & Mooraj, 2014). Barrierefreiheit meint nicht nur den Abbau von anwendungsbedingten Hindernissen oder Räumlichkeiten, sondern auch den von individuellen Barrieren wie unzureichenden digitalen Vorkenntnissen (Berger et al., 2010) oder fehlendem Zutrauen in die eigene digitale Kompetenz, wie es überwiegend Frauen zeigen (vgl. D21-Digital-Index, 2018/2019). Abhilfe können hier Unterstützungsangebote wie Einführungen zur Nutzung der Online-Angebote und weiterführende Hinweise auf Abläufe schaffen (Fausel, 2016: 33).

Die in der Lehrveranstaltung verwendeten **Materialien** in gendergerechter Sprache, die im Idealfall sowohl auf die kulturelle und soziale Vielfalt der Studierenden als auch auf die kulturelle und soziale Vielfalt der Fachcommunity abgestimmt sind, zeigen den Studierenden die Wertschätzung ihrer jeweiligen sozialen wie auch akademischen Identitäten. Im Hinblick auf die barrierefreie Wiedergabe von Online-Materialien ist es wichtig, dass Texte oder Aufgaben geräteunabhängig funktionieren. Verwendete Software kann im Hinblick auf Barrierefreiheit mithilfe der Web Content Accessibility Guidelines geprüft werden.

Neben der Flexibilität der Rahmenbedingungen steht die Notwendigkeit einer Didaktik, die durch den Einsatz verschiedener **Methoden** und der Verwendung vielfältiger Medien und Materialien Bezug nimmt zu unterschiedlichen Lernwegen, Wahrnehmungsmöglichkeiten und Wissensständen. Dadurch wird den Studierenden ermöglicht, anschließend an ihr eigenes Potenzial selbstbestimmte Lernhandlungen auszuführen (Linde & Auferkorte-Michaelis, 2018: 2; Hahm, 2015). Die Lehrperson wechselt anlassgebunden zwischen der traditionellen Dozierendenrolle und der des Coaches, der die Studierenden bei ihren Lernprozessen begleitet (Spelsberg-Papazoglou, 2017: 34).

Die Auswahl der Materialien sowie der Methoden und der Gestaltung der Partizipationsmöglichkeiten der diversitätsorientierten Lehre findet auf der Grundlage der **Diversity-Kompetenz** der Lehrenden statt. Diversity-Kompetenz kann auf der Handlungsebene verstanden werden als „[…] Fähigkeit eines Individuums, mit menschlicher Heterogenität konstruktiv und zielorientiert umzugehen." (Pietzonka, 2016: 10). Neben dieser Fähigkeit gehört zur Diversity-Kompetenz weiterhin Wissen um Ausschlussmechanismen wie den Unconscious Bias (vgl. Walter & Schmidt, 2016) und die Reflexion der eigenen unbewussten Einstellungen und Vorurteile, die das Handeln leiten (Linde & Auferkorte-Michaelis, 2018: 303ff.).

## 3. Inverted- oder Flipped Classroom

Formate wie Flipped oder Inverted Classroom, die das Erarbeiten der Lehrinhalte in Selbststudiumsphasen (Pre-Class-Phase) vor der Präsenzveranstaltung (In-Class-Phase) verlagern, können die Anforderung nach flexiblen Rahmenbedingungen, die die Partizipation und die individuelle Betreuung ermöglichen, erfolgreicher umsetzen (Mayrberger, 2016). Diese Voraussetzungen machen den Inverted Classroom zu einem interessanten Untersuchungsobjekt für die Umsetzung diversitätsorientierter Lehre. Im Folgenden wird das Lehrkonzept des Inverted Classrooms vorgestellt, wie es von einem der Autor*innen an der Fakultät Ingenieurwissenschaften und Informatik umgesetzt wird (Morisse, 2015; Morisse, 2016) und danach im Hinblick auf diversitätsorientierte Lehre untersucht.

Die Theoretische Informatik ist ein Pflichtmodul für die Studierenden der Informatik-Studiengänge. Als 5-ECTS-Modul erzeugt es bei den Studierenden eine

Arbeitsbelastung von rund 150h, von denen rund 60 Stunden betreut stattfinden und die verbleibenden 90 h individuell genutzt werden. Die Modulprüfung ist durch hohe Durchfallquoten gekennzeichnet und durch die Umstellung auf das ICM-Format sollte das Lernen für das Fach erleichtert werden. Dies ist durchaus erfolgreich verlaufen, jedoch werden Anforderungen an die Selbstregulationskompetenz der Studierenden gestellt (Pöpel & Morisse, 2019)

Die Veranstaltung besteht aus zwei wöchentlichen Terminen deren Besuch freiwillig für die Studierenden ist. Zur Vorbereitung dieser Termine stehen den Studierenden rund 150 Videos (durchschnittliche Länge 5 min) und ein Vorlesungsskript zur Verfügung. Um eine hohe Verfügbarkeit auch für unterschiedliche Geräte zu gewährleisten, werden die Videos via YouTube bereitgestellt. Im Skript sind Text und Video miteinander verzahnt. Dies wird durch die Hinterlegung des zur Textstelle korrespondierenden Links auf die Videosequenz erreicht. Damit wird die lose Folge der einzelnen Videos in eine Gesamtstruktur geordnet. Ferner werden Übungsaufgaben zu den aktuellen Themen einige Tage vor jeder Veranstaltung sowie die korrespondierenden Musterlösungen nach den Präsenzterminen bereitgestellt.

In der In-Class-Phase wird nach der Klärung von offenen Fragen und einer per Audience-Response-System durchgeführten Selbstreflexionsphase die Bearbeitung von Übungsaufgaben in Kleingruppen durchgeführt. Dabei werden die Studierenden angehalten, die Aufgaben durch Diskussion im Lernteam zu lösen, sich gegenseitig Fragen zu stellen oder sich mit anderen Lernteams auszutauschen. Der Lehrende steht in dieser Phase als Lerncoach für die Klärung individueller Fragen zur Verfügung. Den Abschluss der Präsenzveranstaltung bildet ein Ausblick auf die Themen der kommenden individuellen Lernphase.

## 4. Inverted Classroom und diversitätsorientierte Lehre

Lehre nach dem Modell des Inverted Classroom (IC) bietet auf den ersten Blick vielfältige Anschlussmöglichkeiten der diversitätsorientierten Lehre. In der oben skizzierten Veranstaltung erfolgt dies wie nachfolgend beschrieben.

Der erste Baustein – Partizipation – ermöglicht die Teilnahme der Studierenden in unterschiedlichen Lebenslagen und wird durch die Pre-Class-Phase des IC abgedeckt. Die digitale Bereitstellung des vielfältig und barrierefrei aufbereiteten Materials und die Möglichkeit des Selbstlernens durch die Übungsaufgaben erleichtert es Studierenden in unterschiedlichen Lebenslagen, an der Abschlussprüfung teilzunehmen, auch ohne die In-Class-Phase besucht zu haben. Die Materialien sind barrierefrei und in geschlechtergerechter Sprache für verschiedene Ausgabegeräte konzipiert. Grafiken und Bilder sind untertitelt, so dass sehbeeinträchtigte Studierende den Inhalt erschließen können, auch wenn sie das Bild nicht sehen. Da in dem Bildmaterial keine humanoiden Objekte dargestellt werden, ist die Gefahr einer Stereotypisierung nicht gegeben. In der Einführungsveranstaltung wird der Umgang mit dem Material ausführlich erläutert und den Studierenden steht zusätzlich ein Einführungsvideo sowie die textuelle Beschreibung im Skript zur Verfügung.

Die in der Lehrveranstaltung verwendete Kombination aus selbstreflexivem Abschnitt in Form von Quizfragen und die darauffolgende Frage-Antwort-Runde mit dem Dozenten bildet die Grundlage dafür, dass sowohl die Studierenden als auch der Lehrende den jeweils individuellen Wissensstand erkennen und ggf. die darauffolgende Phase der Gruppenarbeit abstimmen können. Peer-Learning-Settings wie die Gruppenarbeit sind nicht per se diversitätssensibel, sie können aber mithelfen, den Blick auf Ausschlussmechanismen zu schärfen und so die Voraussetzungen für diversitätsorientiertes Lernen schaffen (Stroot & Westphal, 2018: 13). Konkret erfordert dies die Verwendung von inkludierenden Verfahren, die allen Beteiligten Partizipation ermöglichen. Ein solches Verfahren stellt z. B. die Gruppenfindung durch Maßnahmen wie Auslosen oder der Zusammenstellung der Gruppen nach Themeninteressen dar. Dadurch wird sichergestellt, dass niemand ausgeschlossen wird.

Im Methodenbereich bedeutet inkludierendes Verhalten die Wahl von Methoden, die die Beteiligung aller Gruppenmitglieder unter der Berücksichtigung der unterschiedlichen Wissensstände vorsehen. In der in diesem Beitrag untersuchten Lehrveranstaltung stellt beispielsweise die Methode „Placemat", die durch die Aufteilung in eine subjektive und eine kollaborative Arbeitsphase, in der ein gemeinsames Ergebnis zur Präsentation auf der Basis eines zuvor in Eigenarbeit erstellten Beitrags erarbeitet wird, die Beteiligung jedes Gruppenmitglieds auf der Basis des eigenen Wissensstandes sicher. Durch die Notwendigkeit, den Sachverhalt in eigene Worte zu fassen und sie den anderen Gruppenmitgliedern zu erklären, setzen sich die Studierenden vertieft mit den Inhalten auseinander (Boud, Cohen & Sampson, 2001: 3). Die Inhalte aus der Perspektive der Gruppenmitglieder zu sehen, ist in einer Lehrveranstaltung wie der der Theoretischen Informatik, die sehr abstrakte Themen behandelt, die nicht ohne weiteres an die Lebenswelt der meisten Studierenden anschlussfähig sind, besonders relevant. Der Dozent greift als Lernbegleiter nicht in den Gruppenprozess ein, sondern erteilt fachbezogenen Rat, der direkt auf die Anliegen der Studierenden eingeht. Dieses Vorgehen berücksichtigt die individuellen Wissensstände und -zugänge und unterstützt das Verständnis der abstrakten Inhalte. Durch diese Auffassung der Lehrendenrolle als Lernbegleitung wird der Shift von „teaching to learning" befördert (Knauf, Seitz & Stroot, 2018: 30).

In der Literatur gibt es bislang wenige Aussagen zum Zusammenhang von IC und Diversitätsorientierter Lehre. Für die Dimension Geschlecht haben in (Gross, Pietri, Anderson, Moyano-Camihort & Graham, 2015) weibliche Studierende vom Einsatz des IC in der physikalischen Chemie profitiert. In einem Mikroökonomie-IC gaben Frauen häufiger als Männer an, durch den IC mehr gelernt zu haben (Lage et al., 2000), allerdings finden sich in einer anderen Studie keine objektiven Leistungsunterschiede zwischen den Geschlechtern in verschiedenen Mikroökonomie-ICs im Vergleich zum traditionellen Format (Caviglia-Harris, 2017). In einem 5-wöchigen IC-Mathe-Vorkurs für StudienstarterInnen schnitten Männer und Frauen im Abschlusstest gleichgut ab, obwohl die Männer ein deutlich größeres Interesse an Mathe hatten (Chen, Yang & Hsiao, 2016). Zudem erreichten die Studentinnen bessere Noten, je eher sie die Anforderungen im IC in der Zeit für bewältigbar hielten, während die Notenleistung der Studenten mit positivem Erleben wie z.B. Sinnhaftigkeit des Lernens in dem Format und Stolz auf die eigene Leistung zusammenhing (ebd.). Oberstufenschülerinnen profitieren motivational vom IC im Physikunterricht: Bei den Mädchen stieg die Motivation, sich mit Physik zu beschäftigen im IC an und sank im traditionellen Unterricht ab, während bei den Jungen die Motivation in beiden Lehrformaten auf ähnlichem Niveau blieb (Finkenberg, 2018). In den Leistungen unterschieden sich die Geschlechter in beiden Formaten jedoch nicht (ebd.).

Weitere Genderunterschiede zeigten sich zudem bezüglich des Engagements im IC, so gehören Frauen häufiger zu den „flip endorsern", die aktiver als die Männer im IC lernen (McNally, Chipperfield, Dorsett, Del Fabbro, Frommolt, Goetz et al., 2016) und entsprechend auch eher bereit sind, sich Videos zwischen den in-class-Terminen anzusehen (Kurtz, Tsimerman & Steiner-Lavi, 2014). Außerdem erreichen Frauen in einem IC zu Lerntheorien bessere Leistungen als die Männer, wenn der in-class-Teil durch die Lehrkraft stark gesteuert wurde, die Leistungen waren gleich, wenn die Studierenden anteilig mit oder vollständig selbst entscheiden konnten, wie und womit sie sich in der class-Phase beschäftigten (Luo, Yang, Xue & Zuo, 2018).

Es gibt also erste Hinweise darauf, dass Frauen gerade in den MINT-Fächern vom IC-Format profitieren, so verbessern sie z. T. ihre Leistungen und nutzen das Angebot verstärkt zum aktiven Lernen.

## 5. Fazit

Der Inverted Classroom bietet im Vergleich zu traditionellen, weniger aktivierenden und unflexibleren Veranstaltungsformaten mehr Möglichkeiten für die Umsetzung diversitätsorientierter Lehre und somit für die Verbesserung von Chancengleichheit, wenn auch nach aktuellem Forschungsstand die Anwesenheit und aktive Beteiligung während der In-Class-Phasen die besten Erfolgsaussichten für den erfolgreichen Modulabschluss fördert (vgl. Foldnes, 2017; Pöpel & Morisse, 2019). Von Seiten der Lehrperson erfordert die Weiterentwicklung der Lehre hin zum diversitätsorientierten IC-Modell insbesondere die Neudefinition der eigenen Rolle sowie den Aufbau von Diversity-Kompetenz. Weitere Schritte im Prozess der Umgestaltung der Lehre betreffen die Analyse der Lehre auf der Basis des Constructive Alignement (Biggs & Tang, 2011) und die darauffolgende Aufbereitung des Materials unter Diversity-Aspekten. Aufbauend auf dem Material und nach individueller Vorbereitung der Studierenden kann dann die In-Class-Phase diversitätsgerecht partizipativ unter Verwendung angemessener Methoden gestaltet werden. Es existieren aber noch große Forschungslücken, um belastbare Aussagen zum Zusammenspiel verschiedener Diversitätsmerkmale und dem Lernen im Inverted Classroom ableiten zu können.

## Literatur

Baker, J. (2000). *The "Classroom Flip": Using Web Course Management Tools to Become the Guide by the Side*. Selected Papers from the 11th International Conference on College Teaching and Learning, 9–17.

Berger, A., Caspers, T., Croll, J., Hofmann, J., Kubicek, H., Peter, U., Ruth-Janneck, D. & Trump, T. (2010). *Web 2.0 barrierefrei. Eine Studie zur Nutzung von Web 2.0 Anwendungen durch Menschen mit Behinderung*. Bonn, Aktion Mensch (Hrsg.). http://publikationen.aktion-mensch.de/barrierefrei/Studie_Web_2.0.pdf (letzter Zugriff: 29.01.2019).

Berthold, C. & Leichsenring, H. (Hrsg.) (2012). *CHE Diversity Report: Der Gesamtbericht*. www.che-consult.de/services/quest/diversity-report (Zugriff: 27.1.2019).

Biggs, J. & Tang, C. (2011). *Teaching for Quality Learning at University: What the Student Does*. Open University Press, Maidenhead. 4th Ed.

Boud, D., Cohen, R. & Sampson, J. (2001). *Peer Learning in higher Education: Learning from and with each other*. Psychology Press, London.

Caviglia-Harris, J. (2016). Flipping the Undergraduate Economics classroom: Using Online videos to enhance teaching and learning. *Southern Economic Journal*, 83 (1), 321–331.

Chen, S. C., Yang, S. J. H. & Hsiao, C. C. (2015). Exploring student perceptions, learning outcome and gender differences in a flipped mathematics course. *British Journal of Educational Technology*, 47 (6), 1096–1112.

Crenshaw, K. (1989). Demarginalizing the Intersection of Race and Sex: A Black Feminist Critique of Antidiscrimination Doctrine, Feminist Theory and Antiracist Politics. *University of Chicago Forum*, 1, 139–167.

Czollek, L. C. & Perko, G. (2015). *Eine Formel bleibt eine Formel ... Gender/queer- und diversitygerechte Didaktik an Hochschulen: ein intersektionaler Ansatz*. Schriftenreihe Gender Mainstreaming und Diversity Management, FH Campus Wien, Wien.

D21-Digital-Index 2018/2019, https://initiatived21.de/app/uploads/2019/01/d21_index 2018_2019.pdf

Fausel, A. (2016). E-Learning und Heterogenität: Eine vielschichtige Beziehung. *Synergie, Fachmagazin für Digitalisierung in der Lehre*, 1, 32–36.

Finkenberg, F. (2018). *Flipped Classroom im Physikunterricht*. Universität Würzburg: Dissertation. http://nbn-resolving.org/urn:nbn:de:bvb:20-opus-164146 (letzter Zugriff: 29.04.2019).

Foldnes, N. (2017). The impact of class attendance on student learning in a flipped classroom. *Nordic Journal of Digital Literacy*, 12 (1–2), 8–18.

Gardenswartz, L. & Rowe, A. (2010). *Managing Diversity: A Complete Desk Reference and Planning Guide*. Society for Human Resource Management.

Gross, D., Pietri, E. S., Anderson, G., Moyano-Camihort, K. & Graham, M. J. (2015). Increased preclass preparation underlies student outcome improvement in the flipped classroom. *CBELife Science Education*, 14, 1–8.

Hahm, E. (2015). Diversity-Kompetenz im Bereich der Hochschullehre – Ein zentraler Baustein hochschuldidaktischer Lehrkompetenz. *Greifswalder Beiträge zur Hochschullehre. Vermittlung von Schlüsselkompetenzen in der polyvalenten Lehre* (5). http://www.diversity.uni-freiburg.de/Lehre/hahm-diversity-kompetenz-greifswald-2015.pdf (letzter Zugriff: 24.08.2018).

Knauf, H., Seitz, S. & Stroot, T. (2018). Peer Learning in hochschulischen Lernprozessen: Erweiterte Perspektiven über Diversity und Inklusion? In Stroot, T. & Westphal, P. (Hrsg.), *Peer Learning an Hochschulen – Elemente einer diversitysensiblen, inklusiven Bildung*. Julius Klinkhardt, Kempten, 21–37.

Kurtz, G., Tsimerman, A. & Steiner-Lavi, O. (2014). The flipped-classroom approach: the answer to future learning? *European Journal of Open, Distance and E-Learning*, 1, 1–10.

Ladwig, B. (2000). *Gerechtigkeit und Verantwortung. Liberale Gleichheit für autonome Personen.* De Gruyter Akademie, Berlin.

Lage, M. J., Platt, G. J. & Treglia, M. (2000). Inverting the Classroom. A Gateway to Creating an Inclusive Learning Environment. *The Journal of Economic Education,* 31, 30–43.

Linde, F. & Auferkorte-Michaelis, N. (2018). Diversität im Lehr-Lerngeschehen. In Linde, F. & Auferkorte-Michaelis, N. (Hrsg.), *Diversität lernen und lehren. Ein Hochschulbuch.* Verlag Barbara Budrich, Opladen, 17–31.

Luo, H., Yang, T., Xue, J. & Zuo, M. (2018). Impact of student agency on learning performance and learning experience in a flipped classroom. *British Journal of Educational Technology.* https://doi.org/10.1111/bjet.12604

Mayrberger, K. (2016). Lehren mit digitalen Medien – divers und lernendenorientiert. *Synergie – Fachmagazin für Digitalisierung in der Lehre,* 1, 10–17.

McNally, B., Chipperfield, J., Dorsett, P., Del Fabbro, L., Frommolt, V., Goetz, S., Lewohl, J., Molineux, M., Pearson, A., Reddan, G., Roikos, A. & Rung, A. (2016). Flipped classroom experiences: student preferences and flip strategy in a higher education context. *Higher Education,* 73, 2, 281–298.

Morisse, K. (2015). *Implementation of the Inverted Classroom Model for Theoretical Computer Science.* Proceedings of E-Learning: World Conference on E-Learning in Corporate, Government, Healthcare, and Higher Education 2015 (S. 342–351). Chesapeake, VA: Association for the Advancement of Computing in Education (AACE).

Morisse, K. (2016). Inverted Classroom in der Hochschullehre – Chancen, Hemmnisse & Erfolgsfaktoren. In Haag, J. & Freisleben-Teutscher, C. (Hrsg.), *Das Inverted Classroom Model.* Begleitband zur 5. Konferenz Inverted Classroom and Beyond 2016. ikon VerlagsGesmbH.

Multrus, F., Majer, S., Bargel, T. & Schmidt, M. (2017). *Studiensituation und studentische Orientierungen, Zusammenfassung zum 13. Studierendensurvey an Universitäten und Fachhochschulen.* BMBF, Berlin.

Pietzonka, M. (2016). Die Kompetenzorientierung in Studium und Lehre: Die Reform und ihre Umsetzung in den deutschen Hochschulen. In Kohler, J. (Hrsg.), *Handbuch Qualität in Studium und Lehre.* Verlag Dr. Josef Raabe, Stuttgart, 1–28.

Pöpel, N. & Morisse, K. (2019). Inverted Classroom: Wer profitiert – wer verliert? Die Rolle der Selbstregulationskompetenzen beim Lernen im umgedrehten MINT-Klassenraum. *die hochschulehre,* 5, 55–74.

Spelsberg, K. (2013). Diversität: Versuch einer Begriffsbestimmung als Grundlage für eine diversitätsorientierte Hochschuldidaktik. In Barnat, M., Hofhues, S., Kenneweg, A.S., Merkt, M., Salden, P. & Urban, D. (Hrsg.), *Junge Hochschul- und Mediendidaktik. Forschung und Praxis im Dialog.* ZWH-Almanach, Sonderband 1. Hamburg, S. 51–59.

Spelsberg-Papazoglou, K. (2017). Diversität in Studium und Lehre. In Szczyrba, B., van Treeck, T., Wildt, B. & Wildt, J., *Coaching (IN) Diversity an Hochschulen.* Springer, Heidelberg, 29–45.

Stroot, T. & Westphal, P. (2018). *Peer Learning an Hochschulen. Elemente einer diversitysensiblen, inklusiven Bildung.* Verlag Julius Klinkhardt, Bad Heilbrunn.

Walter, C. & Schmidt, B. (2016). Paradigmenwechsel in der Gesellschaft: Wie schützt Diversity-Kompetenz vor Diskriminierung? In Genkova, P. & Ringeisen, T. (Hrsg.), *Handbuch Diversity Kompetenz.* Band 1: Perspektiven und Anwendungsfelder. Springer Fachmedien, Wiesbaden, 235–249.

WCAG – Web Content Accessibility Guidelines: https://www.w3.org/WAI/standards-guidelines/wcag/ (Zugriff: 11.01.2019).

Zervakis, P. & Mooraj, M. (2014). Der Umgang mit studentischer Heterogenität in Studium und Lehre. Chancen, Herausforderungen, Strategien und gelungene Praxisansätze aus den Hochschulen. *Zeitschrift Für Inklusion*, 1–2. https://www.inklusion-online.net/index.php/inklusion-online/article/view/222

*Claudia M. König*

# Peervideofeedback
## Ein Blended-Learning-Konzept in der ersten Phase der Lehrer*innenbildung

## 1. Einleitung

Im Rahmen des vom BMBF geförderten Projekts „Qualitätsoffensive Lehrerbildung" sollen Lehramtsstudierende in die Lage versetzt werden, im Leibniz'schen Sinn ihre theoretisch erworbenen Fähigkeiten einer „Theoria cum praxi" hinsichtlich deren (praktischer) Wirksamkeit kritisch zu beleuchten und an sich verändernde wissenschaftliche und berufspraktische Rahmenbedingungen von Lehrerhandeln anzupassen. Daraus resultiert der Leitgedanke der Förderung einer reflektierten Handlungsfähigkeit, um Lehramtsstudierenden die Chance zu eröffnen, während des Studiums theoretische Inhalte in einem Experiment praxisnah zu überprüfen. Im Zuge dieser Projektfokussierung wird ein Blended-Learning-Konzept, die Videografierte Unterrichtssimulation, für die erste Phase der Lehrer*innenbildung entwickelt. Mit Blick auf diese Phase der Lehrer*innenbildung entwickelt schon Zifreund (1966) das sog. Microteaching, eine Form der Unterrichtsentwicklung, die als neue Errungenschaft das Medium Video in den Mittelpunkt stellt und das Ziel, fehlende Interaktions- und Kommunikationskompetenzen zu beheben, fokussiert. Damals gilt eine schonungslose Konfrontation zwischen Selbst- und Fremdbild als sofortiger Erkenntnisgewinn, gleichzeitig verbunden mit der Überzeugung, dass Verhaltensänderungen selbstverständlich stattfinden würden (z.B. Carrère, 1954; Berger, 1978). Auch heute kursiert mancherorts in der Lehrer*innenbildung das Primat, in Rückmeldesituationen ausschließlich die Themen hervorzuheben, die noch verbesserungswürdig sind und die gelingenden unerwähnt zu lassen. Kennedy et al. (2015) betonen, dass eine ressourcenorientierte Konfrontation von Selbst- und Fremdwahrnehmung elementar ist, wenn als Ziel die Bereitschaft der jeweiligen Akteure steht, sich mit sich selbst reflexiv auseinander zu setzen. So gilt hier die Prämisse, dass die Studierenden im Rahmen dieses Konzepts eine ressourcenorientierte Videofeedbackarbeit kennenlernen und unter Anleitung, im Rahmen des kollaborativen Arbeitens mit einem Learning-Management-System, anwenden.

Im Mittelpunkt dieses Beitrags steht ein für Studierende entwickeltes interaktionsfokussiertes Seminar, das als besondere Form des Videofeedbacks die Videografierte Unterrichtssimulation mit Peervideofeedback einsetzt. Fokussiert wird das eigene Fremdbild, das als angehende*r Lehrer*in im Rahmen eines ressourcenorientierten Peervideofeedbacks kollaborativ auf einer Lernplattform geübt wird. Wesentlich ist die Fremdbild-Konfrontation, die weniger auf Lernfelder, sondern mehr auf die Stärken und Ressourcen lenkt. Durch die temporale Mikrointeraktivität, d.h. den Eingriff auf die Zeitbasis durch z.B. slow motion, frame by frame oder time-lapse (Riempp, 2000), wird der Fokus auf die Wahrnehmung der eigenen Person als Modell intensiviert und dieser Effekt scheint in hohem Maße geeignet, Reflexionsprozesse anzuregen und nach Schön (1983) das Handeln on action zu reflektieren.

## 2. Videografierte Unterrichtssimulation

Die Videografierte Unterrichtssimulation wird seit dem Start des Projekts „Qualitätsoffensive Lehrerbildung" in 2015 spezifisch für Studierende in der ersten Phase des Lehramtsstudiums angeboten. Das Konzept basiert auf den seit 2001 von der Autorin erprobten, evaluierten und immer wieder angepassten Weiterbildungsseminaren und Video-Coachings in der Hochschuldidaktischen Lehre (König, 2012). Die Themen Interaktionskompetenz, Haltung und Sprachsensibilität (Leisen, 2010) dienen im Seminar als Handlungsrahmen, mit dem die Studierenden während des Semesters in unterschiedlicher Form arbeiten. Das Seminar-Setting besteht aus folgenden Phasen:
1) Eine erste Online-Lernphase stellt unterschiedliche Aufgabentypen bereit und fordert den intensiven kollaborativen Austausch unter den Peers.
2) Die Präsenzphase besteht aus einem Seminartag, in dem sowohl Fragestellungen zu theoretischen Aspekten, die Arbeit in Kleingruppen als auch Videoaufnahmen der Unterrichtssimulation mit den Studierenden erfolgen. Die Videoaufnahmen nehmen netto ca. 10 Minuten Zeit in Anspruch.
3) Videoanalyse und Videofeedback werden zu einem späteren Zeitpunkt, ca. 4–5 Tage nach der Videoaufnahme in einem kollaborativen Online-Setting modellgeleitet durchgeführt. Perlberg (1986) weist darauf hin, dass zwischen Videoaufnahme und Videofeedback zeitlich ein größerer Abstand von mehreren Tagen liegen sollte, da der Wechsel in die Zuschauerperspektive durch diesen Abstand besser gelingt. Dies liegt an der Tatsache, dass die Emotionen als Akteur der Unterrichtssimulation langsam verblassen und die Betrachtung des persönlichen Fremdbildes so mit mehr Offenheit gelingt. In dieser Phase sind die Studierenden gefordert, ihren Mitstudierenden Feedback zu geben, in dem sie die Videoaufnahme vorab im Rahmen einer Präanalyse und auf Basis theoretischer Erkenntnisse und einer Fragestellung, z.B.: „Unterstützen Gestik, Mimik und Klangfarbe der Stimme meine zugewandte Haltung den Schüler*innen gegenüber?" analysieren. Das Verfahrensmodell (s. Abb. 1) legt sowohl die Analyse als auch die einzelnen Schritte im Videofeedback fest.

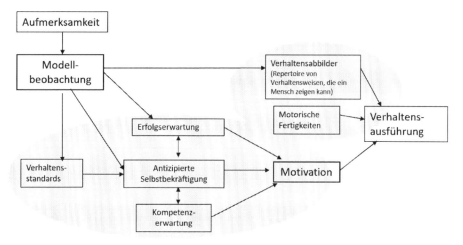

Abbildung 1: Verfahrensmodell: Videoanalyse / Videofeedback (In Anlehnung an König, 2012: 663)

Die Haltung der Analysierenden ist insbesondere von Respekt und Ressourcenorientierung geprägt. Das zeigt sich u. a. in den alternativen Vorgehensweisen (Modell: Schritt 5), die sich die Peergroup für die konfrontierenden Sequenzen überlegt. Das sich anschließende Videofeedback der darstellenden Lehrperson, welche dieses Verfahrensmodell für einen strukturierten Ablauf nutzt, bedeutet die persönliche Auseinandersetzung mit sich selbst, dem persönlichen Fremdbild, hervorgerufen durch die fokussierten Videosequenzen und das strukturierte Peervideofeedback. In unterschiedlichen Studien (z. B. Sluijsmans et al., 2003; Liu & Carless, 2006; Patri, 2002) wird betont, dass Peerfeedback, aufgrund des vergleichbaren Status das Selbstlernen fördert – im Augenblick des Feedback Gebens übernimmt der Studierende die volle Verantwortung, da der*die Dozent*in nicht unmittelbar eingreift. Des Weiteren wird Feedback besser angenommen, da kein unmittelbarer Druck durch z. B. Notengebung gegeben ist und das Feedback leichter aufgenommen werden kann.
4) Die Einzelreflexion findet als Präsenzseminar statt, d. h. die individuelle Reflexionsphase, sowohl fragengeleitet als auch frei assoziierend, bildet den Abschluss des Gesamtprozedere für die Studierenden, die Akteure der Unterrichtssimulationen waren.

## 3. Reflektieren am eigenen Modell

Das Videofeedback forciert, durch die Gegenüberstellung von Selbst- und Fremdwahrnehmung, eine intensive Selbstwahrnehmung, die in hohem Maße geeignet scheint, reflektierte Handlungsfähigkeit zu fördern, d. h. unterschiedliche Aspekte (hier: Rahmenbedingungen, Kommunikation und Interaktion, Lehrerhaltung) im Rahmen eines Lehr-Lern-Szenarios wahrzunehmen, zu analysieren und im Sinne von Schön (1983) zu reflektieren. Schön beschreibt als Kennzeichen von professionellem Handeln die Anwendung der Reflexion auf zwei Ebenen. Die zentral zu erwerbende Kompetenz ist das Reflektieren in der Handlung, also eine „reflection in action", die insbesondere bei Handlungsproblemen in der Situation wichtig wird. Die Bewusstheit über das eigene Wissen sowie das Potenzial zum Problemlösen sind für Schön Voraussetzung, um in der Situation reflektieren zu können. Das Reflektieren über die Handlung geschieht aus der Distanz und betrachtet die Handlung reflexiv. Sie wird z. B. durch repräsentierende Materialien erfasst. Dieser Prozess, eine „reflection on action", wird durch das vorbereitende Prozedere der Videografierten Unterrichtssimulation und durch das strukturierte Videofeedback initiiert. Die Studierenden erleben sich selbst während des Videofeedbacks durch die dezidiert gewählten Videosequenzen, sowohl in interaktiv gelingenden Momenten als auch mit ihren Lernfeldern konfrontiert. Sie werden durch die Technik und das Peervideofeedback angeregt, sich selbst als Modell aufmerksam zu beobachten. Die Kommentare von Studierenden illustrieren diese Beobachtung, z. B.: „Ja, das war mir gar nicht bewusst, dass ich so schnell rede und die Kids, das sehe ich deutlich, damit ganz wuschig mache!"

| Schritt 1: Phänomenologie | Schritt 2: Kontext | Schritt 3: Interaktionsebene (gelingend) | Schritt 4: Interaktionsebene (konfrontierend) | Schritt 5: Ressourcenaktivierung |
|---|---|---|---|---|
| Beschreibung der Situation aus Sicht der Studierenden- Wiederholung der Fragestellung(en) | Kontext-Informationen der Aufnahmesituation | - des Lehrerdarstellers<br>- des Gegenübers (Mitstudierende in der Rolle als Schüler) | - des Lehrer-Darstellers<br>- des Gegenübers (Mitstudierende in der Rolle als Schüler) | - des Lehrer-Darstellers |
| Leitfragen: | Leitfragen: | Leitfragen | Leitfragen | Leitfragen |
| Was beobachten die Studierenden hinsichtlich der Fragestellung(en)? | Welche Methoden/ didaktischer Aufbau wählte der Lehrer-Darsteller für die Unterrichts-Simulation? Gibt es sonst noch Anmerkungen zum Kontext? | Wie reagiert das Gegenüber (Mitstudierende in der Rolle als Schüler) auf den Lehrer-Darsteller? (nonverbale/ verbale Kommunikation) | Wie reagiert das Gegenüber (Mitstudierende in der Rolle als Schüler) auf den Lehrer-Darsteller? (nonverbale/ verbale Kommunikation(nonverbale/ verbale Kommunikation) | Was wäre für den Lehrer-Darsteller ein adäquates Alternativ-Verhalten/ Handeln für eine explizierte Situation? |

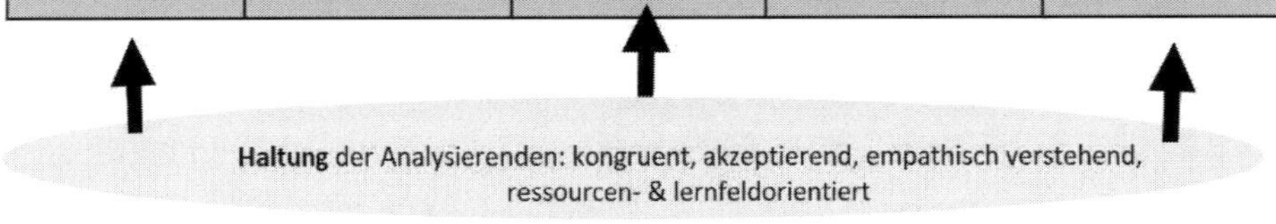

**Haltung** der Analysierenden: kongruent, akzeptierend, empathisch verstehend, ressourcen- & lernfeldorientiert

Abbildung 2: Reflektieren am eigenen Modell (König, 2012)

Der Fokus liegt auf dem eigenen Modell, das im Moment der Betrachtung Verhaltensabbilder präsentiert, die Erfolgserwartungen wecken, im Sinne von: „So soll es durchgehend sein, so gefällt es mir." oder: „Dieses Gebaren gefällt mir nicht und ich will es ändern." Bilder, die Verhaltensstandards zeigen, die die Assoziation: „Das mach ich schon immer so", oder: „Das ist mir so noch gar nicht aufgefallen", spiegeln und dann kritisch hinterfragt werden können. Diese differenzierte Betrachtung in deautomatisierenden Prozessen (technischer Eingriff auf die Zeitbasis) fördert antizipierte Selbstbekräftigung, so dass die Motivation, abgestimmtes Verhalten zu zeigen, steigt. Altdorfer (2002) hebt den zentralen Aspekt der inneren Repräsentationen hervor, die die Behaltensleistung erhöht, weil die Studierenden sich selbst in diesen ausgewählten Situationen in Aktion sehen, d.h. diese Repräsentationen sind dafür verantwortlich, dass die eine oder andere Handlungsausführung im Alltag weiter ausgebaut werden. Im Rahmen des Seminars experimentieren die Studierenden mit den theoretisch erarbeiteten Inhalten: Sie entwickeln persönliche Fragestellungen, überlegen sich den Inhalt der zehnminütigen Videosequenz und erhalten dann zu ausgewählten Videopassagen Peervideofeedback mit technischer Unterstützung. Das Involviertsein in den Prozess, die Schritt-für-Schritt nachvollziehbare Konfrontation von Selbst- und Fremdwahrnehmung steigert die Behaltensleistung.

## 4. Empirische Studie zur Videografierten Unterrichtssimulation

Ziel der Studie war, eine empirische Ausgangslage für die Neukonzipierung einer Verfahrensweise zu erheben, die im Kern im Rahmen eines langjährigen hochschuldidaktischen Projekts mit Lehrenden erfolgreich erprobt und evaluiert wurde (König, 2012). Die Basis der Qualitativen Studie nach Mayring (2015) bilden die schriftlich dokumentierten Einzelreflexionen nach dem Videofeedback von 45 Studierenden. Das Seminar wurde im fächerübergreifenden Bachelor Studiengang einmal im Semester über drei Semester angeboten.

### 4.1 Studie

Eine Neukonzipierung wurde notwendig, da die „reflektierte Handlungsfähigkeit" als Leitgedanke des Gesamtprojekts „Qualitätsoffensive Lehrerbildung Hannover" in den Fokus des Seminars rückt. Im Zuge dessen verändern sich die Rahmenbedingungen:
- Die Zielgruppe bildet eine heterogene Studierendenschaft mit starker Gruppengröße – ca. 30 Studierende. Das alte Konzept sah als Zielgruppe Lehrende und eine Gruppengröße von ca. 12–14 Teilnehmenden mit einem höheren Zeitbudget für theoretische Inhalte und Einzelreflexion vor, während dieses jetzt aufgrund der Semesterwochenstunden zeitlich begrenzt ist.
- Das Seminar fokussiert die Themen Interaktion und Kommunikation, die Haltung als Lehrer*in, die Sprachsensibilität. Infolgedessen gilt das Interesse den interaktiven Inhalten, die die Studierenden bewusst aufnehmen respektive den Reflexionsprozessen, die möglicherweise, trotz veränderter Rahmenbedingungen, durch das Prozedere angestoßen werden.
- Eine Prüfungsleistung ist abzulegen.
- Nach dem Peervideofeedback im Rahmen eines Seminartages war jeweils der*die Lehrerdarsteller*in aufgefordert, das Szenario (die Unterrichtssimulation, die Videoaufnahmesituation, das Videofeedback) fragegeleitet und frei assoziierend,

handschriftlich oder als elektronisches Dokument zu reflektieren. Zeitlich gab es für die Reflexion keinerlei Restriktionen.

Die Reflexionen wurden mit Hilfe der Strukturierenden Inhaltsanalyse nach Mayring (2015: 97ff.) analysiert. Mayring (ebd.: 99) betont, dass mit dieser speziellen qualitativen Technik verschiedene Ziele verfolgt werden können. Ziel dieser Inhaltsanalyse war die inhaltliche Strukturierung, über die das Material zu bestimmten Themen extrahiert und zusammengefasst werden kann. Die folgenden übergeordneten Fragen skizzieren die Themenkomplexe:

1. Benennen Studierende nach der Teilnahme an einem interaktionsfokussierten Seminar, das Eigenvideo im Rahmen einer Unterrichtssimulation und gelenktes Audiovisuelles Peerfeedback einsetzt, individuelle interaktive Kompetenzen?
    Die Studierenden beschäftigen sich in vielfältigen Aufgaben mit den Themen Kommunikation und Interaktion, die während des Videofeedbacks u. a. in gelingenden wie konfrontierenden Videosequenzen fokussiert werden.
2. Werden Reflexionsprozesse gefördert, wenn Eigenvideo im Rahmen von Unterrichtssimulationen mit fokussiertem Audiovisuellem Peervideofeedback im Seminar zum Einsatz kommt?
    Die Frage ist, ob die kompakte Form des Audiovisuellen Szenarios bei den Studierenden Denkprozesse anregen, die sich beispielsweise in „AHA-Erlebnissen" äußern.
3. Wie schätzen die Studierenden die Rahmenbedingungen im Seminar ein?
    Lt. Kennedy et al. (2015) spielen Rahmenbedingungen eine wichtige Rolle, damit Videofeedback in Verbindung mit den fokussierten Videosequenzen zugelassen werden kann.

Die Ergebnisse im Überblick zeigen, dass 98% der Studierenden in ihrer Eigenreflexion angeben, interaktive Kompetenzen identifiziert zu haben. 49% der Studierenden waren überrascht über die eigene Ausstrahlung und Wirkung, weil sie sich so nicht eingeschätzt hätten. 62% nennen explizit das Eingreifen in die Zeitbasis als hilfreich, um sich insbesondere der nonverbalen Fähigkeiten respektive Lernfelder bewusst zu werden. 53% fanden es erwähnenswert, sich mit ihren „Schwächen" auseinander zu setzen und daran zu arbeiten 64% finden die Struktur des Videofeedbacks mittels des Modells hilfreich, um sich auf das Wesentliche zu konzentrieren. Und 100% der Studierenden fanden die gemeinsame Entwicklung von alternativen Verhaltens- oder Herangehensweisen mit ihren Peers nützlich und einprägsam. 89% der Studierenden haben während des Videofeedbacks ein „AHA-Erlebnis", das sie dazu bringt, länger über diese Erkenntnis nachzudenken, die damit als reflexionsinspirierend gewertet werden kann. 84% erleben eine entspannte und vertrauensvolle Atmosphäre als Terrain, auf dem sie sich trauen, sich vor die Kamera zu stellen und sich vor ihren Kommiliton*innen auszuprobieren.

## 5. Ausblick

Hoch motivierte Studierende besuchten die Seminare. Die Ergebnisse dieser Studie beziehen sich damit auf eine Zielgruppe, die prozessoffen war, sich intensiv mit theoretischen Inhalten auseinandersetzte und bereit war mit Videos zu arbeiten. Vor diesem Hintergrund sind die ersten Ergebnisse zu betrachten.

Es zeigt sich, dass die Studierenden das Gesamtprozedere und insbesondere das Peervideofeedback als reflexionsinspirierend empfinden. Insofern wäre eine Wiederholung des Seminars zu einem späteren Studienzeitpunkt eine Möglichkeit, die theoretischen Inhalte und die individuell gewonnenen Erkenntnisse aufzufrischen, weiterzuentwickeln und damit die Reflexionsfähigkeit zu fördern. Insgesamt könnten mit einem weiteren Seminar die Ergebnisse überprüft und damit weitere Erkenntnisse gewonnen werden.

## Literatur

Altdorfer, A. (2002). *Nichtverbales Verhalten: Interne Repräsentation und externe Präsentation.* Lengerich: Pabst Science Publisher.

Berger, M. (1978). *Videotape techniques in psychiatric training and treatment.* New York: Brunner/Mazel.

Carrère, J. (1954). Le psycho cinématographie. Principes et technique. Application au traitement des malades convalescents de délirium trémens. *Annales Médico-Psychologiques,* 112, 240–245.

Dowrick, P. W. (2012). Self modeling: Expanding the theories of learning. *Psychology in the Schools*, 49(1), 30–41, Wiley online library.

Kennedy, H., Landor, M. & Todd, L. (2015). *Video Enhanced Reflective Practice: Professional Development Through Attuned Interactions.* London: Jessica Kingsley.

König, C. M. & Breitner, M. H. (2012). Einführung und Evaluation sowie mittel- und langfristige Nutzung von professionellem Videofeedback in der Hochschullehre. In Goltz et al.: *Lecture Notes in Informatics (LNI)* – Proceedings Series of the Gesellschaft für Informatik (GI), P-208, 657–674.

Leisen, J. (2010). *Handbuch Sprachförderung im Fach. Sprachsensibler Fachunterricht in der Praxis. Grundlagenwissen, Anregungen und Beispiele für die Unterstützung von sprachschwachen Lernern und Lernern mit Zuwanderungsgeschichte beim Sprechen, Lesen, Schreiben und Üben im Fach.* Bonn: Varus Verlag.

Liu, N.-F. & Carless, D. (2006). Peer feedback: the learning element of peer assessment, *Teaching in Higher Education*, 11(3), 279–290.

Mayring, P. (2015). *Qualitative Inhaltsanalyse. Grundlagen und Techniken.* Weinheim: Beltz.

Mühlhausen, U. & König, C.M. (2018). *Videografierte Unterrichtssimulation. Ein konfrontationsdidaktischer Ansatz zur Förderung reflektierter Handlungsfähigkeit im Lehramtsstudium.* Baltmannsweiler: Schneider Verlag Hohengehren.

Patri, M. (2002). The influence of peer feedback on self- and peer-assessment of oral skills. *Language Testing*, 19(2), 109–131.

Perlberg, A. (1986). When professors confront themselves: Towards a theoretical conceptualization of video self-confrontation in higher education. In Langthaler, W. &

Schneider, H.: *Video-Rückmeldung und Verhaltenstraining*, Münster: MAkS Publikationen, 103–143.

Riempp, R. (2000). *Intentionales Beobachtungslernen von Bewegungs- und Handlungsabläufen mit interaktivem Video*. Tübingen: UI-Druck.

Schön, D. A. (1983). *The Reflective Practitioner: How Professionals Think in Action*. New York: Basic Books.

Sluijsmans, D., Brand-Gruwel, S., van Merrienboer, J. & Bastiaens, T. J. (2003). The Training of Peer Assessment Skills to Promote the Development of Reflection Skills in Teacher Education. *Studies in Educational Evaluation,* 29, 23–42.

*Doris Meißner und Rüdiger Rhein*

# Ressourcenentwicklung in digital gestütztem Achtsamkeitstraining für Lehramtsstudierende

## Das Webinar als Lernort für Reflexion und Achtsamkeit? Ein Erfahrungsbericht

## 1. Einführung

In einem digital gestützten Achtsamkeitstraining im Rahmen der Lehrveranstaltung „Entlastungsstrategien entwickeln – Achtsamkeit als Ressource im Lehrerberuf" im Wintersemester 2017/18 an der Leibniz Universität Hannover konnten Lehramtsstudierende eine ressourcenorientierte Haltung im Umgang mit Stress entwickeln. Das Training bot den Teilnehmenden die Möglichkeit, Resilienz bzw. Widerstandsressourcen aufzubauen, um den künftigen beruflichen Alltag besser meistern und dabei in gesundheitlicher Balance bleiben zu können.

In der Veranstaltungsevaluation betonten die Teilnehmenden u. a. die stärkere Konzentration im Webinar im Vergleich zur Präsenzveranstaltung. Sie bewerteten das Webinarformat als sehr gut geeigneten Lernort, trotz anfänglicher Skepsis gegenüber diesem Format. Alle Teilnehmenden führten in Teams eigene „Mini-Webinare (= Online-Seminare)" mit viel Engagement durch. Der Beitrag untersucht die begünstigenden Faktoren für den Lernerfolg im Webinarformat mithilfe der Strukturlegetechnik zur qualitativen Analyse subjektiver Theorien.

## 2. Achtsamkeit als Ressource im Lehrer*innenberuf

*Was bedeutet Achtsamkeit?* Der Begriff Achtsamkeit umfasst eine ganz bestimmte Haltung, die wir uns selbst und anderen Menschen gegenüber einnehmen, zusammen mit einer Aufmerksamkeitsfokussierung auf den gegenwärtigen Moment.

Jon Kabat-Zinn hat als Pionier die heute bekannten Achtsamkeitstrainings oder auch MBSR-Kurse (Mindfulness based stress reduction = auf achtsamkeitsbasierte Stressreduktion) entwickelt und ihre Wirksamkeit zur Stressbewältigung mit seinen Forschungen belegt. Als Definition für den Begriff bietet der Autor an: „Achtsamkeit beinhaltet, auf eine bestimmte Art und Weise aufmerksam zu sein: bewusst im gegenwärtigen Augenblick und ohne zu beurteilen." (Kabat-Zinn, 2007: 18). Damit ist gemeint, dass Menschen mit ihrem Körper, Atem und ihren Gedanken in der Gegenwart sind und eine aktuelle Situation offen und bewusst wahrnehmen. Eigene Gedankenmuster und Gefühle können in solch einer achtsamen Haltung neutral ohne Wertung gesehen bzw. wahrgenommen werden. Alle Sinne werden wieder eingesetzt, um eine Momentaufnahme mit ihrer ganzen Fülle nicht nur zu sehen, sondern auch zu hören, zu riechen und zu fühlen.

Durch klassische Achtsamkeitsübungen trainieren Teilnehmende ihre Wahrnehmung und nehmen die Welt mit allen Sinnen differenzierter wahr. Dazu gehören Übungen wie Atemmeditationen und Body Scan (= mit der Aufmerksamkeit durch den gesamten Körper wandern) zum Trainieren der Atem- und Körperwahrnehmung oder Experimente zum Wahrnehmen mit allen Sinnen. Meditationen zum Beobachten eigener Gedanken und Gefühle trainieren besonders die Reflexions- und Distanzierungsfähigkeit, die es ermöglicht, auch in schwierigen Situationen mit unangenehmen Gefühlen handlungsfähig zu bleiben. Das regelmäßige Üben unterstützt die Teilnehmenden, mit sich selbst, ihrem Körper im gegenwärtigen Moment, präsent und in ihrer Mitte zu sein bzw. dorthin besser zurückzukommen. In diesem „Seins-Modus" können Menschen wieder Kraft im Alltag schöpfen. Sie verlieren sich dann nicht in ihren Gedanken, im Planen, Bewerten oder Grübeln über Vergangenes und schwierige Situationen (vgl. Heidenreich & Michalak, 2011).

*Warum ist eine achtsame Haltung im Schulalltag wichtig?* Der Beruf der Lehrer*innen bietet viele herausfordernde Situationen, wie z. B. der Umgang mit schwierigen Gesprächssituationen im Unterricht oder die ständige Leistungsbeurteilung von Schülerinnen und Schülern. Damit ist die Herausforderung verbunden, wieder eine objektive und möglichst gerechte Haltung gegenüber diesen Schülerinnen und Schülern einzunehmen und sie aus der „Schublade" einer schlechten Beurteilung herausnehmen zu können, ihre Fähigkeiten zu sehen und sie entsprechend ihres Lernstandes zum weiteren Lernen zu ermutigen.

Mit der Achtsamkeitspraxis nehmen wir unsere gewohnheitsmäßigen Muster und Stressreaktionen wahr und können uns neue Handlungsmöglichkeiten eröffnen, anders als die „neuronalen Autobahnen" der gewohnten Bewertungsmuster, Reaktionen und Handlungen, die automatisiert folgen (vgl. Kaltwasser, 2010: 55ff.).

Die Haltung einer Lehrperson hat eine entscheidende Wirkung auf die Entwicklung von Schülerinnen und Schülern. Sie beeinflusst das Selbstbild und das Vertrauen, das sie in sich selbst und in ihren eigenen Lernprozess haben (vgl. Valentin, 2015: 195ff.).

## 3. Das didaktische Design der Lehrveranstaltung (Makroperspektive)

Das Training wurde als ein online angeleitetes Achtsamkeitstraining in Webinarform umgesetzt. Zwei Gruppen haben das Onlinetraining mit jeweils acht Personen durchlaufen. Beide Gruppen unterschieden sich in ihrer Form durch einen wöchentlichen und einen Block-Rhythmus.

Das Onlinetraining umfasst acht Webinareinheiten von jeweils 1,5 Stunden. An jedes Webinar schließt sich jeweils eine Phase des Selbststudiums und Trainings der Wochenaufgaben an. Die ersten vier Termine beinhalten Themen und grundlegende Übungen des Achtsamkeitsansatzes. Ab der Hälfte des Onlinetrainings beginnen zusätzlich die Vorbereitungen der Mini-Webinare in Teams aus zwei bis drei Personen.

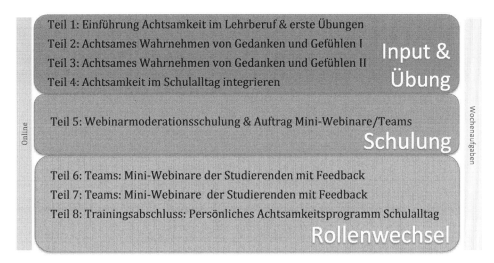

Abbildung 1: Das didaktische Design der Lehrveranstaltung (Makroperspektive) (eigene Darstellung)

Eine Besonderheit in dem Onlinetraining ist der Rollenwechsel von der Teilnehmendenperspektive in die Rolle der Leitung. In einer Webinarmoderationsschulung für das Kommunikationssystem Adobe Connect für Online-Meetings erlernen die Teilnehmenden die Funktionalitäten und die Bedienung dieses virtuellen Raums. Sie werden so geschult, dass sie im weiteren Verlauf in ihren Teams ein Mini-Webinar von 30 Minuten zu achtsamer Praxis und Übungsbeispielen für den Schulalltag durchführen können und die anderen Teilnehmenden darin anleiten. Im Anschluss an ihr Mini-Webinar erhalten die Teams ein Feedback von den Teilnehmenden und der Leitung.

Lehramtsstudierende lernen in dem Onlinetraining, eine achtsame Haltung für den Schulalltag zu entwickeln, z. B. ihre Aufmerksamkeit im Alltag selbst besser steuern zu können, präsent im Augenblick zu sein, die eigenen Gedankenmuster und Gefühle bewusst wahrzunehmen, ohne sich in „Grübelketten" zu verlieren sowie eine wohlwollende Haltung sich selbst und anderen Menschen gegenüber einzunehmen.

Die eigenen Stressoren und Stressreaktionen werden von den Teilnehmenden reflektiert, z. B. indem sie als Wochenaufgaben Tagebuch zu angenehmen und unangenehmen Situationen führen und diese nach körperlichen Empfindungen, Gedanken und Gefühlen zu differenzieren lernen. Die Reflexionsfähigkeit wird durch diese Selbsterforschung eigener Stressoren, Ressourcen und gewohnter Denkmuster gefördert.

Die Teilnehmenden lernen, wie achtsames Innehalten in den eigenen Berufsalltag integriert werden kann (als Burnout-Prävention, Vorbeugung und Umgang mit Belastungssituationen im Lehrberuf) und welche Übungen für sie selbst am besten geeignet sind.

## 4. Vermittlung, Aktivierung und Betreuung in einer Webinareinheit (Mikroperspektive)

Innerhalb einer Webinareinheit wechseln die Phasen der Vermittlung, Aktivierung und Betreuung in schnellem Rhythmus. Das didaktische Design aller Webinarteile wurde nach diesen drei Phasen konzipiert (vgl. Reinmann, 2015), damit die Studierenden gut beteiligt sind und gleich zu Beginn im Onlinetraining zu Redebeiträgen ermutigt werden. In allen Einheiten sind alle Teilnehmenden mehrfach zu Wort gekommen.

Die Inhalte werden in kleinen Mikroeinheiten von ca. zehn Minuten **vermittelt**. Daran schließt eine Austauschrunde für alle Teilnehmenden an, in denen Fragen gestellt und Anmerkungen gegeben werden können. Alle Webinare werden als Aufzeichnung zum Wiederholen zur Verfügung gestellt.

Für das Selbststudium werden Wochenaufgaben in Form von Audiodateien und Anleitungen gemeinsam mit den Aufzeichnungen zum Üben gegeben. Die Teilnehmenden werden durch verschiedene Formate und Methoden **aktiviert**. Es werden Übungen und Meditationen angeleitet und dann von allen Teilnehmenden reflektiert. Der Austausch in der Gruppe stellt ein wichtiges Element der **Aktivierung** da. Die Mini-Webinare sind eigene selbstbestimmte Projekte der Studierenden mit einer Einheit, die im späteren Unterricht eingesetzt werden kann. Zentral für die **Betreuung** ist das zeitnahe Feedback zwischen Leitung und Teilnehmenden sowie unter den Teilnehmenden.

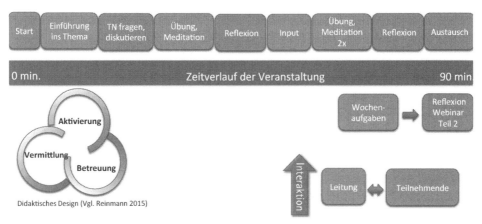

Abbildung 2: Mikroperspektive einer Webinareinheit (eigene Darstellung)

## 5. Evaluationen und qualitative Wirksamkeitsuntersuchung

Die Evaluation der Lehrveranstaltung erfolgte durch qualitative Abfragen der Teilnehmenden zu mehreren Zeitpunkten im Adobe-Connect-Raum sowie einer Lehrveranstaltungsevaluation am Semesterende. Nach Einschätzung der Teilnehmenden wurden

Übungen und Bewältigungsstrategien erlernt, die sich im Alltag einsetzen lassen. Die Teilnehmenden hoben folgende Merkmale des Onlinetrainings hervor:
- stärkere Fokussierung und erhöhte Aufmerksamkeit im Webinar im Vergleich zur klassischen Präsenzveranstaltung
- höherer Lernerfolg durch intensive Auseinandersetzung mit eigenen Denkschemata und eigenem Stressmanagement mithilfe von Übungen und Reflexionsphasen
- Reflexionsanreize durch Wochenaufgaben wie Tagebuchführen zur Differenzierung der Wahrnehmung von Situationen nach kognitiven und affektiven Bewertungsmustern

Die Teilnehmenden äußerten zum Veranstaltungsbeginn zunächst ihre Skepsis gegenüber dem Online-Format. Die Umsetzung der „Mini-Webinare (= Online-Seminare)" durch die Teilnehmenden zeigte jedoch ein engagiertes und kreatives Ergebnis mit geeigneten Einsatzbeispielen für den zukünftigen Lehrerberuf und einen kompetenten Einsatz von Medien. Die anfängliche Skepsis gegenüber dem Webinarformat wurde im Onlinetraining abgebaut. Alle Teilnehmenden werteten das Format abschließend als sehr gut geeignet für den Lehrinhalt. Die Frage, ob die Teilnehmenden sich lieber eine Präsenzveranstaltung statt eines Onlinetrainings gewünscht hätten, wurde von allen Teilnehmenden abgelehnt. Alle Teilnehmenden würden das Onlinetraining *weiterempfehlen*.

Diese Ergebnisse gaben den Anlass, weitere Untersuchungen der begünstigenden Faktoren für den Lernprozess im Webinarformat durchzuführen. Dazu wurde der Ansatz Subjektiver Theorien und der Strukturlegetechnik gewählt, um Informationen über dauerhafte Änderungen in den Haltungen, Einstellungen der Teilnehmenden nach Ablauf des Trainings zu erhalten.

### Qualitative Wirkungsuntersuchung: Subjektive Theorien und Strukturlegetechnik

Ziel der qualitativen Beforschung und Strukturlegetechnik ist es, die subjektiven Theorien von Lehrpersonen zu erfassen und sie graphisch darzustellen. Dazu gehören Haltungen, Einstellungen und das Menschenbild von Personen. Subjektive Theorien von Lehrpersonen gehen davon aus, dass das Handeln dieser Personen v. a. von ihren Vorstellungen über Unterricht und wie sie auf Schüler eingehen, bestimmt ist, auch wenn manchmal Vorstellungen vom Handeln abweichen (vgl. Kindermann & Riegel, 2016).

### Vorgehen zur Untersuchung des Webinars als Lernort

Mit dem Ziel, nähere Informationen zu den Haltungen und Einstellungen zu dem Webinar als Lernort und einer achtsamen Haltung als Ressource für den Schulunterricht (auch als Teil der Persönlichkeitsentwicklung) zu erheben, wurden qualitativ offene Interviews in zwei Durchläufen durchgeführt. Der zeitliche Abstand zwischen dem Trainingsabschluss und dem Interviewstart umfasste ca. neun Monate (Wintersemester 2017/18 bis 1.18, erstes Interview 10.18). Von insgesamt 16 Teilnehmenden konnte der Untersuchungsprozess mit zwei Personen aus verschiedenen Gruppen durchgeführt werden. Das Vorgehen dabei wird im Folgenden in drei Schritten skizziert:

1. Im **ersten offenen Interview** wurden folgende Fragen gestellt:
   - Blicken Sie einmal auf das „Onlinetraining Achtsamkeit als Ressource für den Lehrerberuf" bis Anfang des Jahres zurück. Woran erinnern Sie sich?
   - Wie haben Sie das Lernen im Webinarformat erlebt?
   - Was war für Ihr Lernen im Webinar hilfreich und gab es Dinge, die eher hinderlich waren?
   - Wie schätzen Sie das Webinarformat als Lernort ein?
   - Was hat sich verändert in Bezug auf ihre Haltung gegenüber Schülerinnen und Schülern, Studierenden?
2. Die wesentlichen Aussagen der Interviewperson wurden extrahiert und in ca. 15 **Inhaltskarten** mit Zitaten oder Zusammenfassungen angeführt.
3. Die Inhaltskarten wurden danach in einem **zweiten Interview** der Interviewperson vorgelegt. Die interviewte Person brachte ihre Inhaltskarten in eine für sie schlüssige Struktur und innere Logik. Sie wurde durch die Interviewerin mit aktivierenden Fragen (z. B. Wenn Sie Ihre Inhaltskarten betrachten, welche ist für Sie am wichtigsten? Was war für Ihr Lernen im Webinar zentral und hilfreich? Wo würden Sie diese Inhaltskarte platzieren?) und mit Gestaltungsoptionen sowie Verbindungselementen zwischen den Inhaltskarten (z. B. Pfeile, Verbindungslinien, führt zu, hängt zusammen mit, ist Voraussetzung für, Überschriften, Gruppierungen) unterstützt, eine Struktur im Webinarraum zu visualisieren (Siehe Abb. 3 und 4). Das Ergebnis ist eine **graphische Repräsentation in einem Strukturlegebild**, in dem Erkenntnisse und Lernzuwachs der TeilnehmerIn im Rahmen des Onlinetrainings deutlich werden. Das Strukturlegebild wird abschließend dahingehend reflektiert, welche Erkenntnisse und welchen Lernzuwachs sich daraus für die interviewte Person ergeben.

### Zentrale Ergebnisse der Strukturlegetechnik

Die Interviewpersonen **praktizieren im Alltag und Schulalltag nachhaltig** die gelernten Übungen aus dem Onlinetraining (Haltung und Verhalten, z. B. Atembeobachtung, Meditation, Wahrnehmen von Stressreaktionen, Gefühlen, Gedanken, neutrales Beobachten von SchülerInnen-Verhalten statt gewohnter Wertung „Passivität" der SchülerInnen) auch neun Monate nach dem Trainingsabschluss. Beide Interviewpartnerinnen aus verschiedenen Gruppen betonen in ihren Strukturbildern unabhängig voneinander zwei Aspekte:
- die Selbstbestimmung im Webinarformat
- das Webinarformat und didaktische Design ist günstig für den eigenen Lernprozess

Der Raum für das Onlinetraining wird als störungsfreier Webinarraum beschrieben, in dem die Selbstbestimmung mehr als in der Präsenzveranstaltung unterstützt wird
- „… selbstbestimmt zu agieren, nachdenken zu können, nicht sofort reagieren zu müssen." oder in einem anderen Zitat:
- „… auf die eigenen Haltungen, Werte und Bedeutungen zu schauen."

In dem vertrauten „heimeligen" Webinarort war es möglich (Zitate):
- „… sehr konzentriert beim Thema und Übungen zu sein …"
- „… gut mit sich sowie im Kontakt und Austausch mit der Gruppe und Leitung zu sein …"
- „… Reflexionsphasen, kommunikative Phasen mit Seminarcharakter und ich habe den Raum, den ich für mich brauchte."
- „Im Webinar: Viel mehr bei den Dingen und bei dem Seminar und weniger schnell abgelenkt, nicht abwesend … Nichts anderes dabei gemacht und Thema ist auch sehr spannend, für mich …"

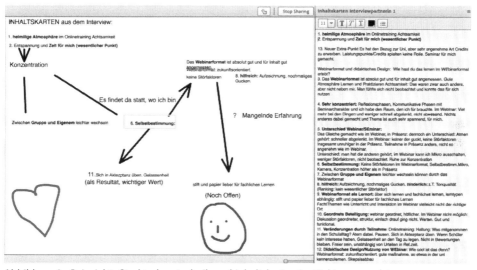

Abbildung 3: Beispiel 1, Strukturlegetechnik und Inhaltskarten im Webinarraum (eigene Darstellung)

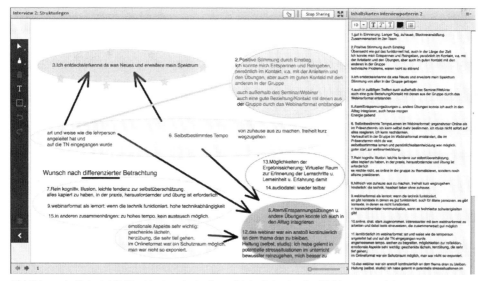

Abbildung 4: Beispiel 2, Strukturlegetechnik und Inhaltskarten im Webinarraum (eigene Darstellung)

Die interviewten Personen erhalten durch den Prozess der Strukturlegetechnik einen besseren **Überblick über ihren eigenen Lernprozess** und die dabei maßgeblichen Faktoren (z. B. eigenes Lerntempo, Selbstbestimmung, Ruhe, Gruppenaustausch).

## 6. Ausblick

Ein Ziel der qualitativen Beforschung mit der Strukturlegetechnik war es, empiriegeleitet Informationen über Haltungen, Verhalten und Einstellungen der Teilnehmenden zu erfassen, die auf eine nachhaltige Veränderung seit dem Onlinetraining deuten, auch gerade hinsichtlich ihrer Handlungsoptionen abseits von automatisierten Handlungen und Gewohnheiten im Umgang mit unangenehmen Gefühlen und Gedanken. Das weitere Ziel war es, das Webinar als Lernort zu untersuchen und wichtige Faktoren auch aus der Perspektive der Teilnehmenden für einen gelungenen Lernprozess zu identifizieren.

Die Untersuchungen deuten darauf, dass eine achtsame Haltung und Reflexion im Webinar mit einem bestimmten didaktischen Design gut erlernbar sind. Wesentlich sind dabei die Beteiligung und Selbstbestimmung (Lerntempo und Reflexionstempo, Raum für mich und für Austausch in der Gruppe) der Studierenden sowie die Reflexionsanreize, die im Onlinetraining bereits gesetzt und im Selbststudium fortgeführt werden.

Ein Faktor für den gelungenen Lernprozess im Onlinetraining ist die Reflexionsphase zu Beginn jeder Webinareinheit, in der die Teilnehmenden ihre Erfahrungen mit den Wochenaufgaben und im Selbststudium mitteilen und sich darüber in der Gruppe austauschen können.

Weitere Untersuchungen in diesem Bereich können die Befunde stärker belegen. Günstig dafür ist es, Interviews nach Strukturlegetechnik mit allen Teilnehmenden durchzuführen und die Ergebnisse zu vergleichen. Auch die Untersuchung, ob sich bestimmte Lehrinhalte und Prozesse im Webinarformat besser erlernen lassen oder nicht, kann weitere aufschlussreiche Erkenntnisse für die Gestaltung von Webinaren geben und auch darüber, was in der Gruppe und was im Selbststudium günstig gelernt werden kann.

Zu prüfen ist, ob die Methodenwahl zur Erfassung der Haltung von angehenden Lehrpersonen angemessen ist und inwieweit sich Wissen, Verhalten, Haltung ändern und im Unterricht beobachtbar sind. Hier wären Beobachtungsverfahren im Unterricht sehr aufschlussreich.

Dabei kann ein Schwerpunkt auf dem Bereich der Affektregulation liegen, der als wichtiger Anteil von Selbststeuerung wesentlich für die Veränderung von Haltungen von Lehrpersonen ist (vgl. Kuhl, Schwer & Solzbacher, 2014: 97). Dazu bietet es sich an, den Beitrag von Achtsamkeitstraining auf die Affektregulation verstärkt in den Blick zu nehmen. Gerade für neue Lehrpersonen bietet sich ein Onlinetraining an. Offen bleibt, ob Unterschiede zwischen Neulingen und Erfahrenen vorliegen.

Dieser Beitrag möchte auch dazu anregen, Lehramtsstudierenden ein Angebot der Reflexion mit Hilfe der Strukturlegetechnik im Webinar zur Klärung eigener Anforderungen und maßgeblicher Faktoren für einen gelungenen Lernprozess und zur Entwicklung einer achtsamen Haltung als Lehrperson im Unterricht zu ermöglichen.

## Literatur

Heidenreich, T. & Michalak, J. (2011). Achtsamkeit und Akzeptanz. In: M. Linden & M. Hautzinger (Hrsg.), *Verhaltenstherapiemanual*. Berlin und Heidelberg: Springer, S. 55–60.

Hölzel, B. (2015). Mechanismen der Achtsamkeit. Psychologisch-neurowissenschaftliche Perspektiven. In: B. Hölzel & C. Brähler (Hrsg.), *achtsamkeit: mitten im Leben*. München: O.W. Barth, S. 43–78.

Kabat-Zinn, J. (2007). *Im Alltag Ruhe finden. Meditationen für ein gelassenes Leben*. Fischer: Frankfurt a.M.

Kaltwasser, V. (2010). *Persönlichkeit und Präsenz. Achtsamkeit im Lehrerberuf*. Weinheim und Basel: Beltz.

Kindermann, K. & Riegel, U. (2016). Subjektive Theorien von Lehrpersonen. Variationen und methodische Modifikationen eines Forschungsprogramms. *Forum Qualitative Sozialforschung, 17* (2), 34.

Kuhl, J., Schwer, C. & Solzbacher, C. (2014). Professionelle pädagogische Haltung: Persönlichkeitspsychologische Grundlagen. In: C. Schwer & C. Solzbacher (Hrsg.), *Professionelle pädagogische Haltung. Historische, theoretische und empirische Zugänge zu einem viel strapazierten Begriff*. Bad Heilbrunn: Klinkhardt, S. 79–107.

Reinmann, G. (2015). *Studientext Didaktisches Design*. Universität Hamburg: Hamburg.

Valentin, L. (2015). Achtsame Kommunikation mit Kindern. Im Alltag surfen lernen. In: B. Hölzel & C. Brähler (Hrsg.), *achtsamkeit: mitten im Leben*. München: O.W. Barth, S. 195–208.

*Katharina Wedler und Rana Huy*

# Effekte produktiver Medienarbeit auf die Selbstwirksamkeitserwartung von Lehramtsstudierenden
## Erklärvideos als Methode universitärer Wissensvermittlung

## 1. Einleitung

„Dabei wissen wir doch alle, dass es die digital natives und die net generation nicht gibt (…)", twittert Schiefner Rohs am 20. Februar 2018 als Antwort auf einen Tagungstweet, versehen mit einem Verweis auf Schulmeisters Aufsatz *Gibt es eine „Net Generation"?* (2009). In seinem Artikel analysiert Schulmeister (2009) zahlreiche empirische Untersuchungen und widerlegt die Mythen um die *digital natives* (Prensky, 2001), *net generation* (u. a. Tapscott, 1997) und *generation @* (Opaschwski, 1999). Bei jungen Erwachsenen, die mit digitalen Medien aufwachsen, konnte demnach gegenüber jenen, die erst im Laufe ihres Lebens aufgrund ihres fortgeschrittenen Alters zur Zeit der Entwicklung digitaler Medien diese kennenlernten, keine enorme Verhaltensänderung nachgewiesen werden. Medien werden vorrangig passiv statt partizipativ genutzt (Ebner & Schiefner, 2009). Für die Bildungseinrichtungen bedeutet dies, dass Medienbildung auch ein umfassendes Unterstützungsangebot beinhalten sollte, sodass sich Studierende sowohl durch einen rezeptiven als auch produktiven Medienumgang im Sinne Baackes (2004) ihrem individuellen Vorwissen entsprechend Medienkompetenzen aneignen können. Durch den in diesem Artikel beschriebenen Ansatz, der die Studierenden dazu befähigte ein eigenes mediales Produkt zu erstellen, sowie die didaktische Einbettung dessen im hochschuldidaktischen Kontext zu reflektieren, setzten sich die Seminarteilnehmenden auf verschiedenen Ebenen mit unterschiedliche Prozessen auseinander, worauf unter Bezugnahme auf das TPACK-Modell (Technological, Pedagogical, Content, Knowledge) (Mishra & Köhler, 2006) noch expliziter eingegangen wird. Neben der Darlegung des Seminarkonzeptes soll zudem auf die Reflexionen der Studierenden eingegangen werden, da ein weiterer Ansatz des Seminars darin bestand, den Transfer der Arbeitstechnik in den Schulalltag durch das eigene Erleben anzuregen, was unter dem Konzept der Selbstwirksamkeitserwartung (Baumert & Kunter, 2006) zusammengefasst wird. Entwickelt wurde das Seminarkonzept im Projekt Mehr-Sprache, das im Rahmen der Qualitätsoffensive Lehrerbildung durch das BMBF gefördert wird.

## 2. Durchbrechen einer medienbewahrenden Haltung angehender Lehrkräfte durch das Aufzeigen didaktischer Handlungsfelder

Als Motivation für die Konzeption des Seminars seien drei Themen- und Aufgabenfelder zu benennen: (1) Umsetzung bildungspolitischer Forderungen nach einer integrativen Medienbildung, die im KMK Strategiepapier 2016 (23f.) beschrieben worden sind, (2) Einbeziehen der Einflüsse der digitalen Transformation auf Bildung und (Hoch-)schule, wie sie beispielsweise durch Petko et al. (2018) formuliert worden sind, (3) Einwirken auf die Überzeugungen (beliefs) und mediale Vorerfahrung der Lehramtsstudierenden. Von der Skepsis der Lehramtsstudierenden gegenüber dem pädagogischen Einsatz neuer und digitaler Medien im eigenen Unterricht berichtet auch Aufenanger (2013), obgleich bedingt durch die digitale Transformation eine medienspezifische oder medienunspezifische Anpassung der Unterrichtspraxis unentbehrlich ist (Petko et al., 2018: 165). Auf dem Weg in das digitale Zeitalter sollten sowohl technologische als auch pädagogische Visionen den Weg ebnen (Petko, 2017). Zu diesen innovativen und nachhaltigen Konzepten gehören im Rahmen des digital turn auch komplexe Lehr-/Lernformen, durch welche die Nutzung digitaler Technologien im Rahmen einer Mediendidaktik mitgedacht werden müssen (Petko, 2017). Eine Möglichkeit Studierende mit Lehrformen in Kontakt zu bringen und somit auch Anregungen zu schaffen, ist über das eigene Erleben im Zuge des Lehramtsstudiums

Um der mitunter bewahrungspädagogischen Haltung (Süss et al., 2013) angehender Lehrkräfte entgegenzuwirken, wird unter Bezugnahme auf den medialen Habitus deren Lebenssituation und Sozialisationserfahrung mit dem individuellen Medienhandeln in Verbindung gesetzt (Biermann, 2009). In einer qualitativen Untersuchung zum medialen Habitus von Lehramtsstudierenden definiert Kommer (2010) drei Ausprägungen: die ambivalenten Bürgerlichen, die hedonistischen Pragmatiker und die kompetenten Medienaffinen. Die Ergebnisse der Studie konnten durch eine Folgeuntersuchung mit einer größeren Stichprobe (n=1200) bestätigt werden. So zeigte sich auch bei den Studierenden des ersten Semesters eine teilweise vorherrschende bewahrungspädagogische Haltung (Biermann, 2009: 254). Die Gründe dafür sind teilweise in der Mediensozialisation und Medienbiografie der Studierenden zu finden. Das durch die Eltern reglementierte und kontrollierte Mediennutzungsverhalten nehmen sich die Studierenden zum Vorbild und sind gerade Unterhaltungsmedien gegenüber pseudokritisch und ablehnend (Biermann, 2009: 258). Obwohl der Habitus ein Konstrukt von dauerhaften Dispositionen ist, besteht die Möglichkeit zur Veränderung durch das Reflektieren der Einstellung (Petko, 2012). Die damit einhergehende ‚Arbeit am Habitus' bezeichnet Kommer (2013) als Ziel der Lehrer*innenbildung.

Darauf aufbauend sind reflexive Prozesse zum Gegenstand der medialen Arbeit im Seminar geworden, indem die Studierenden zunächst Fremdvideos kritisch beurteilten und anschließend bedingt durch das Format Erklärvideo in der Peer die einzelnen Arbeitsschritte bestehend aus Texten, Storytelling, Storyboard erstellen, Visualisieren, Vertonen, Videoaufzeichnung/Videoerstellung (Wedler & Karrie, 2017) durchweg reflektierten.

## 2.1 Multimedialität im Seminar „Schule in der Migrationsgesellschaft"

Unter Anlehnung an das TPACK-Modell wurde das Seminar methodisch-didaktisch so aufbereitet, dass Studierende das Vorgehen selbst auch auf ihr Fach bezogen in die Schulpraxis adaptieren könnten. Die Kohorte bestand aus Lehramtsstudierenden des ersten oder dritten Mastersemesters, die auf Grundschule oder Haupt- und Realschule unterschiedliche Fächerkombinationen studieren. Trotzdem ein Großteil der Seminarteilnehmer/innen, nach anfänglicher Skepsis im ersten Workshop die eigene Medienaffinität unter Beweis stellte, hatten die Studierenden keine Vorerfahrungen im Erstellen von Erklärvideos. Grundlage dieses audiovisuellen Formates ist die reduzierte Darstellung eines komplexen Sachverhaltes im Rahmen eines relativ kurzen Beitrages. Für die Erstellung der Erklärvideos sollten Studierenden in ihrer Kleingruppe wissenschaftliche Theorien mit gesellschaftlichen und somit auch schulalltäglichen Herausforderungen verknüpften (Storytelling) und dies kurz und prägnant audiovisuell darstellen. Im Rahmen eines Blockseminars wurden verschiedene Techniken vorgestellt und ausprobiert (die Legetechnik, eine animierte PowerPoint Präsentation, Screencast und Audacity), die genutzt werden konnten. Die Anforderung an die angehenden Lehrkräfte bestand im Zuge der Erarbeitung eines Erklärvideos darin, die digitalen Medien zur Vermittlung fachlicher Inhalte zu nutzen. Die Kompetenzen, die dabei zum Tragen kamen, werden im Folgenden unter Bezugnahme auf das TPACK-Modell nach Mishra und Köhler (2006) beschrieben. Neben der Etablierung *technischen Wissens* (Schnitt, Visualisierung, Texten) wurde im Seminar ebenso in das *fachliche Wissen* eingeführt. Das *pädagogische Wissen* wurde bei den Masterstudierenden allerdings vorausgesetzt und kam im Zuge der Entwicklung von Übungsaufgaben zum Tragen.

Bedingt durch die aufeinander aufbauenden Arbeitsschritte zur Erstellung eines Erklärvideos, kam es zu Synergieeffekten. Der erste Schritt, war, nach der Analyse der Grundlagentexte, das Entwickeln eines eigenen Textes, der mündlichkeitsnah war, sich dennoch dem Register der Fachsprache bediente. Bereits beim Verfassen des Textes, der im Erklärvideo als Gerüst dient, auf das alles andere aufgebaut wird, bestand das Bewusstsein zum nächsten Schritt, der Visualisierung, sodass sich bereits beim Texten möglicher Umsetzungsformen angepasst wurde, was von *technisch-inhaltlichem Wissen* zeugt. Im Zuge der Entwicklung eines geeigneten Erklärungsansatzes, stützten sich die Studierenden auf ihr pädagogisches Fachwissen. Da das Erklärvideo überdies für den Einsatz im Seminar im hochschuldidaktischen Kontext produziert wurde, also der Anspruch darin bestand, Wissen zu generieren, mussten die Studierenden überdies den darzustellenden Gegenstand durchdringen, also *fachliches Wissen* generieren und dieses angepasst an das Medium mit *technischem Wissen* zum *technischen Fachwissen* etablieren. Begleitend zum Erklärvideo entwickelten die jeweiligen Produzent/innen Fragen, die zusammen mit dem Video auf der hochschulinternen, digitalen Lehr-/Lernplattform StudIP hochgeladen und den Kommiliton/innen zur Verfügung gestellt wurden, wozu *technisch pädagogisches Wissen* notwendig war. Die Schnittstelle der sechs Kompetenzbereiche ist das TPACK, das Wissen zur Nutzung jenes Mediums, dem Erklärvideo, zur Unterstützung eines Lernprozesses fachwissenschaftlicher Inhalte.

## 2.2 (Mediale) Selbstwirksamkeitserwartung: das Konzept

Das Seminar zeichnete sich durch eine positive Gruppendynamik, die nach Goddard & Goddard (2001) aufgrund der kollektiven Selbstwirksamkeitserwartung zur individuellen positivem Einschätzung medialer Fähigkeiten und Fertigkeiten führte. Als positiv und besonders motivierend war dabei, im Nachgang mit weiteren Seminargruppen vergleichend, die Zusammensetzung des Seminars. Gerade die Heterogenität der Fachkombination erwies sich als bereichernd, während spätere Durchführungen desselben Konzeptes in der Fachdidaktik kritischere Haltungen gegenüber dem Medieneinsatz in Schulen offenbarte, wie sie auch Süss et al. (2013) unter dem Aspekt der bewahrungspädagogischen Haltung beschreiben.

Gemäß Bandura (1977) ist Selbstwirksamkeit die individuelle Überzeugung über ein Repertoire zu verfügen, mittels dessen das eigene Ziel erreicht werden kann, auch dann, wenn es Herausforderungen gibt. Übertragen auf die mediale Selbstwirksamkeit bedeutet dies, dass die Lehrkraft davon überzeugt ist, eine angemessene medienbezogene Unterrichtseinheit durchzuführen (Müller, 2016: 151). Beeinflusst wird die Selbstwirksamkeitserwartung einer Person von diesen Faktoren: (1) den *mastery experiences,* einem Erfolgserlebnis, das auf die eigene Fähigkeit zurückzuführen ist, (2) *vicarious experiences*, dem Partizipieren am Erfolg einer zweiten Person durch Beobachtung und dem daran geknüpften Glauben an die eigenen Fähigkeiten, (3) Wahrnehmung und Interpretation der subjektiven emotionalen und physischen Reaktion (Bandura, 1994).

Bezogen auf das beschriebene Seminar konnten die Studierenden in zwei unterschiedlichen Prozessen sowohl individuelle Erfahrungen sammeln als auch durch die Peer-Interaktion und das Teilen der Produkte Sekundärerfahrungen. Einerseits ist der Prozess der Produktion eines audiovisuellen Produktes durch Novizen geprägt durch verbale Aushandlungsprozesse, deren Ziel es ist, gemeinsam erfolgreich zu sein. Andererseits knüpft sich an den Schaffensprozess die didaktische Aufbereitung des Materials, sodass die Studierenden durch das Konsumieren der Fremdvideos auch am Erfolg der Peers teilnehmen können. Im Seminar sind Erklärvideos entstanden, die auf einem hohen bis sehr hohen Niveau waren, was wiederum auch Sekundärerfahrungen positiv konnotiert.

Daran anknüpfend stellen auch Herzig und Martin (1999) fest, dass Selbstwirksamkeitserwartung neben Überzeugungen, wissens- und fähigkeitsbezogenen Aspekten relevant für medienpädagogisches Handelns ist. Ferner beeinflusst die Überzeugung vom eigenen selbstbestimmten, verantwortungsvollen und kritischen Medienumgang die Entwicklung medienpädagogischer Kompetenzen (Herzig et al., 2016). Dass sich die Selbstwirksamkeitserwartung Studierender durchaus ändern kann, zeigt die Untersuchung von Woolfolk, Hoy & Spero (2005). Tatsächlich ging die Selbstwirksamkeitserwartung der befragten Studierenden während der Praxisphase oder nach dem ersten Berufsjahr zurück. Ziel dieses Seminars war es allerdings, neben fachlichen Inhalten auch medienpraktische und medienreflektierende Inhalte zu vermitteln, in der Hoffnung Studierende in medienpädagogisches Handeln einzuführen, damit sie sich kompetent im Umgang mit den zu nutzenden Medien fühlen. Je kompetenter und überzeugter Studierende vom pädagogischen Nutzen sind, desto eher spiegelt sich dies durch das Etablieren mediendidaktischer Konzepte im eigenen Unterricht wieder. Ob diese These durch das Vorgehen im Seminar untermauert werden konnte, soll nun gezeigt werden.

## 3. Erhebung der medienbezogenen Selbstwirksamkeitserwartung

Nachdem die Studierenden des erziehungswissenschaftlichen Seminars im Rahmen des Kurses Erklärvideos zu den verschiedenen Seminarinhalten erstellt hatten, waren sie dazu aufgefordert worden, den eigenen Arbeitsprozess im hochschuldidaktischen Kontext zu reflektieren. Tatsächlich verfassten nur jene Studierenden einen Text, die im Seminar auch eine Leistung absolvierten, sodass von 18 Reflexionen ausgegangen werden konnte. Im Zuge einer qualitativen Inhaltsanalyse erfolgte zur Reduzierung der Komplexität des Materials induktiv die Bildung eines Kategoriensystems (Mayring, 2010: 65). Die Kategorien wurden anschließend deduktiv zur Erstellung von Leitfragen genutzt. An dem leitfragengestützten Interview nahmen lediglich fünf Personen teil, da dieses in der vorlesungsfreien Zeit im Zuge der Datenauswertung durchgeführt worden ist. Durch das Vorgehen konnten relevante Inhalte herausgefiltert werden, die zur Widerlegung oder Unterstützung der These dienten.

### 3.1 Auswertung der Reflexionen

Aus den studentischen Reflexionen konnten fünf Kategorien gebildet werden, wobei Äußerungen aufgenommen worden sind, die bei mindestens drei Personen vorkamen. Es wurden folgende Kategorien gebildet: besserer Zugang zum Inhalt durch mediale Arbeitsweise, persönliche Motivation, Methodenkompetenzgewinn, Kompetenzen im Umgang mit Heterogenität, Transfer in die Schule.

### 3.2 Ankerbeispiele Auswertung der Reflexionen

Anhand des Ankerbeispiels zur ersten Kategorie (besserer Zugang zum Inhalt durch mediale Arbeitsweise), lässt sich die Herausforderung nachvollziehen, die darin bestand, den Inhalt zu reduzieren und abstrahiert aber lebensnah darstellen zu können. Die Person reflektiert: „Ich empfand die Produktion des Videos durch die selbständige Übertragung, Vereinfachung bzw. Abstrahierung als eine sehr intensive Auseinandersetzung mit dem Thema. Ich persönlich habe selten so nah an und mit einem Text gearbeitet. Man ist gezwungen über die Bedeutung des Textes gesamt gesehen, aber auch die der Sätze und einzelner Wörter nachzudenken" (Proband 3).

Aus den Reflexionen zur ersten Kategorie geht hervor, dass gerade der Prozess, der das Erstellen eines Erklärvideos begleitet, das Durchdringen der Theorie erforderte. Konkret müssen diverse Transformationen vorgenommen werden. Das Schreiben einer Hausarbeit verlangt den Studierenden das Paraphrasieren und Zitieren ab, wobei mitunter deutlich wird, ob Inhalte *tatsächlich* verinnerlicht worden sind. Allerdings bleibt dies zumeist ein einseitiger Prozess, da Hausarbeiten selten überarbeitet werden. Beim Erstellen eines Erklärvideos zu einem theoretischen Konstrukt, das allerdings im Zuge der audiovisuellen Aufbereitung durch praxisnahe Beispiele bereichert wird, werden im Sinne Wolfs (2015) Anteil an Spielhandlung **und** Narration miteinander kombiniert.

Das bedeutet, es muss folgende Voraussetzung gegeben sein:
- Transformation eines wissenschaftlichen Textes in einen mündlichkeitsnahen Text
  – Voraussetzung: Textverständnis
- das Übertragen eines theoretisch dargestellten Sachverhaltes auf eine alltägliche schulrelevante Situation zur Veranschaulichung des Gegenstandes
  – Voraussetzung: Abstraktionsfähigkeit

Einen wiederkehrenden Aspekt innerhalb der Reflexionen stellte auch die Wahrnehmung einer höheren Motivation dar. Diese Wahrnehmung interpretierten die Studierenden dahingehend, dass sie dem Medium Video eine gewisse Nachhaltigkeit zuschreiben, da sich „Kommilitonen ihre Arbeitsergebnisse (…) gegenseitig besser und greifbarer präsentieren und sich über die Inhalte austauschen" (Proband 4) können. Weiterhin habe das Erarbeiten des Videos auch die Auseinandersetzung mit der nötigen Technik erfordert, was zu einem Methodenkompetenzgewinn führte: „Also Videos drehen im Rahmen eines Projektes hatte ich vorher nicht gemacht. Hat mir schon viel gebracht. Also mit der Aufnahme, wir haben ja noch Programme benutzt und im Nachhinein das Schneiden des Videos, das hatte ich gemacht. Da habe ich mich auch mit dem Programm auseinandergesetzt." (Proband 10). Arbeiteten die Studierenden mit der Legetechnik, erfolgte eine individuelle Einarbeitung in Video- und Audioschnittprogramme. Auch das Erstellen der Videos mit Programmen wie Prezi oder PowerPoint setzte voraus, dass sich die Studierenden vorerst die nötigen Skills für deren Handhabung aneigneten. Das erfolgreiche Erstellen eines eigenen Videos führte dazu, dass sich die Studierenden sicherer fühlten Erklärvideos im eigenen Unterricht einzusetzen, womit sie einen Transfer in die Schule vollziehen würden: „Als angehende Lehrerin könnte ich mir das schon gut vorstellen, das mit meinen Schülern zu machen. Vielleicht nicht im regulären Unterricht, sondern schon, wenn es Projektwochen gibt oder wenn man halt weiß, man hat die Schüler zwei, drei Wochen für sich. […] Vor allem, weil solche Videos bei den Schülern auch gut ankommen und wenn das dann selbst gestaltet ist und man das auch auf die Schüler abstimmt, kann das echt gut ankommen." (Proband 7). Neben dem Ziel Studierende im Umgang mit Medien zu schulen indem didaktische Konzepte durchgespielt werden, sollten auch Seminarinhalte vermittelt werden, sodass Kompetenzen im Umgang mit Heterogenität gewonnen werden konnten. Dies gelang beispielsweise im Rahmen der Visualisierung durch das Überdenken der Angemessenheit der Darstellung: „Am interessantesten empfand ich die unterschiedlichen Darstellungen verschiedener Kulturen, ohne dabei gängige Stereotype, wie z. B. religiöse Symbole zu verwenden. Das Seminar hat die Sensibilität für Mehrsprachigkeit vor allem im schulischen Kontext erhöht, was für die Lehramtsstudierenden im späteren Berufsleben vermutlich von Vorteil sein wird." (Proband 12).

## 4. Fazit

Das Seminar hatte es sich zum Ziel gesetzt, neben fachlichen Inhalten auch mediendidaktische und medienpraktische Inhalte zu vermitteln, was in Anlehnung an das TPACK-Modell in den einzelnen Schritten nachgezeichnet werden konnte. Die Auswertung der Reflexionen der Studierenden, in denen die Seminarteilnehmenden den individuellen Arbeitsprozess beschrieben und das Vorgehen bewerteten, spiegeln eine hohe mediale Selbstwirksamkeitserwartung der Studierenden wider. Dies zeigt sich an den Überlegungen aller, das Medium im eigenen Unterricht zu nutzen, rezipierend oder produzierend. Die Studierenden erlebten den Prozess auf mehreren Ebenen als bereichernd, sodass nach Bandura (1977) anzunehmen ist, dass sie diese Effekte auf die Selbstwirksamkeit übertragen.

Trotzdem die Effekte hoch sind, besteht gleichzeitig bei dieser hier vorgestellten Durchführung des Seminars eine hohe Erwartung und Anforderung an die Dozent*innen, da diese ebenfalls Medienkompetenzen vorweisen müssen, um ein solches Seminar durchführen zu können. Anhand des Seminarkonzeptes konnte gezeigt werden, wie durch die an Baackes Medienkompetenzmodell (1996) angelehnte Steigerung der Inhalte von rezeptiver zu produktiver Mediennutzung, Studierende zu kompetenten Mediennutzenden befähigte.

## Literatur

Aufenanger, S. (2013). *Lehramtsstudierende brauchen mehr Medienkompetenz.* (Interview auf der Didacta) Hg. Bildungsklick TV. Veröffentlicht am 15.04.2013. https://www.youtube.com/watch?v=xGA9N1eE3j4

Baacke, D. (1996). Medienkompetenz – Begrifflichkeit und sozialer Wandel. In von Rein, A. (Hrsg.), *Medienkompetenz als Schlüsselbegriff,* Bad Heilbrunn: Julius Klinkhardt, S. 112–125.

Baacke, D. (2004). Medienkompetenz als zentrales Operationsfeld von Projekten. In Bergmann, S., Lauffer, J., Mikos, L., Thiele, G., Wiedemann, D. (Hrsg.), *Medienkompetenz. Modelle und Projekte.* Bonn: Bundeszentrale für politische Bildung, S. 21–25.

Bandura, A. (1977). Self-efficacy: Toward a unifying theory of behavioral change. *Psychological Review,* 84 (2), 191–215.

Bandura, A. (1994). Self-efficacy. In V. S. Ramachaudran (Hrsg.), *Encyclopedia of human behavior* (Vol. 4). New York: Academic Press, S. 71–81.

Baumert, J. & Kunter, M. (2006). Stichwort: Professionelle Kompetenz von Lehrkräften. *Zeitschrift für Erziehungswissenschaft,* 9 (4), 469–520.

Bergmann, S., Lauffer, J., Mikos, L., Thiele, G. & Wiedemann, D. (Hrsg.) (2004). *Medienkompetenz. Modelle und Projekte.* Bonn: Bundeszentrale für politische Bildung.

Biermann, R. (2015). Medienkompetenz – Medienbildung – Medialer Habitus. *medienimpulse-online*, 4/2013. Online verfügbar unter https://www.medienimpulse.at/pdf/Medienimpulse_Medienkompetenz___Medienbildung___Medialer_Habitus_Biermann_20131203.pdf

Biermann, R. (2009). *Der mediale Habitus von Lehramtsstudierenden – eine quantitative Studie zum Medienhandeln ahnender Lehrpersonen.* Wiesbaden: VS Verlag für Sozialwissenschaften.

Goddard, R. D. & Goddard, Y. L. (2001). A multilevel analysis of the relationship between teacher and collective efficacy in urban schools. *Teaching & Teacher Education*, 17, 807–818.

Herzig, B., Schaper, N., Martin, A. & Ossenschmidt, D. (2016). *Schlussbericht zum BMBF Verbundprojekt M³K – Modellierung und Messung medienpädagogischer Kompetenz, Teilprojekt: Medienerzieherische und mediendidaktische Facetten und handlungsleitende Einstellungen.* Paderborn: Universität, Fakultät für Kulturwissenschaften, Institut für Erziehungswissenschaft/Institut für Humanwissenschaften.

Herzig, B. & Martin, A. (2018). Lehrerbildung in der Digitalen Welt – konzeptionelle und empirische Aspekte. In Knopf, J., Ladel, S. & Weinberger, A. (Hrsg.), *Digitalisierung und Bildung*. Wiesbaden: Springer Verlag VS, S. 89–113.

Kommer, S. (2010). *Kompetenter Medienumgang? Eine qualitative Untersuchung zum medialen Habitus und zur Medienkompetenz von SchülerInnen und Lehramtsstudierenden*, 1. Aufl., Leverkusen: Budrich UniPress Ltd.

Kommer, S. (2013). Das Konzept des „Medialen Habitus". *medienimpulse. Beiträge zur Medienpädagogik*. Verfügbar unter: https://www.medienimpulse.at/articles/view/602

Mayring, P. (2010). *Qualitative Inhaltsanalyse. Grundlagen und Techniken*. 11., akt. und überarb. Aufl. Weinheim: Beltz.

Mishra, P. & Koehler, M. J. (2006). Technological Pedagogical Content Knowledge. A new framework for teacher knowledge. *The Teachers College Record,* 108 (6), 1017–1054.

Müller, C. (2016). *Innovationsbezogene Selbstwirksamkeitserwartung. Konzeptualisierung, Operationalisierung und Validierung eines mehrdimensionalen Konstrukts.* Hamburg. Verlag Dr. Kovac.

Opaschowski, H. W. (1999). *Generation @. Die medienrevolution entläßt ihre Kinder: Leben im Informationszeitalter*. Eine Edition der British American Tobacco. Hamburg.

Petko, D. (2012). Teachers' pedagogical beliefs and their use of digital media in classrooms: Sharpening the focus of the 'will, skill, tool' model and integrating teachers' constructivist orientations. *Computers & Education*, 52, 1351–1359.

Petko, D. (2017). Die Schule der Zukunft und der Sprung ins digitale Zeitalter. Wie sieht eine zukunftsfähige Lernkultur aus, in der die Nutzung digitaler Technologien eine Selbstverständlichkeit ist? *Pädagogik*, 69, 44–47.

Petko, D., Döbeli Honegger, B. & Prasse, D. (2018). Digitale Transformation in Bildung und Schule. Facetten, Entwicklungslinien und Herausforderungen für die Lehrerinnen- und Lehrerbildung. *Digitale Transformation. Beiträge zur Lehrerinnen- und Lehrerbildung,* 157–174.

Prensky, M. (2001). Digital Natives, Digital Immigrants. *On the Horizon MCB University Press,* 9 (5), 1–6.

Proband 3, 4 & 12: Schriftliche Reflexion, WiSe 2016/17.

Proband 7: Persönliches Interview, Juli 12, 2018.

Ramachaudran, V. S. (Hrsg.) (1994). *Encyclopedia of human behavior*. Vol. 4. New York: Academic Press.

Rein, A. (Hrsg.) (1996). *Medienkompetenz als Schlüsselbegriff*. Bad Heilbrunn: Julius Klinkhardt.

Schiefner-Rohs, M. (20. Feb. 2018). Twitter. Verfügbar unter: https://twitter.com/hashtag/dtrlp2018?src=hash

Schiefner, M. & Ebner, M. (2008). Has the net-generation arrived at the University? oder der Student von heute, ein Digital Native? In Zauchner, S., Baumgartner, P., Blaschitz, E. & Weissenbäck, A. (Hrsg.), *Offener Bildungsraum Hochschule. Freiheiten und Notwendigkeiten.* Münster: Waxmann, S. 113–124.

Schulmeister, R. (2009). *Gibt es eine »Net Generation«? Erweiterte Version 3.0.* Universität Hamburg.

Sekretariat der Kultusministerkonferenz (Hrsg.) (2016). *Strategie der Kultusministerkonferenz „Bildung in der digitalen Welt".* Berlin. Online verfügbar unter https://www.kmk.org/fileadmin/Dateien/pdf/PresseUndAktuelles/2016/Bildung_digitale_Welt_Webversion.pdf.

Süss, D., Lampert, C. & Trueltzsch-Wijnen, C. (2013). *Medienpädagogik. Ein Studienbuch zur Einführung.* 2., überarb. und akt. Aufl. Wiesbaden: Springer VS (Studienbücher zur Kommunikations- und Medienwissenschaft Lehrbuch).

Tapscott, D. (1997). *Growing Up Digital: The Rise of the Net Generation.* New York: McGraw-Hill.

Wedler, K. & Karrie, S. (2017). Good Practice – Blended Learning in der internationalisierten Lehramtsausbildung. *Zeitschrift für Hochschulentwicklung*, 12/4, 39–52.

Wolf, K.D. (2015). Bildungspotenziale von Erklärvideos und Tutorials auf YouTube: Audio-Visuelle Enzyklopädie, adressatengerechtes Bildungsfernsehen, Lehr-Lern-Strategie oder partizipativePeer Education? *merz* (59), 30–36.

Woolfolk Hoy, A. & Burke Spero, R. (2005). Changes in Teacher Efficacy during the Early Years of Teaching: A Comparison of Four Measures. *Teaching and Teacher Education*, 21, 343–356.

Zauchner, S., Baumgartner, P., Blaschitz, E. & Weissenbäck, A. (Hrsg.) (2008). *Offener Bildungsraum Hochschule. Freiheiten und Notwendigkeiten.* Münster: Waxmann.

*Linda Eckardt, Sebastian Philipp Schlaf, Merve Barutcu, Daniel Ebsen, Jan Meyer und Susanne Robra-Bissantz*

# Empirische Untersuchung des Einflusses der Identifikation mit einer Spielgeschichte auf den Lernerfolg bei einem Serious Game

### Abstract

Die Integration von Spielelementen ist in der Lehre weit verbreitet. Häufig werden begleitende Geschichten eingesetzt, innerhalb derer Lernende agieren. Bleibt die Identifikation mit dieser Geschichte jedoch aus, wird das Lernangebot nicht angenommen und die Lernziele nicht erreicht. In diesem Beitrag wird eine Vergleichsstudie durchgeführt, wobei die Identifikation mit einer realitätsnahen gegen eine fiktive Spielgeschichte und deren Beeinflussung des Lernerfolgs getestet wird. Während die Identifikation mit der realitätsnahen Spielgeschichte höher ausfiel, hat nur die Gruppe mit der fiktiven Spielgeschichte einen subjektiv wahrgenommenen Wissensgewinn erfahren. Objektiv haben beide Gruppen ihr Wissen steigern können und auch die Bewertung der Motivation war fast identisch.

## 1. Einleitung und Motivation

Im Bildungsbereich wird Game-based Learning (GBL) als ein vielversprechender Ansatz gesehen, um Lernende zu motivieren, sich engagierter und intensiver mit Lerninhalten zu beschäftigen. Dabei gibt es zwei Ausgestaltungsformen: Gamification und Serious Game. Gamification ist definiert als der Einsatz spieltypischer Elemente in einem nicht spielerischen Kontext. Bei Serious Games handelt es sich hingegen um vollwertig entwickelte Spiele (Deterding, 2011). Durch den Einsatz von Spielen im Lernprozess kann die Kreativität und das Lernen gefördert werden, so dass eine positive Beeinflussung des Lernerfolgs möglich ist (Eckardt & Robra-Bissantz, 2018). Um Lernerfolg möglichst gezielt zu unterstützen, steht bei der Entwicklung von GBL das Design der Anwendung neben dem Zusammenwirken und der Ausgestaltung eingesetzter Spielelemente im Fokus. Ein häufig eingesetztes Spielelement ist die begleitende Hintergrundgeschichte, innerhalb derer die Lernenden agieren. Im Bereich der kommerziellen Computerspiele konnte bereits nachgewiesen werden, dass eine realitätsnahe Spielgeschichte inspirierend wirkt und das Spiel dadurch an Attraktivität für die Spielenden gewinnt (Olson, 2010). Im Bildungskontext haben Kruse et al. (2014) aufgrund der Popularität von Vampirserien und -filmen eine entsprechende Geschichte und Charaktere beim spielerischen Lernen von Mathematik gewählt. Allerdings konnten sich viele Studierende damit nicht identifizieren und fühlten sich nicht ernst genommen, wodurch ein hoher Teilnehmerschwund in der Nutzung der Plattform auftrat. In einem Serious Game zum Lernen von Informationskompetenz reisen die Studierenden eines technischen Studiengangs zu einer fiktiven Forschungsexpedition, was einer realitätsnäheren Geschichte entspricht. Das Konzept hat zu einer hohen Motivation geführt und konnte positive Ergebnisse in Hinblick auf den Wissensgewinn erzielen (Eckardt & Robra-Bissantz, 2018). Diese positiven Effekte sind jedoch nicht eindeutig auf die Wahl der Spielgeschichte zurückzuführen. Daher wird im Rahmen dieses Beitrags eine Vergleichsstudie anhand eines Serious Games zum Erlernen der Präsentationskompetenz durchgeführt, wobei eine realitätsnahe gegen eine fiktive Spielgeschichte und deren Beeinflussung des Lernerfolgs getestet wird.

## 2. Design der Studie

Zur Untersuchung des Einflusses der Identifikation mit der Spielgeschichte auf den Lernerfolg wird ein Serious Game in Form eines Brettspiels zum Erlernen der Präsentationskompetenz für das Experiment verwendet.

Es wird eine vergleichende Studie in Form eines Laborexperiments durchgeführt, in der mehrere Probanden im Rahmen einer vordefinierten Geschichte miteinander ein Brettspiel spielen. In Abbildung 1 ist das Spielfeld und ein Beispiel für eine Ereignis- und Wissenskarte visualisiert.

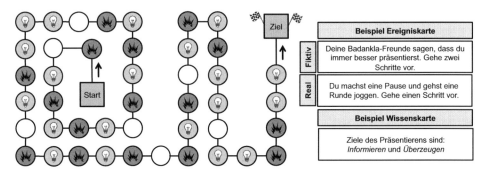

Abbildung 1: Spielfeld und Beispiel einer Ereignis- und Wissenskarte (eigene Darstellung)

Bei der aktiven Brettspielpartie erhalten die Probanden jeweils per Wissenskarte einen neuen Lerninput, welcher später in einem Fragebogen abgeprüft wird. Ereigniskarten werden gezogen, wenn die Probanden auf Feldern mit Explosionen landen. Im Gegensatz dazu werden Wissenskarten gezogen, wenn die Probanden auf Feldern mit Lampen landen. Das vergleichende Experiment unterscheidet sich dabei durch zwei Subformen:
- Experiment A mit einer fiktiven Spielgeschichte
- Experiment B mit einer realitätsnahen Spielgeschichte

Die Durchführung des Experiments wird mit dem Ausfüllen der Pre-Fragebögen gestartet, mit denen das Vorwissen abgefragt wird. Im Anschluss wird nach kurzer Spielerklärung das Spiel gespielt. Zur Beeinflussung des Identifizierungsgrads mit der GBL-Anwendung bekommt jeder Teilnehmende einen Avatar mit einer entsprechenden Geschichte zugewiesen. Nach Beendigung des Spiels werden die Post-Fragebögen, mit Fragen zur Identifikation, zum Wissen und zur Motivation ausgefüllt. Die Messung des Lernerfolgs erfolgt anhand der Wissensveränderung und der Motivation. Das Wissen wird hierbei subjektiv nach der Skala von Flynn und Goldsmith (1999) mit einer 5-stufigen Likert-Skala (1 = trifft zu, …, 5 = trifft nicht zu) und objektiv über Wissensfragen erhoben, wobei die Fragetypen Freitextaufgaben und Multiple-Choice-Aufgaben sind, um durch dessen Beantwortung das Erreichen der Lernziele zu überprüfen. Beispielsweise mussten die Ziele des Präsentierens genannt oder Prozessschritte des Präsentierens erkannt werden. Zur Motivationsmessung wurde die auf Basis des ARCS Modells von Keller (1987) und auf den Kontext des GBL angepasste Skala von Chen und Chan (2008) verwendet. Mithilfe der Skala wird die Motivation über folgende Dimensionen gemessen: Aufmerksamkeit, Relevanz, Herausforderung und Zufriedenheit. Alle Items des Modells wurden mit Ausnahme von „Ich freue mich auf die kommende Sitzung, um dieses Spiel zu nutzen." (Dimension Zufriedenheit) für die Messung herangezogen. Da das Brettspiel nur während der Durchführung des Experiments für das Erlernen von Präsentationskompetenz genutzt wird, wurde auf die Abfrage dieses Items verzichtet. Zur Einschätzung der Dimensionen wurde ebenfalls die 5-stufige Likert-Skala (1 = trifft zu, …, 5 = trifft nicht zu) verwendet. Die Identifikation wurde ebenfalls durch Fragen zur Selbsteinschätzung mithilfe der 5-stufigen Likert-Skala erhoben (Homburg, Wieseke & Hoyer, 2009).

## 3. Ergebnisse der Studie

An dem Experiment haben insgesamt 62 Probanden mit einem Durchschnittsalter von 25 Jahren teilgenommen (45 männlich; 17 weiblich), davon 31 Personen bei der fiktiven (Gruppe A) und 31 Personen bei der realitätsnahen (Gruppe B) Spielgeschichte.

In Tabelle 1 sind die einzelnen Items zur Erhebung der Identifikation mit der Spielgeschichte enthalten, wobei die Mittelwerte (MW) und Standardabweichungen (SD) vergleichend von der fiktiven und realitätsnahen Geschichte festgehalten sind. Zur Untersuchung des Unterschieds wurde ein T-Test für unabhängige Stichproben durchgeführt. Der zuvor durchgeführte Shapiro-Wilks-Test zur Überprüfung der Verteilung beider Stichproben ergab, dass die Daten normalverteilt sind. Außerdem bestätigte der Levene Test Varianzhomogenität. Die Ergebnisse des T-Tests ($MW_A$ = 3,63; $SD_A$ = 0,67; $MW_B$ = 2,95; $SD_B$ = 0,79; T = 3,615; p = 0,001) zeigen, dass die Unterschiede in den Mittelwerten signifikant sind. Das bedeutet, dass die Identifikation mit der realitätsnahen Spielgeschichte höher ist als mit der fiktiven Geschichte.

Tabelle 1: Mittelwerte und Standardabweichungen der Identifikation

| Items zur Messung der Identifikation | Fiktive Geschichte | | Realitätsnahe Geschichte | |
|---|---|---|---|---|
| | MW | SD | MW | SD |
| Ich fühle mich mit der Geschichte verbunden. | 3,77 | 1,02 | 2,84 | 1,07 |
| Ich fühle mich der Geschichte zugehörig. | 3,81 | 1,11 | 2,97 | 1,04 |
| Ich kann mich mit dieser Geschichte identifizieren. | 2,81 | 1,28 | 2,77 | 1,12 |
| Diese Geschichte passt zu mir. | 3,74 | 1,06 | 2,77 | 0,99 |

Das subjektive Wissen vor Durchführung des Experiments hat sich zwischen den beiden Gruppen (fiktiv und realitätsnah) nicht unterschieden. Das ergab der T-Test ($MW_{PRE\_A}$ = 2,73; $SD_{PRE\_A}$ = 0,90; $MW_{PRE\_B}$ = 2,88; $SD_{PRE\_B}$ = 1,0; T = -0,64; p = 0,527). Auch nach dem Erlernen von Präsentationskompetenz mit dem Brettspiel ergab der T-Test ($MW_{POST\_A}$ = 2,27; $SD_{POST\_A}$ = 0,76; $MW_{POST\_B}$ = 2,50; $SD_{POST\_B}$ = 0,96; T = -1,062; p = 0,293) keine Unterschiede im subjektiven Wissen zwischen beiden Gruppen. Die Spielgeschichte scheint demnach keinen Einfluss auf die Selbsteinschätzung des Wissens zu haben. Die Gruppe mit der fiktiven Spielgeschichte hat jedoch einen signifikanten subjektiven Wissensgewinn erfahren, was ein T-Test (T = 2,136; p = 0,037) zwischen den beiden Messzeitpunkten gezeigt hat. Die Gruppe mit der realitätsnahen Spielgeschichte hat hingegen keinen subjektiven Wissensgewinn erfahren (T = 1,453; p = 0,151).

Um mit den Ergebnissen der objektiven Wissensfragen arbeiten zu können, wurden diese vereinheitlicht. Aus der Tabelle 2 geht hervor, dass beide Gruppen einen signifikanten objektiven Wissensgewinn erfahren haben.

Tabelle 2: Objektives Wissen aus Pre- und Post-Test

| Spielversion | Pre-Test | | Post-Test | | T | p |
|---|---|---|---|---|---|---|
| | MW | SD | MW | SD | | |
| Fiktive Geschichte | 0,35 | 0,17 | 0,73 | 0,18 | -8,321 | 0,000 |
| Realitätsnahe Geschichte | 0,39 | 0,13 | 0,79 | 0,17 | -10,394 | 0,000 |

Inwieweit sich die Motivation der beiden Versuchsgruppen unterscheidet, zeigen die Ergebnisse des T-Tests (Tab. 3). Die Mittelwerte der beiden Versuchsgruppen unterscheiden sich hinsichtlich der einzelnen Motivationsdimensionen nicht signifikant.

Tabelle 3: Motivation fiktive vs. realitätsnahe Spielgeschichte

| Motivationsdimensionen | Fiktive Geschichte | | Realitätsnahe Geschichte | | T | p |
|---|---|---|---|---|---|---|
| | MW | SD | MW | SD | | |
| Aufmerksamkeit | 2,43 | 0,71 | 2,31 | 0,77 | 0,599 | 0,551 |
| Relevanz | 2,57 | 0,53 | 2,35 | 0,95 | 1,113 | 0,272 |
| Herausforderung | 2,23 | 0,74 | 2,10 | 0,85 | 0,586 | 0,560 |
| Zufriedenheit | 3,03 | 0,76 | 2,89 | 0,81 | 0,684 | 0,496 |

Mithilfe des Korrelationskoeffizienten nach Spearman wurden bivariate Korrelationsanalysen zwischen der Identifikation mit der Spielgeschichte und dem Lernerfolg, bestehend aus dem Wissensgewinn (objektiv und subjektiv) und der Motivation, durchgeführt. Die Ergebnisse sind in Tabelle 4 zusammengefasst.

Tabelle 4: Korrelationsanalyse Identifikation und Lernerfolg

| | | | Identifikation |
|---|---|---|---|
| Wissensgewinn (objektiv) | Fiktive Geschichte | $r_{SP}$ | 0,096 |
| | | p | 0,606 |
| | Realitätsnahe Geschichte | $r_{SP}$ | -0,144 |
| | | p | 0,441 |
| Wissensgewinn (subjektiv) | Fiktive Geschichte | $r_{SP}$ | -0,175 |
| | | p | 0,348 |
| | Realitätsnahe Geschichte | $r_{SP}$ | -0,207 |
| | | p | 0,264 |
| Motivation | | | |
| Aufmerksamkeit | Fiktive Geschichte | $r_{SP}$ | 0,613 |
| | | p | 0,000 |
| | Realitätsnahe Geschichte | $r_{SP}$ | 0,299 |
| | | p | 0,102 |
| Relevanz | Fiktive Geschichte | $r_{SP}$ | 0,344 |
| | | p | 0,058 |
| | Realitätsnahe Geschichte | $r_{SP}$ | 0,340 |
| | | p | 0,061 |
| Herausforderung | Fiktive Geschichte | $r_{SP}$ | 0,560 |
| | | p | 0,00 |
| | Realitätsnahe Geschichte | $r_{SP}$ | 0,551 |
| | | p | 0,001 |
| Zufriedenheit | Fiktive Geschichte | $r_{SP}$ | 0,458 |
| | | p | 0,010 |
| | Realitätsnahe Geschichte | $r_{SP}$ | 0,544 |
| | | p | 0,002 |

Es besteht kein Zusammenhang zwischen der Identifikation und dem objektiven Wissensgewinn. Auch zwischen der Identifikation und dem subjektiven Wissensgewinn besteht kein Zusammenhang. Für die fiktive Spielgeschichte besteht zwischen den Motivationsdimensionen Aufmerksamkeit, Herausforderung und Zufriedenheit ein schwacher positiver Zusammenhang zur Identifikation mit der Spielgeschichte. Der Signifikanztest mit einem p-Wert von unter 5 % zeigt, dass ein hoch signifikanter Zusammenhang vorliegt und zwar insofern, als mit steigender Identifikation die Motivation hinsichtlich dieser Dimensionen steigt und umgekehrt. Mit einer Erhöhung der Signifikanzgrenze auf 10 % kann auch ein Zusammenhang zwischen der Identifikation und der Motivationsdimension Relevanz festgestellt werden. Bei der Betrachtung der Ergebnisse für die realitätsnahe Spielgeschichte variieren die Werte. Für die Motivationsdimensionen Zufriedenheit und Herausforderung besteht ebenfalls ein hoch signifikanter Zusammenhang zur Identifikation. Für die Dimensionen Relevanz und Herausforderung hingegen nur bei einer Erhöhung der Signifikanzgrenze auf ca. 10 %.

## 4. Schlussbemerkungen

Die Ergebnisse sind nicht eindeutig, um daraus Gestaltungsrichtlinien für die Integration einer Geschichte in eine Game-based-Learning-Anwendung in Hinblick auf das Erreichen eines hohen Lernerfolgs abzuleiten. Dazu sind weiterführende Untersuchungen notwendig. Beispielsweise sollte die Studie wiederholt werden, mit anderen Spielkonzepten und Lerninhalten unter Beibehaltung der fiktiven und realitätsnahen Spielgeschichte. Auch die Übertragung des Brettspiels in eine digitale Anwendung ist denkbar. Hierbei könnte untersucht werden, inwiefern sich die Beeinflussung der Identifikation mit der Spielgeschichte auf den Lernerfolg online und offline unterscheidet. Auch das Hinzuziehen weiterer Einflussfaktoren des Lernerfolgs (z. B. Lernintensität oder Qualität des Lernangebots) könnten detailliertere Erkenntnisse bezogen auf die Identifikation mit der Spielgeschichte liefern.

## Literatur

Chen, Z. H. & Chan, T. W. (2008). Learning by substitutive competition: Nurturing my-pet for game competition based on open learner model. In *Proceedings of the International Conference on Digital Games and Intelligent Toys Based Education* (S. 124–131).

Deterding, S., Dixon, D., Khaled, R. & Nacke, L. (2011). From game design elements to gamefulness: defining gamification. In *Proceedings of the 15th international academic MindTrek conference: Envisioning future media environments* (S. 9–15). ACM.

Eckardt, L. & Robra-Bissantz, S. (2018). Learning Success: A Comparative Analysis of a Digital Game-Based Approach and a Face-to-Face Approach. In *Proceedings der 31th Bled eConference Digital Transformation – Meeting the Challenges* (S. 331–343).

Flynn, L. R. & Goldsmith, R. E. (1999). A Short, Reliable Measure of Subjective Knowledge. *Journal of Business Research, 46*(1), 57–66.

Homburg, C., Wieseke, J. & Hoyer, W. D. (2009). Social identity and the service–profit chain. *Journal of Marketing, 73*(2), 38–54.

Keller, J. M. (1987). Strategies for stimulating the motivation to learn. *Performance+Instruction, 26*(8), 1–7.

Kruse, V., Plicht, C., Spannagel, J., Wehrle, M. & Spannagel, C. (2014). Creatures of the Night: Konzeption und Evaluation einer Gamification-Plattform im Rahmen einer Mathematikvorlesung. In *DeLFI Workshops* (S. 246–253).

Olson, C. K. (2010). Children's Motivation for Video Game Play in the Context of normal Development. *Review of General Psychology, 14,* 180–187.

*Nine Reining, Lena C. Müller-Frommeyer, Frank Höwing, Bastian Thiede, Stephanie Aymans, Christoph Herrmann und Simone Kauffeld*

# Evaluation neuer Lehr-Lern-Medien in einer Lernfabrik
# Eine Usability-Studie zu App- und AR-Anwendungen

## 1. Einleitung

Unsere Arbeitswelt wird zunehmend von Digitalisierung und Automatisierung geprägt. Umfragen zeigen, dass Digitalisierung in Wirtschaftsunternehmen mit steigenden Tendenzen als eines der wichtigsten zukunftsweisenden Handlungsfelder eingeschätzt wird (Hays AG, 2017). Gemeinsam mit der Digitalisierung unseres Alltags und dem stetigen technologischen Fortschritt wirken diese Entwicklungen als Treiber der Digitalisierung auch in der Hochschullehre (Schneider, 2017). Wenn digitale Medien und Systeme für die Hochschullehre neu entwickelt werden, sollte jedoch sichergestellt werden, dass diese sowohl inhaltlich nachvollziehbar als auch angenehm und möglichst intuitiv in der Nutzung sind (Duckwitz & Leuenhagen, 2004). Hierfür bietet sich die Untersuchung der Usability neuer digitaler Medien und Systeme an, bevor deren Einsatz in Lehrveranstaltungen erfolgt. So können die Qualität der Lehre und die Annahme der neuen Medien durch die Studierenden sichergestellt werden.

## 2. Hintergrund und Zielsetzung der Studie

Die Technische Universität Braunschweig verfügt über eine Lernfabrik. Ein Teil dieser ist die sogenannte Experimentierfabrik, welche als herunterskalierte, modular aufgebaute, verkettete Produktion gestaltet ist (Posselt, Böhme, Aymans, Herrmann & Kauffeld, 2016). An dieser arbeiten Studierende in Kleingruppen vorlesungsbegleitend eigenständig an Forschungsfragen. Künftig sollen die Studierenden mithilfe digitaler Medien mit der Experimentierfabrik und der Fabrikhalle vertraut gemacht, in sicherheitsrelevante Aspekte eingeführt und durch verschiedene, komplexer werdende Aufgabenstellungen zur Energie- und Ressourceneffizienz geführt werden. Hierzu wurden eine Tablet-App und eine Augmented-Reality-Anwendung (AR) entwickelt. Zum Zeitpunkt der Untersuchung waren diese in der Entwicklung und sollten iterativ verbessert werden.

Das primäre Ziel der vorliegenden Studie ist die Ableitung von Empfehlungen zur Gestaltung und inhaltlichen Optimierung der zwei entwickelten Lehr-Lernsysteme zum erfolgreichen Einsatz dieser in der Hochschullehre. Nachfolgend werden nur jene Instrumente berichtet, die zur Untersuchung der Usability eingesetzt wurden.

## 3. Untersuchungsdurchführungen und Messverfahren

Die Untersuchungen fanden an der Experimentierfabrik der Technischen Universität Braunschweig statt und umfassten einen Nutzertest mit Fragebogenerhebung und Videofeedback sowie eine Expert*innenbefragung. Evaluiert wurden jeweils die zwei Einführungsszenarien (Einführung in die Lernfabrik, Sicherheitsunterweisung) sowie drei Anwendungsszenarien (Strom messen, Spannung messen, Leistung berechnen).

### 3.1 Untersuchung der Usability durch potenzielle Nutzende

Usability-Evaluationen können ökonomisch mit fünf potenziellen Nutzenden durchgeführt werden, da diese 85 % aller Usability-Probleme aufdecken können (Nielsen, 2012). Die vorliegende Studie erfolgte mit elf Ingenieurstudierenden im Master (weiblich: $n = 6$; Alter: $M = 24{,}7$ Jahre [$SD = 2{,}2$ Jahre]). Die Teilnehmenden hatten keine Vorkenntnisse zur Arbeit an der Experimentierfabrik und nahmen ohne Kompensation freiwillig an der Studie teil.

Alle Teilnehmenden nahmen einzeln unter Anleitung einer geschulten Versuchsleitung an der Studie teil. Sie wurden zufällig den Bedingungen AR ($n = 6$) und App ($n = 5$) zugeteilt. Je nach Zuteilung nutzten sie für die Einführungsszenarien entweder die Tablet-App oder die AR-Anwendung. Die anschließenden Anwendungsszenarien absolvierten alle mithilfe der Tablet-App.

Zu Beginn der Studie, nach den Einführungsszenarien und am Ende der Studie füllten die Teilnehmenden Fragebögen aus. Während der Erprobung der Szenarien wurden die Bildschirmbewegungen auf den Mediengeräten mit einem Screenrecorder aufgenommen. Am Ende der Einführungsszenarien sowie nach jedem Anwendungsszenario konnten die Teilnehmenden anhand der Aufnahmen Auffälligkeiten berichten.

Die Fragebögen zu Studienbeginn erhoben demografische Aspekte (z. B. Alter). Nach den Einführungsszenarien sollte in einem weiteren Fragebogen die Usability des genutzten Mediums (App bzw. AR) mithilfe der System Usability Scale (SUS; Brooke, 1996) und der Handheld Augmented Reality Usability Scale (HARUS; Santos et al., 2014) eingeschätzt werden. Die SUS misst die Usability und Lernförderlichkeit eines Systems (zehn Items, fünfstufige Skala; z. B. „Ich fand das System unnötig komplex."). Da die untersuchten digitale Lehr-Lernsysteme in der Hand gehalten werden, wurde zudem die HARUS eingesetzt (16 Items, fünfstufige Skala; z. B. „Ich empfand es als schwierig das Gerät zu halten während der Bedienung der Anwendung.").

Im Fragebogen nach Abschluss aller Szenarien sollten die Teilnehmenden die Usability des nun genutzten Mediums (App) erneut mithilfe der SUS und der HARUS einschätzen. Die Usability des Gesamtsystems sollte zudem mithilfe des Fragebogens zur ISONORM 9241/10 (Prümper & Anft, 1993) bewertet werden (sieben Skalen mit je fünf Items; siebenstufige, bipolare Skala; z. B. „Die Software …" „… erfordert viel Zeit zum Erlernen"/„… erfordert wenig Zeit zum Erlernen."). Zusätzlich konnten die Teilnehmenden Anmerkungen zu jedem Grundsatz notieren.

## 3.2 Untersuchung der Usability durch Expert*innen

In einer weiteren Usability-Studie wurden drei Expert*innen (männlich: $n = 3$) befragt, die nicht an der Konzeption der zu bewertenden Lehr-Lern-Systeme beteiligt waren: ein Ingenieur und Hochschullehrer, ein Softwareentwickler sowie ein Psychologe aus dem Bereich der Softwareentwicklung. Für ein optimales Kosten-Nutzen-Verhältnis empfiehlt Nielsen (1992) die Befragung von drei bis fünf Expert*innen.

Die Expert*innen nahmen einzeln unter Anleitung einer geschulten Versuchsleitung an der Studie teil. Während der Befragungen wurden die Einführungsszenarien mit beiden Medien durchlaufen; die Anwendungsszenarien wurden auch hier mithilfe der Tablet-App absolviert. Während der Durchführung verbalisierten die Expert*innen alle Auffälligkeiten. Diese wurden von der Versuchsleitung mitgeschrieben. Im Anschluss bewerteten die Expert*innen das System mithilfe eines Fragebogens zur heuristischen Evaluation (Nielsen, 1994). Diesem liegen zehn Heuristiken zur Einschätzung der Usability eines Systems zugrunde, welche mithilfe von 62 Items erhoben wurden. Jedes Item kann mit „ja", „nein" oder „N/A" (keine Antwort) beantwortet werden. In Falle von „nein" ist der Schweregrad der Usability-Verletzung auf einer fünfstufigen Skala einzuschätzen.

## 4. Ergebnisse

Die Ergebnisaufbereitung erfolgte qualitativ, indem auf Screenshots der Medien alle relevanten Anmerkungen und Veränderungsvorschläge der Studierenden sowie Expert*innen markiert und notiert wurden, um eine Überarbeitung zu erleichtern. Zudem wurden die erhobenen Skalen quantitativ statistisch ausgewertet.

## 4.1 Ergebnisse der Untersuchung der Usability durch potenzielle Nutzende

Die Anmerkungen und Veränderungsvorschläge der Studierenden waren zumeist layout- oder inhaltsbezogen. Hinsichtlich der Tablet-App wurde zum Layout z. B. angemerkt, dass die Schrift zum Teil als zu klein, die Tastatur als zu groß empfunden wurde. In Bezug auf die Inhalte war z. B. die Aufgabenstellung nicht immer klar. Die Studierenden wünschen sich detailliertere Beschreibungen der Stationen der Experimentierfabrik. Hinsichtlich der AR-Anwendung berichteten die Nutzenden unter anderem, dass nicht alle Funktionen gefunden wurden. Zudem empfanden einige es als verwirrend, dass die mithilfe von AR abgebildeten Hinweis- und Warnschilder zu realistisch und so nicht immer von realen Zeichen zu unterscheiden seien. Bezüglich der inhaltlichen Ausgestaltung wurde den Nutzenden z. B. auch hier zum Teil die Aufgabenstellung nicht intuitiv klar. Ebenso wurde berichtet, dass die AR-Anwendung als ablenkend empfunden wird, da die Umgebung in den Hintergrund der Wahrnehmung gerät.

Die SUS und die HARUS wurden entsprechend der Autor*innenvorgaben ausgewertet (Brooke, 1996; Santos et al., 2014), sodass beide Skalen eine Wertebereich von 0 (minimale Usability) bis 100 (maximale Usability) aufweisen (vgl. Tab. 1). Für die Einführungsszenarien wurde die Usability der Tablet-App von der entsprechenden Nutzendengruppe etwas besser bewertet, als die Usability der AR-Anwendung von ihrer Nutzendengruppe. Die Tablet-App wurde für die Anwendungsszenarien hinsichtlich ihrer Usability etwas schlechter bewertet, als für die Einführungsszenarien.

Tabelle 1: Usablitybewertungen der Szenarien durch Nutzende.

|  | Einführungsszenarien | | | | Anwendungsszenarien | |
|---|---|---|---|---|---|---|
|  | Tablet-App | | AR-Anwendung | | Tablet-App | |
|  | SUS | HARUS | SUS | HARUS | SUS | HARUS |
| n | 5 | 5 | 6 | 6 | 10 | 11 |
| M | 81,50 | 71,46 | 67,08 | 65,28 | 67,50 | 67,80 |
| SD | 7,20 | 3,87 | 14,44 | 7,92 | 14,14 | 6,82 |
| Min | 70,00 | 66,67 | 50,00 | 53,13 | 37,50 | 54,17 |
| Max | 87,50 | 77,08 | 85,00 | 76,04 | 82,50 | 77,08 |

Anmerkungen: n = Anzahl der Probanden; M = Mittelwert; SD = Standardabweichung; Min = Minimum; Max = Maximum.

Die abschließende Bewertung des Gesamtsystems durch die Nutzenden zeigt, dass die Usability für alle gemessenen Aspekte im positiven Bereich liegt. Gleichzeitig besteht ebenso für alle Aspekte Verbesserungspotenzial (vgl. Tab. 2).

Tabelle 2: Gesamtsystembewertung durch Nutzende anhand der ISONORM 9241/10.

| Skala | n | M | SD | Min | Max |
|---|---|---|---|---|---|
| Aufgabenangemessenheit | 11 | 5,00 | 1,05 | 3,20 | 6,40 |
| Selbstbeschreibungsfähigkeit | 11 | 4,47 | 1,24 | 2,40 | 6,20 |
| Erwartungskonformität | 11 | 5,24 | 1,59 | 1,80 | 7,00 |
| Lernförderlichkeit | 11 | 5,25 | 1,07 | 3,00 | 6,60 |
| Steuerbarkeit | 11 | 5,04 | 0,97 | 3,60 | 6,40 |
| Fehlertoleranz | 11 | 4,91 | 0,96 | 3,60 | 7,00 |
| Individualisierbarkeit | 11 | 4,73 | 1,88 | 1,00 | 7,00 |

Anmerkungen: n = Anzahl der Probanden; M = Mittelwert; SD = Standardabweichung; Min = Minimum; Max = Maximum; Skala: 1 „---" bis 7 „+++".

## 4.2 Ergebnisse der Untersuchung der Usability durch Expert*innen

Die Expert*innen fanden hinsichtlich der Benutzungsfreundlichkeit des Gesamtsystems primär Nachbesserungsbedarf hinsichtlich folgender vier Punkte (vgl. Tab. 3): 1. Übereinstimmung zwischen System und realer Welt (z. B. verwendete Sprache nicht eindeutig und/oder nicht einfach), 2. Benutzungskontrolle und Freiheit (Zurückkommen auf vorherige Seite/Homepage unklar), 3. Konsistenz und Standards (z. B. Navigation nicht konsistent) sowie 4. Hilfe, Dokumentation (Inhalte von Menü-Punkten nicht eindeutig). Auch weitere Anmerkungen waren übereinstimmend mit denen der Studierenden.

Tabelle 3: Systembewertung der Expert*innen anhand der Heuristiken nach Nielsen (1994).

| Heuristik | I | Kriterium erfüllt i | Kriterium nicht erfüllt i | M (i) | N/A i |
|---|---|---|---|---|---|
| Sichtbarkeit des Systemstatus | 11 | 5 | 3 | 2,17 | 3 |
| Übereinstimmung zwischen System und realer Welt | 5 | 2 | 3 | 2,67 | 0 |
| Benutzungskontrolle, Freiheit | 8 | 4 | 1 | 3,50 | 3 |
| Konsistenz, Standards | 16 | 5 | 7 | 2,50 | 4 |
| Unterstützung beim Erkennen, Verstehen, Bearbeiten von Fehlern | 5 | 3 | 2 | 1,75 | 0 |
| Fehler vermeiden | 3 | 1 | 2 | 2,25 | 0 |
| Erkennen vor Erinnern | 2 | 2 | 0 | - | 0 |
| Flexibilität, effiziente Nutzung | 2 | 0 | 2 | 1,00 | 0 |
| ästhetisches, minimalistisches Design | 6 | 6 | 0 | - | 0 |
| Hilfe, Dokumentation | 4 | 3 | 1 | 3,00 | 0 |

Anmerkungen: I = Gesamtanzahl der Items; i = Teilanzahl der Items; M = Mittelwert (Skala: 1 „gar kein Problem vorhanden" bis 5 „Usability-Katastrophe"); N/A = nicht anwendbar.

## 5. Zusammenfassung und Ausblick

Usability-Studien mit potenziellen Nutzenden und Expert*innen stellen einen guten Testlauf für ein neues System dar. Sie ermöglichen eine umfassende Fehlersuche und einen neuen Blick auf das Medium bzw. die Anwendung. In den vorliegenden Studien wurden mittlere bis gute Werte erreicht. Die Ergebnisse der Usability-Skalen geben einen guten Gesamteindruck, wie nutzerfreundlich das System bereits empfunden wird. Die Besprechungen der Bildschirmaufnahmen zeigen zudem konkrete Schwachstellen (z. B. Verwendung nicht bekannter Fachbegriffe) und Verbesserungsmöglichkeiten (z. B. Wunsch nach digitalem Taschenrechner) auf. Auffällig ist, dass die Ergebnisse der Nutzenden und der Expert*innen eine hohe Übereinstimmungsrate haben: Beide Gruppen fanden in Summe zumeist die gleichen Fehler und berichteten die gleichen Probleme. Besonders die Expert*innen lieferten in ihren Antworten häufig zusätzlich Optimierungsvorschläge. Die Ergebnisse der Usability-Studien wurden im Entwicklungsteam diskutiert, sortiert (Inhalte, Konzeption, IT), priorisiert und werden nun bearbeitet. Im Zuge einer iterativen Entwicklung neuer digitaler Lehr-Lernmedien können im weiteren Verlauf erneut Usability-Studien durchgeführt werden, um die umgesetzten Veränderungen zu evaluieren und nötige weitere Verbesserungen der Systeme zu dokumentieren.

Aufgrund des hohen Zugewinns empfehlen die Autor*innen in Usability-Studien zu neuen digitalen Medien und Systemen für die Hochschullehre neben quantitativen stets auch qualitative Daten auf Nutzenden- und Expert*innenseite zu erheben. Skalen wie die SUS geben einen guten Überblick über die Usability der Systeme. Im Lehr-Lernkontext sind besonders die Skala *Lernförderlichkeit* der ISONORM 9241/10 (z.B. „Das System ist so gestaltet, dass sich einmal Gelerntes gut einprägt.") und der Aspekt *Hilfe, Dokumentation* der Heuristiken zur Benutzungsfreundlichkeit relevant. Gute Ergebnisse in diesen Bereichen können gewährleisten, dass Medien bzw. Systeme lernunterstützend sind und Studierende auf verfügbare Hilfestellungen einfach zugreifen können. Da Usability-Studien auch mit sehr kleinen Stichproben einen hohen Mehrwert für die Entwicklung digitaler Medien und Systeme in der Hochschullehre haben, sollten sie in jeden Entwicklungsprozess mit eingebunden werden. In der Literatur gibt es eine Vielzahl von Fragebogeninstrumenten, die dabei je nach Kontext eingesetzt werden können.

## Literatur

Brooke, J. (1996). SUS – A quick and dirty usability scale. In P. W. Jordan, B. Thomas, B. A. Weerdmeester & I. L. McClelland (Eds.), *Usability Evaluation In Industry* (pp. 189–194). London: Taylor & Francis.

Duckwitz, A. & Leuenhagen, M. (2004). Usability und E-Learning – Rezeptionsforschung für die Praxis. In D. Carstensen & B. Barrios (Hrsg.), *Campus 2004. Kommen die digitalen Medien an den Hochschulen in die Jahre?* (S. 36–45). Münster: Waxman.

Hays AG. (2017). *HR-Report 2017: Schwerpunkt Kompetenzen für eine digitale Welt*. Hays AG, Institut für Beschäftigung und Employability IBE. Abgerufen unter: https://www.hays.de/personaldienstleistung-aktuell/studie/hr-report-2017

Nielsen, J. (1992). Finding usability problems through heuristic evaluation. In *Proceedings of the SIGCHI conference on Human factors in computing systems – CHI '92* (pp. 373–380). New York, New York, USA: ACM Press. https://doi.org/10.1145/142750.142834

Nielsen, J. (1994). Heuristic Evaluation. In J. Nielsen & R. L. Mack (Eds.), *Usability Inspection Methods* (pp. 25–62). New York: John Wiley & Sons.

Nielsen, J. (2012). *How Many Test Users in a Usability Study?* Retrieved January 17, 2019, from https://www.nngroup.com/articles/how-many-test-users/

Posselt, G., Böhme, S., Aymans, S., Herrmann, C. & Kauffeld, S. (2016). Intelligent Learning Management by Means of Multi-sensory Feedback. *Procedia CIRP, 54*, 77–82. https://doi.org/10.1016/j.procir.2016.05.061

Prümper, J. & Anft, M. (1993). Die Evaluation von Software auf Grundlage des Entwurfs zur internationalen Ergonomie-Norm ISO 9241 Teil 10 als Beitrag zur partizipativen Systemgestaltung – ein Fallbeispiel. In K. H. Rödiger (Hrsg.), *Software-Ergonomie '93* (S. 145–156). Stuttgart: Teubner. https://doi.org/10.1007/978-3-322-82972-6_12

Santos, M. E. C., Taketomi, T., Sandor, C., Polvi, J., Yamamoto, G. & Kato, H. (2014). A usability scale for handheld augmented reality. In *Proceedings of the 20th ACM Symposium on Virtual Reality Software and Technology – VRST '14* (pp. 167–176). New York, New York, USA: ACM Press. https://doi.org/10.1145/2671015.2671019

Schneider, A. (2017). Hochschule 4.0 – Herausforderungen und Perspektiven der Digitalisierung von Bildungsdienstleistungen. In *Dienstleistungen 4.0* (S. 497–521). Wiesbaden: Springer Fachmedien Wiesbaden. https://doi.org/10.1007/978-3-658-17552-8_21

# Technik und Recht

*Norbert Kleinefeld*

# Editorial

Die Tracks „Technik und Lehrende" und „Technik für Studierende" behandeln die Themen Urheberrechts-Wissensgesellschafts-Gesetz, Open Educational Resources, automatisierte Programmierbewertung, kollaboratives Arbeiten in Fachwikis sowie eine neue Form der Audience-Response-Methode, welche das interaktive Arbeiten an einem Dokument und den Einsatz von modellierbaren 3D-Räumen zur Anwendung der Loci-Erinnerungstechnik erlaubt.

**„Technik und Lehrende"**
Nach den grundsätzlichen Neuerungen, die sich durch das seit 2018 geltende Urheberrechts-Wissensgesellschafts-Gesetz ergeben und dessen Auswirkungen auf Lehre und Forschung, haben Herr Perl und Herr Dr. Helmolz (TU Braunschweig) am Beispiel des Lehrstuhls für Informationsmanagement der TU Braunschweig herausgestellt, welche praktischen Herausforderungen sich ergeben und stellen Lösungsvorschläge dar, die als Handlungsempfehlungen für andere Institute und Lehrstühle dienen können.

Des Weiteren legen Frau Dr. Herbstreit (Projekt Multiplikator*innen für Open Educational Resources in Niedersachsen) und Frau Stummeyer (Technische Informationsbibliothek / Universitätsbibliothek Hannover) dar, welche unterstützenden Möglichkeiten sich für Lehrende ergeben, wenn sie freie Bildungsmaterialien in der Lehre einsetzen und insbesondere durch Bibliotheken zur Verfügung stellen.

**„Technik für Studierende"**
Neue Wege beschreiten Herr Prof. Loviscach (Ingenieurmathematik und techn. Informatik, FH Bielefeld) und Herr Dr. Magdowski (Medizintechnik, Otto-von-Guericke-Universität Magdeburg) in ihrem Beitrag. In diesem Audience Response Ansatz stehen keine Zahlen zur Abstimmung im Vordergrund, sondern die interaktive Bearbeitung von Dokumenten durch online präsentierbare Zeichnungen als aktives grafisches Element.

Herr Prof. Garmann (Hochschule Hannover), Herr Müller (Informatik, TU Clausthal) und Herr Rod (Ostfalia Hochschule f. angewandt. Wissenschaften, Wolfenbüttel) präsentieren verschiedene Systeme zur automatischen Bewertung von Programmieraufgaben und stellen das ProFormA-Aufgabenaustauschformat in der Praxis vor, das an die Lernmanagementsysteme Moodle, Stud.IP und LONCAPA angebunden werden kann.

Interaktive Diagramme, kollaborative Arbeit von Lernenden und Lehrenden in den Bereichen des Küsteningenieurwesens und der Akustik sind die Themenbereiche von Herrn Ring (Konstruktionstechnik, TU Braunschweig) und Herrn Tegethoff (Leichtweiß-Institut, TU Braunschweig), die sie anhand des flexiblen Online-Einsatzes von Wikis erläutern.

Schließlich stellt Herr Huttner (Wirtschaftsinformatik, TU Braunschweig) das Projekt eduPALACE vor. Mit Hilfe der Loki-Erinnerungstechnik haben Studierende 3D-Räume mit Objekten modelliert, um sich Lerninhalte besser merken zu können.

Diskussionen auf dem Kongress zeigten, dass insbesondere die Open Educational Resources noch einige Herausforderungen wie beispielsweise das Veröffentlichen von Materialien durch Personen, die nicht den akademischen Grad des Professors innehaben oder auch der Zivilklausel von Universitäten, die ihre Forschung ausschließlich zum Zwecke ziviler einsetzen wollen, in sich bergen. Auch die Lernplattformen standen im Fokus. Die Vernetzung der verschiedenen Angebote und das kollaborative Erarbeiten der Inhalte stand hier im Vordergrund. Positiv wurden zudem Vorstellungen der neuen methodischen Ansätze und Ideen zur Kollaboration aufgenommen.

Sabine Stummeyer

# Open Educational Resources im Hochschulbereich
## Neue Aufgaben für Bibliotheken

## 1. Einleitung

Das Potential von Open Educational Resources (OER) im Rahmen der Hochschullehre wurde zwar bereits erkannt, wird aber noch nicht voll ausgeschöpft. Dies könnte sich im Rahmen der Digitalisierung der Hochschullehre und der Transformation von Lehr- und Lernprozessen ändern. Hierbei können Hochschulbibliotheken, auch in Kooperation mit anderen Hochschuleinrichtungen, von ihrer langjährigen Erfahrung mit digitalen Medien profitierend eine wichtige Rolle übernehmen. Dieser Beitrag geht kurz auf die Herausforderungen, Bedenken und Vorteile ein, die OER im Bereich der Hochschullehre bieten, um dann die Chancen und Handlungsfelder von Bibliotheken im Bereich von OER aufzuzeigen.

## 2. Open Educational Resources – Entstehung und Definition

Die Vertreter von 17 internationalen und Nicht-Regierungsorganisationen trafen sich 2002 in Paris zum „Forum on the Impact of Open Courseware for Higher Education in Developing Countries". Diskutiert wurden Fragen des Urheberrechts im Zusammenhang mit dem freien Zugang zu OpenCourseWare über das Internet. In ihrem Abschlussbericht erklärten die Teilnehmer „… their satisfaction and their wish to develop together a universal educational resource available for the whole of humanity, to be referred to henceforth as Open Educational Resources."[1] Dieser Begriff wurde in den folgenden Jahren weiter entwickelt und diskutiert, sodass bis heute unterschiedliche Definitionen existieren. Weit verbreitet sind die Definitionen der UNESCO[2], der Hewlett Foundation[3] und der Europäischen Kommission[4], die OER als *„Lernressourcen, die frei und kostenlos genutzt, an die jeweiligen Bedürfnisse des Lernenden angepasst und weiterverbreitet werden können"* beschreiben.

In Deutschland entwickelte sich die Diskussion um OER circa ab 2013. Einzug in den Hochschulbereich hielten OER vermehrt erst durch die vom Bundesministerium für Bildung und Forschung geförderten 24 Projekte der „OER-Förderlinie"[5] im Jahr 2016.

---

1 UNESCO 2002, S. 6.
2 Vgl. Muuß-Merholz 2015.
3 Vgl. Atkins et al. 2007, S. 4.
4 Europäische Kommission 2013, S. 3.
5 Vgl. OERinfo o.J.

## 3. OER-Akteure im Bereich der Hochschule

Lehrenden und Studierenden stellen sich bei der erstmaligen Nutzung von OER im Bereich der Hochschule zahlreiche Fragen[6]
- *OER starten:* Für welche didaktischen Konzepte sind OER geeignet?
- *OER finden:* Wo und wie finde ich OER? Gibt es bereits spezielle Suchmaschinen oder Nachweise im Katalog der Hochschulbibliothek?
- *OER nutzen:* Welche Nutzung von OER erlauben die verschiedenen Lizenzen?
- *OER erstellen:* In welchem Kontext und für welche Zielgruppen sollen OER erstellt werden und mit welcher Lizenz mache ich sie für andere zugänglich? Worauf sollte bei der Nutzung freier Inhalte bereits bei der Erstellung einer OER geachtet werden?
- *OER lizenzieren:* Welche Lizenz ist die richtige für die eigene OER, wenn man unterschiedlich lizenzierte Inhalte nutzt? Wie sieht eine korrekte Lizenzangabe aus?
- *OER teilen:* Für wen eigenen sich die selbsterstellten OER und wie lassen sie sich mit anderen teilen?
- *OER bekanntmachen:* Wo können OER veröffentlicht werden, um eine einfache Auffindbarkeit, sowie eine hohe Reichweite und Verbreitung zu gewährleisten?

Im Bereich der Hochschulen beschäftigen sich unterschiedliche Akteure[7] mit diesen Fragen. Neben der Hochschulleitung sind dies Hochschullehrende und Studierende, E-Learning-, Rechen- und Medienzentren sowie Hochschulbibliotheken. Durch Kooperationen können sie Hochschulangehörige bei der Nutzung und Verbreitung von OER optimal unterstützen.

## 4. Herausforderungen und Vorteile beim Einsatz von OER

Mit dem Einsatz von OER im Rahmen der Hochschullehre verbinden sich zahlreiche Herausforderungen für die Lehrenden (Abbildung 1). Das sind zum Beispiel der steigende Bedarf an digitalen Inhalten, veränderte Lehr- und Lernprozesse sowie der Paradigmenwechsel von der Verbesserung der Materialqualität hin zur Verbesserung der Lehrqualität.[8]

Bedenken bestehen hauptsächlich hinsichtlich der rechtlichen Bedingungen, der Frage der Qualitätssicherung sowie des Kontrollverlustes bei einer Veröffentlichung von eigenem Material als OER.[9]

Die Vorteile, die OER hier bieten, sind hingegen noch nicht ausreichend bekannt. Neue kollaborative Werkzeuge ermöglichen neue Formen der Zusammenarbeit und fördern die Kultur des Teilens. Die Anpassung und Nachnutzung bestehenden Materials führt zu einer Zeitersparnis bei der Erstellung neuer Lehrmaterialien und die

---

6   Langfelder für OERinForm o.J.
7   OERinForm o.J.
8   Vgl. Stummeyer 2017, S. 11.
9   Vgl. Stummeyer 2018, S. 312.

Vergabe von CC-Lizenzen zu einer eindeutigen, rechtlichen Klarheit. Zudem führt die Sichtbarmachung der eigenen Forschung und Lehre zu einem Reputationsgewinn.

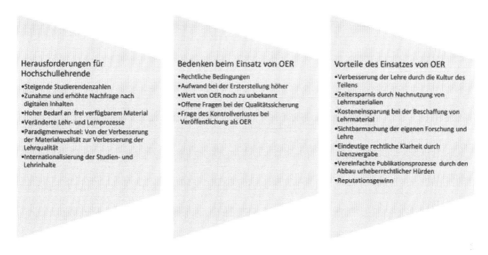

Abbildung 1: Herausforderungen, Bedenken und Vorteile des Einsatzes von OER in der Hochschullehre (eigene Darstellung)

## 5. Handlungsfelder für Bibliotheken

Hochschulbibliotheken sichern die Literaturversorgung der Lehrenden und Studierenden durch die Bereitstellung der Materialien, die diese für Lehre und Studium benötigen. Dabei handelt es sich längst nicht mehr ausschließlich um rein textbasierte Materialien in gedruckter Form. Ergänzt werden diese bereits jetzt zunehmend durch Nicht-Textuelle Materialien, wie Vorlesungsmittschnitte oder Videos.[10]

Mit den unterschiedlichen Formaten wie Lehrbüchern, Lehrplänen, Lehrveranstaltungskonzepten, Skripten, Aufgaben, Tests, Projekten, Audio-, Video- und Animationsformaten, aber auch Web Based Trainings, Simulationen oder Blogposts, die OER umfassen können, gelangen nun auch neue Materialformate in den Fokus und damit kommen auch neue Aufgaben auf Bibliotheken zu.

Für Hochschulbibliotheken stellen OER so ein weiteres Handlungsfeld dar, in das sie ihre Kompetenzen und ihr Know-how in den Bereichen Aquise, Erschließung und Management, Auffindbarkeit, Lizenzierung und rechtlichen Fragen, Publikation, Bestandserhaltung und Schulungen einbringen können.

### 5.1 Erwerbung von OER

Die Erweiterung des Erwerbungsprofils der Hochschulbibliotheken um Materialien, die als OER veröffentlicht wurden und deren sachliche und inhaltliche Erschließung,

---

10 S. a. TIB AV-Portal o.J.

stellen eine konsequente Weiterentwicklung der Kernleistungen der Bibliotheken dar.[11] Unabhängig davon, ob diese OER an der eigenen Einrichtung oder an anderen erstellt wurden. Ausschlaggebend ist hierbei nur, dass sie in das Sammelspektrum der Bibliothek passen.

Die bisher in Bibliotheken genutzten Erwerbungssysteme müssen hierfür um ein Versionierungssystem erweitert werden. Dieses muss in der Lage sein, alle vorausgegangenen Änderungen nachzuvollziehen und zu dokumentieren, sowie auch auf die ursprüngliche Version zurückzuführen.

## 5.2 Auffindbarkeit von OER

Eine der größten Herausforderungen bei der Nutzung von OER stellt zurzeit noch deren Auffindbarkeit dar. Es ist zwar deutlich mehr Material vorhanden, als man annehmen würde, aber dessen Auffindbarkeit gestaltet sich leider nicht so einfach.[12]

Bisher existieren weder fächerübergreifende OER-Suchmaschinen noch werden sie über Bibliothekskataloge in größeren Mengen nachgewiesen. Daher liegt auch hier der Gedanke nahe, es zunächst mit einer Suche über Google zu versuchen. Hier zeigen sich jedoch dieselben Probleme wie bei anderen Google-Suchen: Zu große Treffermengen erbringen kein zufriedenstellendes Suchergebnis. Hier kann die Nutzung der „Erweiterten Suche"[13] hilfreich sein, wobei die Suche über „Nutzungsrechte" – hinter der sich die Creative-Lizenzen[14] verbergen – eingeschränkt werden kann.

Eine gute Suchmöglichkeit nach OER bietet die „Bielefeld Academic Search Engine" (BASE).[15] Sie ist mit mehr als 120 Millionen Dokumenten aus über 6000 Quellen eine der größten wissenschaftlichen Suchmaschinen, bei der etwa 60% des indexierten Materials bereits Open Access im Volltext zugänglich ist. Sie ermöglicht ebenfalls, über die „Erweiterte Suche"[16] nach Material mit einer Creative-Commons-Lizenz oder gezielt nach Lehrmaterial zu suchen.

Eine weitere Suchmöglichkeit ausschließlich nach Lehr- und Lernmaterialien bietet das OERhörnchen[17]. Es nutzt hierfür die Maschinenlesbarkeit der Creative Commons Lizenzen. Über dieses Suchwerkzeug können auch eigene OER hochgeladen und anderen zur Nachnutzung zur Verfügung gestellt werden.

Ein Zusammenschluss aus 13 Universitäten und Hochschulen des Landes Baden-Württemberg betreibt seit Ende 2017 das erste deutsche „Zentrale OER-Repositorium der Hochschulen in Baden-Württemberg", ZOERR. Hier kann man sowohl nach OER für die eigene Nutzung suchen, als auch eigene OER hochladen.

---

11 Vgl. Stummeyer 2018, S. 315.
12 Vgl. Plieninger (o.J.).
13 S. https://www.google.com/advanced_search
14 Creative Commons 2019.
15 S. https://www.base-search.net
16 S. https://www.base-search.net/Search/Advanced
17 S. https://oerhoernchen.de/suche

Eine der größten Sammlungen an frei zugänglichen Lehr- und Lernmaterialien bietet das Massachusetts Institute of Technology (MIT) mit MITOpenCourseWare.[18] Hier finden sich Kurse des MIT zur freien Nachnutzung für jedermann.

Erleichtert werden könnte die Suche nach OER durch die Integration der unterschiedlichen Suchmaschinen und Suchmöglichkeiten in die vorhandenen Lernmanagementsysteme wie moodle oder Stud.IP.

## 5.3 Erschließung und Qualitätssicherung von OER

Die Erweiterung des Erwerbungsprofils der Bibliotheken um OER umfasst auch die formale und inhaltliche Erschließung des Contents durch die Fachreferate und/oder die Fachcommunity. Nur so können bei der Suche nach OER sinnvolle Suchergebnisse erzielt werden.

Um hier auch über Einrichtungsgrenzen hinweg zu aussagekräftigen Suchergebnissen zu kommen, stellen die Entwicklung eines einheitlichen Metadatenstandards für OER und dessen Etablierung in der Praxis eine wichtige Voraussetzung für den Sucherfolg und die Nutzung von OER dar.

Denkbar wäre hier ein „OER-Metadatenservice", bei dem die Bibliothek die Vergabe qualitätvoller Metadaten sowie die Erschließung nach einem einheitlichen Vokabularium für OER der eigenen Einrichtung übernimmt. Hierbei könnte auch gleich die Überleitung der OER in das hochschuleigene Repositorium erfolgen. Repositorien und Bibliothekskataloge sollten zur Vereinfachung von Suchen untereinander vernetzt und entsprechende OER-Suchmaschinen entwickelt werden.

Ersteller von OER sollten bei der Veröffentlichung Ihrer Materialien mindestens die TULLU-Regel (Abbildung 2) anwenden. Hinter TULLU verbergen sich
- der **T**itel – Name des Materials
- der/die **U**rheberin – der Name des Erstellers/der Erstellerin
- die **L**izenz – Bedingungen, unter denen die Nachnutzung gestattet ist
- der **L**ink zum vollständigen Lizenztext
- sowie der **U**rsprungsort – die Angabe, woher das Material ursprünglich stammt.

Einen breiten Raum in der Diskussion um die Nutzung von OER nimmt auch die Frage ein, woran man die Qualität einer OER erkennen bzw. wie diese sicher gestellt werden kann. Wird dies bspw. bei Verlagspublikationen bisher durch den Verlag gewährleistet, so besteht gegenüber der Qualifikation von OER-Erstellern und somit über die Qualität des von ihnen bereitgestellten Materials häufig Unsicherheit. Um eine gleichbleibende Qualität zu gewährleisten, kann ein einheitlicher Standard für die gesamte Einrichtung erarbeitet und abgestimmt werden, der auch die dazu genutzten Methoden (Peer Review, Open Peer Review etc.) festlegen kann.

---

18 S. https://ocw.mit.edu/index.htm

Abbildung 2: TULLU-Regel[19]

## 5.4 Management und rechtliche Aspekte von OER

Im Vergleich zu bisherigen Ressourcen entfalten OER ihr volles Potential erst durch ihre Veränderung und die weitere Nachnutzung. Soll die Akzeptanz von OER unter den Lehrenden im Bereich der Hochschule gefördert werden, so ist die Berücksichtigung dieser Faktoren bei der Implementierung neuer bibliometrischer Instrumente für den Reputationsgewinn der Hochschullehrenden unerlässlich.

---

19 Vgl. Borski & Muuß-Merholz 2016.

Aus einem Inhalt wird erst durch die Nutzung einer freien Lizenz eine OER. In diesem Bereich am weitesten verbreitetet sind die Creative Commons Lizenzen. Sie ermöglichen – ohne vorherige Rücksprache mit dem oder der Rechteinhaber*in – das Verwahren, Vervielfältigen, Verwenden, Verarbeiten und Verbreiten der Ressource. Diese Nutzungsrechte beschreibt Wiley[20], als die „5R" (Retain, Reuse, Revise, Remix und Redistribute). Hierbei wird das „All Rights Reserved/Alle Rechte vorbehalten" in ein – dem Urheberrecht entsprechendes – „Some Rights reserved/Einige Rechte vorbehalten"[21] umgewandelt. Rechteinhaber*innen stehen aktuell sechs verschiedene Lizenzen, in der Version 4.0, in offizieller deutscher Übersetzung zur Verfügung (Abbildung 3)[22]. Die hierzu erforderlichen Kenntnisse zum Lizenz- und Urheberrecht, den Creative Commons Lizenzen und was zu beachten ist, wenn unterschiedliche Lizenzen mit einander gemixt werden, können auch von Bibliotheken vermittelt werden.

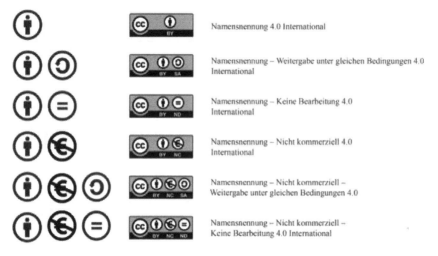

Abbildung 3: Übersicht der CC-Lizenzen in deutscher Übersetzung (eigene Darstellung)

## 5.5 Publikation und Langzeitarchivierung von OER

Wer OER selber nutzt, möchte eigene Ressourcen auch gern veröffentlichen und sehen, wie sie von anderen nachgenutzt werden. Bibliotheken könnten an dieser Stelle den Publikationsprozess durch die Bereitstellung von Templates und Anleitungen sowie den neuesten technischen Werkzeugen (Tools), beispielsweise für die Erstellung audiovisueller OER, unterstützen. Möglich wäre aber auch, den Publikationsprozess für Angehörige der Hochschule gleich komplett zu übernehmen. Bibliotheken könnten Aufgaben wie die Vergabe von Metadaten, den Lizenzcheck oder den Upload in ein Repositorium bis hin zum Nachweis der einzelnen, abgeleiteten OER-Versionen übernehmen.

---

20 Vgl. Wiley o.J.
21 Vgl. Weitzmann 2014, S. 14.
22 Creative Commons Deutschland (o.J.)

## 5.6 Schulungen zu OER

Bibliotheken bieten bereits ein vielfältiges Angebot an Schulungen rund um Bibliotheksnutzung, Suchstrategien oder Literaturverwaltungsprogrammen an. Dieses Angebot ließe sich um Veranstaltungen aus dem Bereich OER erweitern. Denkbar wäre eine Einführungsveranstaltung zu OER, die die Idee und die Hintergründe zu OER und der Kultur des Teilens in den Kontext der Hochschullehre stellt, sowie eine Vorstellung der Einsatz- und Nutzungsmöglichkeiten, die OER innerhalb der Lehre bieten. Anhand praktischer Beispiele und deren Anwendung würden didaktische Konzepte vorgestellt, die zur Nachnutzung anregen.

Neben textbasiertem Material umfassen OER auch Audio-, Video- und Animationsformate. Eine Auswahl in Frage kommender kostenfreier und frei lizenzierter Softwareprodukte könnte vorgestellt und ausprobiert werden. Nach dem Wesen der freien Zugänglichkeit von OER und deren reibungslosen Austausch zwischen unterschiedlichen Systemen sollte bei der Erstellung auch auf die Verwendung freier (Open Source) Software geachtet werden.

Einen weiteren wichtigen Komplex bei der Nutzung von OER stellen rechtliche Fragen dar. Im Zusammenhang mit der Nutzung von OER am weitesten verbreitet sind die Creative Commons-Lizenzen. Deren Bedeutung und Anwendung, sowie die richtige Lizenzwahl bei der Verwendung unterschiedlich lizenzierten Materials in einer neuen Ressource, sollten näher erläutert werden.

## 6. Fazit und Ausblick

Das Potential, das OER für den Bereich der Hochschullehre bieten, ist zwar bereits erkannt, kann aber noch deutlich ausgebaut werden. Dabei können die Hochschulen auf die vorhandene Fachexpertise von Bibliotheken zurückgreifen, um die Nutzung und Verbreitung von OER zu fördern. Analog zu einer bereits bestehenden Open-Access-Policy sollte dazu eine eigene OER-Policy an der Hochschule etabliert werden.

Der Erfolg bei der Verbreitung von OER an Hochschulen wird ganz entscheidend von den Anreiz- und Unterstützungsmaßnahmen der Hochschulen abhängen, zu denen Bibliotheken durch vielfältige Serviceangebote beitragen können. Der sich abzeichnende Paradigmenwechsel von der Qualität der Lehre hin zur Verbesserung der Qualität der Lernprozesse rückt Bibliotheken damit stärker in das Zentrum universitärer Lehr- und Lernprozesse als bisher. Sie können aktiv zu deren Verbesserung und Weiterentwicklung beitragen, indem sie bspw. auch die Inhalte auf ihren Webseiten als OER aufbereiten und zur Verfügung stellen.

„*Bibliothekare können einen wertvollen Beitrag zu OER-Projekten leisten, nur ist dies sowohl auf Seiten der Bibliotheken, als auch der OER-Projekte noch zu wenig bekannt*".[23]

---

23 Bueno de la Fuente et al., 2012

## Literatur

Onlinequellen zuletzt geprüft am 22.02.2019

Atkins, D. E., Seely Brown, J. & Hammond, A. L (2007). *A review of the Open Educational Resources (OER) movement: Achievements, challenges, and new opportunities.* William and Flora Hewlett Foundation (Hrsg.). Online verfügbar unter http://www.newcultureoflearning.com/openedresources.pdf.

Borski, S. & Muuß-Merholz, J. (2016). *OER leichtgemacht mit der TULLU-Regel.* Online verfügbar unter https://open-educational-resources.de/oer-tullu-regel/.

Bueno de la Fuente, G., Robertson, R. J. & Boon, S. (2012). *The roles of libraries and information professionals in Open Educational Resources (OER) initiatives.* Online verfügbar unter https://minds.wisconsin.edu/handle/1793/63306.

Creative Commons (2019). *In: Wikipedia.* Online verfügbar unter https://de.wikipedia.org/wiki/Creative_Commons.

Creative Commons Deutschland (o.J.). *Was ist CC?* Online verfügbar unter https://de.creativecommons.org/index.php/was-ist-cc/.

Europäische Kommission (2013). *Opening up Education.* COM/2013/0654. Online verfügbar unter http://www.ipex.eu/IPEXL-WEB/dossier/document/COM20130654.do.

Langfelder, H. (o.J.). *OERinForm Infografik Arbeiten mit OER. OERinForm.* Online verfügbar unter https://oer.amh-ev.de/wp-content/uploads/2018/07/oerinform-infografik-arbeiten-mit-oer.pdf.

Muuß-Merholz, J. (2015). *UNESCO veröffentlicht neue Definition zu OER* (Übersetzung auf Deutsch). Weblogeintrag vom 01.12.2015. Online verfügbar unter https://open-educational-resources.de/unesco-definition-zu-oer-deutsch/.

OERinfo (o.J.). *OERinfo-Programm geförderte Projekte.* Online verfügbar unter https://open-educational-resources.de/ueber-oerinfo/oerinfo-programm-gefoerderte-projekte-2/.

OERinForm (o.J.). *OER Akteure an Hochschulen.* Online verfügbar unter https://oer.amh-ev.de/wp-content/uploads/2018/06/OERinForm-OER-Akteure-Hochschulen-1.pdf.

Plieninger, J. (o.J.). *Suche nach OER.* Online verfügbar unter https://docs.google.com/document/d/1mGOaGc5dX7TV8r62lbpufB31GIgHqXAEqCusyLkuJUg/edit.

Stummeyer, S. (2017). *Open Educational Resources als neue Aufgabe für Wissenschaftliche Bibliotheken.* Online verfügbar unter https://nbn-resolving.org/urn:nbn: de:bsz:960-opus4-10810.

Stummeyer, S. (2018). OER – Open Educational Resources: Chancen für Wissenschaftliche Bibliotheken durch den Einsatz von freien Lehr- und Lernmaterialien in der Hochschullehre. In F. Schade & U. Georgy (Hrsg.), *Praxishandbuch Informationsmarketing. Konvergente Strategien, Methoden und Konzepte.* Berlin: De Gruyter Saur.

TIB (o.J.). AV-Portal. Online verfügbar unter https://av.tib.eu.

UNESCO (2002). *Forum on the Impact of Open Courseware for Higher Education in Developing Countries.* Final report. Paris. Online verfügbar unter https://unesdoc.unesco.org/ark:/48223/pf0000128515.

Weitzmann, J. H. (2014). *Offene Bildungsressourcen (OER) in der Praxis.* Berlin. Online verfügbar unter https://wb-web.de/material/medien/offene-bildungsressourcen-oer-in-der-praxis.html.

Wiley, D. (o.J.). *Defining the "Open" in Open Content and Open Educational Resources.* Online verfügbar unter http://opencontent.org/definition/.

*Mareike Herbstreit*

# Open Educational Resources (OER)
# Möglichkeiten und Grenzen des Einsatzes in Hochschulen

Im Folgenden wird der Einsatz von Open Educational Resources (OER) in der Lehre, insbesondere jener in Hochschulen, dargestellt.

Als ehemalige Mitarbeiterin in einem Projekt des OER-Förderpakets des BMBF, dem Projekt MOIN[1], werde ich diesbezüglich von unserer Arbeit und den gemachten Erfahrungen berichten. Aktuell bin ich im *Projekthaus Lehre und Medienbildung* der TU vorrangig für kompetenzorientiertes Prüfen zuständig, daher ist mein Anliegen zudem, zu verdeutlichen, inwiefern OER eine Bereicherung für das Prüfungssystem an Hochschulen darstellen kann. Da ich seit mehr als zehn Jahren an Hochschulen lehre, werde ich auch eine Bewertung aus dieser Perspektive vornehmen. D. h., dass ich nicht, wie man es erwarten könnte, vollumfänglich und uneingeschränkt das Konzept von OER, so wie es zumeist dargestellt wird, bewerben kann und will, sondern auch verdeutlichen werde, wo es meiner Erfahrung nach zu grundsätzlichen Schwierigkeiten beim Einsatz kommt. Es handelt sich also um drei unterschiedliche Bezugs- bzw. Bewertungsrahmen, in denen ich mich bewege. Da diese nicht immer ganz eindeutig voneinander getrennt werden können, ist es die Ich-Form, die ich bevorzuge, um deutlich zu machen, dass es meine Perspektive auf das Thema ist.

## Was sind OER?

Einfach ausgedrückt steht der Begriff Open Educational Resources (OER) für Bildungsressourcen die Lehrenden und Lernenden zur Verfügung stehen, ohne dass für die Verwendung Nutzungs- oder Lizenzgebühren anfallen würden. Es kann sich dabei um Lehrpläne handeln, um Kursmaterialien, Lehrbücher, Streaming-Videos, Multimedia-Anwendungen oder Podcasts – grundsätzlich kann jegliches Material, das Lehr- und Lernzwecken dient, OER sein. Mit der Möglichkeit der digitalen Bereitstellung hat sich das Potential von OER enorm erhöht, doch handelt es sich nicht ausschließlich um ein Thema der Digitalisierung. Die gemeinsame Bearbeitung ist zwar in elektronischen Formaten häufig einfacher, aber nicht selten steht am Ende, also dort, wo etwas im Unterricht zum Einsatz kommt, ein Druckerzeugnis. Das ist durchaus zu bedenken, wenn es um die Verwendung geht und um Fragen der Praktikabilität der OER-Werkzeuge – ich werde darauf zurückkommen.

Der Begriff OER wurde 2002 von der UNESCO in Auseinandersetzung mit Hochschulbildung in Entwicklungsländern geprägt und 2012 in der sogenannten Pariser Erklärung konkretisiert. Hier heißt es, OER seien

---

[1] MOIN: Multiplikator*innen für Open Educational Resources in Niedersachsen, Laufzeit: 01.01.2017–30.09.2018, gefördert vom BMBF (Förderkennzeichen: 01PO16009C).

„Lehr-, Lern- und Forschungsressourcen in Form jeden Mediums, digital oder anderweitig, die gemeinfrei sind oder unter einer offenen Lizenz veröffentlicht wurden, welche den kostenlosen Zugang, sowie die kostenlose Nutzung, Bearbeitung und Weiterverbreitung durch Andere ohne oder mit geringfügigen Einschränkungen erlaubt." (UNESCO, 2012)[2]

Der UNESCO, dies wird auch anhand der Geschichte des Begriffs deutlich, geht es bei den Möglichkeiten, die OER bereithält, insbesondere um globale Bildungsgerechtigkeit. Durch den „kostenlosen Zugang" soll eine Chancengleichheit auf Ebene der Lernmaterialien gewährleistet werden.

Auch im Projekt MOIN war die Bildungsgerechtigkeit Thema. Zwar wurde sie nicht explizit vom BMBF in der Ausschreibung genannt, doch durch die vielfältigen Kooperationen und Vernetzungen mit OER-Aktiven in Deutschland (und darüber hinaus), war dieser Aspekt stets präsent. Sowohl auf theoretischer Ebene, als auch in praktischer Hinsicht, da untereinander ebenfalls (Qualifikations-)Materialien bereitwillig geteilt wurden. Dennoch unterschied sich unser Standpunkt von jenem, der in der OER-Community vielfach und vorrangig sichtbar vertreten wird.

## Das Projekt MOIN und die OER-Community

Bei MOIN handelte es sich um ein Verbundprojekt, das nicht nur in Universitäten aktiv wurde, sondern auch die Bildungsbereiche Schule und lebenslanges Lernen abdeckte. Beteiligt waren neben der TU Braunschweig die Hochschule Hannover, die Universität Osnabrück, das E-Learning Academic Network in Oldenburg und die Kreisvolkshochschule Ammerland. Ziel war es, (medien-)didaktische und rechtliche Kompetenzen bei Multiplikator*innen zu OER zu vertiefen, OER in bestehende Weiterbildungs- und Beratungsangebote zu integrieren und für eine Kultur des Teilens und der Offenheit gegenüber OER zu sensibilisieren. In erster Linie wurden Qualifikationen für Lehrende und Hochschuldidaktiker*innen durch- und Gespräche darüber geführt, wie OER im jeweiligen Bereich nachhaltig implementiert werden könne. Darüber hinaus nahmen wir Einzelberatungen vor, informierten bei Bildungsmessen zum Thema und beteiligten uns an deutschlandweiten Arbeitsgemeinschaften sowie an den sogenannten OERcamps.[3] Da sich der Projektpartner, der für den Bereich Schule zuständig war, im Verlauf des Projektes zurückzog, gab es zwischendurch außerdem Kompensationsarbeit zu leisten. Durch eine kostenneutrale Laufzeitverlängerung, war es uns in diesem Zusammenhang möglich, einen OER-Workshoptag als Fortbildung für Lehrer*innen und Lehramtsstudierende zu realisieren

---

2   Weltkongress zu Open Educational Resources (OER) UNESCO, Paris 20.–22. Juni 2012.
3   OERcamps – Treffen der Praktiker*innen zu Open Educational Resources (OER), https://www.oercamp.de/.

Abbildung 1: Dr. Norbert Kleinefeld zum Auftakt von „Mischen Possible" am 5. September 2018 in Hannover. Foto: Mareike Herbstreit, CC BY 4.0.[4]

Summa summarum war an den unterschiedlichen Standorten ein reges Interesse am Thema OER festzustellen. Begründet war dies vermutlich durch den während der Projektlaufzeit in Kraft tretenden § 60a des Urheberrechts-Wissensgesellschafts-Gesetz (UrhWissG) und die damit erhöhte Aufmerksamkeit bezüglich urheberrechtlicher Fragen in Lehre und Forschung. Sicherlich trug aber auch die breite Förderung des BMBF zur Dissemination bei. Die Anliegen, mit denen Lehrende an uns herantraten, waren recht unterschiedlich, einem spezifischen Interesse an einer „Kultur des Teilens" bin ich allerdings bei Beratungsanfragen und Qualifikationen nie begegnet.

Die Kultur des Teilens ist etwas, das unter OER-Aktiven durchaus ins Zentrum gerückt wird und auch gelebt wird. Der Idealismus trägt einen großen Teil der Bewegung und ist zentrale Motivation für viele. Bisweilen steht dies einem Pragmatismus im Weg, der von Lehrenden benötigt wird – insbesondere die auftauchende Forderung, nur „richtige" OER zu produzieren, kann hier beispielhaft genannt werden. Solche Postulate gehen an der Arbeitswirklichkeit in den Bildungsinstitutionen vorbei und werden zum Hindernis, wenn ihr Zweck einzig darin besteht, „von der guten Sache überzeugen zu wollen" und nicht, ein praktisches und/oder spannendes Werkzeug zu vermitteln. Durch die enge Zusammenarbeit mit Lehrenden und Hochschuldidaktiker*innen an den einzelnen Standorten, wurde uns im Projekt MOIN diese Diskrepanz sehr schnell bewusst. Wir haben uns daher an den jeweils tatsächlichen Anforderungen orientiert und konkrete Umsetzungsanleitungen vermittelt. Für den Hochschulkontext ist es meiner Meinung nach ohnehin weniger der Wunsch nach Bildungsgerechtigkeit, der ein Interesse an OER begründet, sondern sind es vielmehr Aspekte wie das kollaborative Arbeiten, die didaktischen Konzepte, die durch OER möglich werden, oder auch der Zugang zu Material. Das „Teilen" ist zwar durchaus ein Eckpfeiler oder kann eine Konsequenz sein, aber nicht derart, dass es besonders

---

4  Mischen Possible, 5. September 2018 in der Schwanenburg Hannover.

angeregt werden müsste. Vielmehr findet es in weiten Teilen ohnehin schon statt und müsste höchstens „professionalisiert" werden – und zwar in rechtlicher Hinsicht.

## Perspektiven auf OER und die rechtliche Basis

Sich dem Thema OER aus anderen Interessen als der Bildungsgerechtigkeit zu nähern, ist völlig legitim – es gibt nicht „die eine richtige", sondern viele verschiedene Perspektiven, die man im Hinblick auf das Thema einnehmen kann. Jan Neumann hat dies als OER-Würfel dargestellt, mit dem sichtbar wird, dass nicht nur sämtliche Bildungsbereiche und unterschiedliche Player von OER betroffen sind und dass ganz unterschiedliche Materialien OER sein können, sondern auch, dass es sehr viele Perspektiven auf OER gibt – von technischen über politische bis zu pädagogischen.

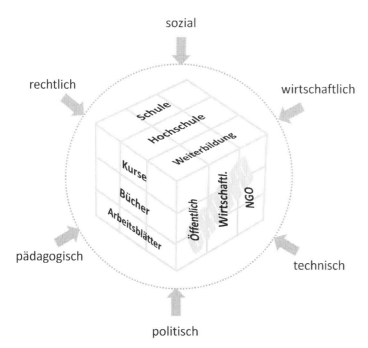

Abbildung 2: Der sogenannte OER-Würfel von Jan Neumann, die Abbildung steht unter der Lizenz *Creative Commons Namensnennung – Weitergabe unter gleichen Bedingungen 4.0 International Lizenz* (vollständige Lizenz unter: https://creativecommons.org/licenses/by-sa/4.0/deed.de). Hier zitiert nach: https://oersys.wordpress.com/2014/06/24/antworten-zur-schriftlichen-anhorung-zu-oer-der-kmkbmbf-arbeitsgemeinschaft/.

Die Perspektive, die jedoch zentral bleibt, ist die juristische. Es sind Überlegungen zum Urheberrecht, von dem das Konzept OER seinen Ausgang nimmt.

Viele Lehrende sind bezüglich des Urheberrechts verunsichert und äußern bisweilen, sie könnten ihrer Arbeit nicht mehr so nachgehen, wie sie es wollen, da sie von diversen Einschränkungen betroffen sind oder gar nicht mehr wüssten, was wie rechtssicher verwendbar ist.[5] Vermutlich haben wir alle überdies von Abmahnungen gehört, von Gerichtsverfahren und hohen Bußgeldern und sind dadurch zusätzlich zögerlich geworden, wenn es darum geht, Material für Studierende und Kollegen zur Verfügung zu stellen oder selbst zu verwenden. Das Urheberrecht und die Schrankenregelungen scheinen nicht eindeutig genug, um in vollem Umfang eine Übersichtlichkeit herzustellen.

Für diese Verunsicherung soll OER eine Lösung bieten. Die „Offenheit" in Open Educational Resources bedeutet nämlich in vielerlei Hinsicht eine Freiheit. Während manche unter „offen" in erster Linie die Kostenfreiheit verstehen, geht es bei OER in Wirklichkeit um größere Freiheiten: es bestehen mehrere Rechte in Bezug auf das Material. In diesem Zusammenhang wird von den 5 Rs gesprochen, die David Wiley formuliert hat und die für OER relevant sind: Retain, Reuse, Revise, Remix, Redistribute.[6] Jöran Muuß-Merholz hat aus diesen Rs Vs gemacht und die Rechte zur Offenheit mit leichten Erweiterungen ins Deutsche übersetzt (Muuß-Merholz, 2018: 42f.). Demnach geht es bei OER um das

- Verwahren/Vervielfältigen: Das Recht, Kopien des Inhalts anzufertigen, zu besitzen und zu kontrollieren (z. B. Download, Speicherung und Vervielfältigung),
- Verwenden: Das Recht, den Inhalt in unterschiedlichen Zusammenhängen einzusetzen (z. B. im Klassenraum, in einer Lerngruppe, auf einer Website, in einem Video),
- Verarbeiten: Das Recht, den Inhalt zu bearbeiten, anzupassen, zu verändern oder umzugestalten (z. B. einen Inhalt in eine andere Sprache zu übersetzen),
- Vermischen: Das Recht, einen Inhalt im Original oder in einer Bearbeitung mit anderen offenen Inhalten zu verbinden und aus ihnen etwas Neues zu schaffen (z. B. beim Einbauen von Bildern und Musik in ein Video),
- Verbreiten: Das Recht, Kopien eines Inhalts mit anderen zu teilen, im Original oder in eigenen Überarbeitungen.

Beim Einsatz von fremdem Material in den eigenen Unterricht sind es genau diese über das Urheberrecht geregelten Rechte, die bisweilen zu Verunsicherungen führen. Ein erster Schritt, um die Unsicherheit aus dem Weg zu räumen, kann sein, beim eigenen Material sichtbar zu machen, ob und wie es von anderen verwendet werden darf.

Wie oben bemerkt entspricht es meiner Erfahrung, dass in der universitären Lehre bereits jetzt eine Vielzahl von Materialien geteilt werden: Der ausgearbeitete Semesterplan für ein Einführungsseminar wird an den weitergereicht, der es ab dem nächsten Semester zu halten hat, Klausurfragen und -entwürfe werden ausgetauscht und für die eigenen Lernziele angepasst, und Literaturlisten werden gemeinschaftlich ergänzt.

---

5   In den Qualifikationen, die ich durchführte, wurde mir mehrfach davon berichtet – insbesondere durch Lehrer*innen. Ursächlich scheint mir ein höheres Bewusstsein für die Problematik. An Hochschulen ist das Thema meiner Erfahrung nach noch nicht in voller Breite angekommen, bzw. wird sich hier oft generalisierend auf die Freiheit von Lehre und Forschung berufen, ohne die Besonderheiten und Einschränkungen des Materialeinsatzes in der Hochschullehre mit zu bedenken.
6   David Wiley unter: http://opencontent.org/definition/.

Das Teilen findet bereits statt, doch bislang ist zumeist ausschließlich die mündliche Versicherung, man dürfe das Material verwenden, die Regel. Es empfiehlt sich jedoch, beim eigenen Material Sorge für eine transparente und rechtssichere Nachnutzung zu tragen.

Für die Sichtbarmachung, dass es sich um Material handelt, das für die Weiterverwendung vorgesehen ist, haben sich inzwischen insbesondere die Creative-Commons-Lizenzen durchgesetzt.

## Die Creative Commons und ihre Grenzen

Bei Creative Commons handelt es sich um eine gemeinnützige Organisation, die 2001 in den USA gegründet wurde und sogenannte Jedermannlizenzen (Public Licenses) entwickelt. Der Vorteil ist, dass sich diese Lizenzen juristisch bereits bewährt haben – Präzedenzfälle haben ihre Gültigkeit bestätigt. Die Funktionsweise der CC-Lizenzen ist denkbar einfach. Es geht nicht darum, mit ihnen das herkömmliche Urheberrecht außer Kraft zu setzen, dem Nutzer werden durch sie vielmehr automatisch bestimmte Rechte eingeräumt, ohne dass es zu einer Verhandlung mit dem Urheber kommen muss. Sobald ein Werk in einer Weise verwendet wird, wie es in der Lizenz vorgesehen ist (also bestimmte Richtlinien eingehalten werden), kommt automatisch ein Vertrag zwischen den beiden zu Stande.

Die CC-Lizenzen bestehen aus vier Bausteinen, die vor allem durch Piktogramme und Abkürzungen dargestellt werden, die für jeweils eine Regel stehen, die bei der Nutzung eingehalten werden muss: die Voraussetzung, den Namen des*der Urheber*in zu nennen, die Beschränkung der Verwendung auf ausschließlich nicht kommerzielle Zwecke, das Verbot, am Werk Veränderungen vorzunehmen und der Richtlinie, das neu entstandene Material unter die gleiche Lizenz zu setzen, die schon das Ausgangsmaterial aufwies.

Die einzelnen Bausteine stehen dann zumeist nicht allein, sondern kommen in Kombinationen vor. Darüber hinaus gibt es noch zwei Sonderformen, die markieren, dass am vorliegenden Material ohnehin keine Urheberrechte bestehen. Entweder, da der*die Autor*in mehr als 70 Jahre tot ist und die Rechte damit erloschen sind (dies ist der einzige Lizenzhinweis, der auch von jemandem vorgenommen werden darf, der nicht selbst der*die Urheber*in ist) oder in Gestalt der CC 0 (gesprochen CC zero) Lizenz, mit der Urheber*innen zeigen, dass sie vollumfänglich auf ihre Rechte verzichten.

Es gibt durchaus Stimmen, die meinen, diese Lizenzen seien enorm komplex und damit nicht wirklich praktikabel. Michael Seemann (2012) ist beispielsweise der Ansicht, die CC-Lizenzen seien zu kompliziert und elitär. Dem Autor unterlief anscheinend selbst ein abgemahnter Fehler bei der Verwendung – er argumentiert also aus der eigenen leidlichen Erfahrung –, was seine bisweilen heftig geäußerten Vorbehalte gegen dieses Lizenzmodell erklären kann (vgl. dazu auch Weiss, 2010). Aber auch mein Eindruck ist, dass der richtige Nachweis zum Problem werden kann. Vielen Nutzer*innen ist beispielsweise nicht klar, in welcher Art und Weise sie einen korrekten

| Symbol | Kürzel | Name (englisch/deutsch) | Bedeutung[16] |
|---|---|---|---|
| (i) | BY | Attribution/Namensnennung | Sie müssen angemessene Urheber- und Rechteangaben machen. |
| (€) | NC | NonCommercial/nicht-kommerziell | Sie dürfen das Material nicht für kommerzielle Zwecke nutzen. |
| (=) | ND | NoDerivatives/keine Veränderungen | Wenn Sie das Material remixen, verändern oder darauf anderweitig direkt aufbauen, dürfen Sie die bearbeitete Fassung des Materials nicht verbreiten. |
| (↻) | SA | Share alike/unter gleichen Bedingungen teilen | Wenn Sie das Material remixen, verändern oder anderweitig direkt darauf aufbauen, dürfen Sie Ihre Beiträge nur unter derselben Lizenz wie das Original verbreiten. |

Abbildung 3: Aus: Jöran Muuß-Merholz: Freie Unterrichtsmaterialien finden, rechtssicher einsetzen, selbst machen und teilen, Beltz: Weinheim/Basel 2018, S. 61. Das Buch ist als OER publiziert und steht unter der Lizenz *Creative Commons Namensnennung – Weitergabe unter gleichen Bedingungen 4.0 Internationale Lizenz* (vollständige Lizenz unter: https://creativecommons.org/licenses/by-sa/4.0/deed.de). Als Namensnennung ist „Jöran Muuß-Merholz/Belz in der Verlagsgruppe Beltz • Weinheim Basel" anzugeben.

Nachweis zur Lizenz erbringen müssen, damit der Lizenzvertrag Gültigkeit erlangt (es müssen neben Titel, Urheber*in und Lizenz auch der Ursprungsort sowie der Ort, an dem der vollständige Lizenztext zu finden ist, genannt sein[7]). Bei Druckerzeugnissen wird darüber hinaus der korrekte Nachweis mitunter vernachlässigt, da die lange Aufführung von URLs überflüssig oder gar störend wirkt. In der Tat kann die Praxis der CC-Lizenzen diesbezüglich zum Problem werden, wenn es sich um mehrfach angepasstes Material handelt. In diesen Fällen kann der Nachweis der digitalen Verwendungskette, wird er ausformuliert, in erhebliche Unübersichtlichkeit münden und es können sich so allzu leicht Fehler einschleichen. Im universitären Kontext ist zudem darauf zu achten, wer überhaupt die Nutzungsrechte innehat und damit berechtigt ist, Material zu lizenzieren. Beispielsweise sind und bleiben wissenschaftliche Mitarbeiter*innen zwar Urheber*innen des Materials, das sie für die Lehre produziert haben, doch möglicherweise handelt es sich um Dienstwerke. Damit würden die exklusiven Nutzungsrechte bei der Universität liegen oder doch zumindest bei den vorgesetzten Professor*innen und den Urheber*innen stünde eine freie Verbreitung nicht zu. Nicht zuletzt stimme ich Seemann zu, wenn er meint, anstelle neuer Lizenzmodelle bedürfe

---

[7] Es handelt sich dabei um die sogenannte TULLU-Regel. Hierzu u. a. Jöran Muuß-Merholz und Sonja Borski: OER leicht gemacht mit der TULLU-Regel, https://open-educational-resources.de/oer-tullu-regel/.

es eines Urheberrechts, das sich leicht erschließen lässt und, das möchte ich ergänzen, ebenso klare Freiheiten für Bildungsbereiche bereithält. Dennoch würde ich nicht so weit gehen, die CC-Lizenzen als überflüssige „Brückentechnologie" (Seemann, 2012) zu bezeichnen, sondern glaube, dass sie für viele eine Erleichterung im Umgang mit fremdem Material darstellen. Zudem können sie darüber hinaus in anderer Hinsicht ein spannendes Werkzeug sein.

## OER als didaktische Methode

Für unseren Zusammenhang sind pädagogische Überlegungen zentral – auch, weil unter diesem Aspekt der Einsatz von Lizenzen nicht nur als Brückentechnologie verstanden werden muss – also die Frage, wie OER, über die Rechtssicherheit hinaus, sinnvoll in Lehre eingebunden werden kann.

David Wiley, der die 5 Rs definiert hat, bringt es auf den Punkt, wenn er fordert, OER nicht nur als gewöhnliches, wenn auch anders lizenziertes Arbeitsmaterial zu nutzen, sondern den Fokus auf die weiterreichenden Möglichkeiten zu richten:

> „Using OER the same way we used commercial textbooks misses the point. It's like driving an airplane down the road." (Wiley, 2013)

Das, was OER letztendlich spannend macht, sei schließlich ihr Potential das Lehren selbst zu verändern – der Einsatz von OER könne zu einer offenen Lehre, einer Open Educational Practice (OEP) führen.

In einem Blogbeitrag von 2013 bemängelt Wiley die Vielzahl überflüssiger Prüfungen in der aktuellen Hochschullehre, die nur wenig mit den späteren Aufgaben in der Arbeitswelt zu tun hätten, sondern ausschließlich Wissen reproduzierten. Zudem fiele es vielen Studierenden schwer, etwas zu lernen, dessen Anwendung weitgehend abstrakt bleibt. Durch die Eigenschaften von OER besteht hingegen die Chance, das Lernen bedeutungsvoller zu machen. Beispielsweise, indem den Studierenden die Aufgabe gestellt wird, Arbeitsblätter oder Prüfungsaufgaben für den nächsten Jahrgang zu produzieren. Sie sind dabei gefordert, sich intensiv mit den zu vermittelnden Inhalten auseinanderzusetzen, aber überdies mit Überlegungen zu Struktur, Design, Sprache – je nachdem, welches Fach gelehrt wird. Bei einer offenen Lizenzierung ist dann nicht nur der tatsächliche Einsatz des produzierten Materials denkbar, sondern auch, dass die Materialien, die ein Jahrgang erstellt, auf jenen des vorherigen basiert. Mit konkreten, „sinnhaften" Zielen der Arbeit im Seminar (Aufgabenerstellung für andere oder auch eine Veröffentlichung der erstellten Materialien) kann bei den Studierenden grundsätzlich mit einer höheren Lernmotivation gerechnet werden. Die Studierenden werden sozial eingebunden, erleben die eigene Kompetenz und nehmen sich als autonom handelnd wahr – Kriterien, die als entscheidend für die Entstehung von Lernmotivation gelten (vgl. Bain, 2004). Aus eigener Erfahrung kann ich berichten, dass exakt dieses anwendungsorientiere Arbeiten, das den Lernenden Verantwortung überträgt, von den meisten Studierenden nicht nur begrüßt wird, sondern auch erstaunliche Ergebnisse zu Tage fördert.

OER kann, in dieser Art eingesetzt, als Instrument fungieren, das Lernen von Inhalten jenseits einer einfachen Reproduktion zu etablieren und zugleich weitere Fähigkeiten (nicht zuletzt die immer wichtiger werdende Fähigkeit, kooperativ und kollaborativ zu arbeiten) zu erwerben. Es ist ein Lernen, das exakt der Forderung nach Kompetenzorientierung folgt. Es lohnt also, bei der Curriculumsentwicklung die Möglichkeiten, mit OER zu arbeiten und zu prüfen mit zu bedenken und somit diesen Ansatz zu innovativer Lehre zu gewährleisten.

## Literatur

Bain, Ken (2004). *What the best college teachers do*, Cambridge MA/London: Havard University Press.
Muuß-Merholz, Jöran (2018). *Freie Unterrichtsmaterialien finden, rechtssicher einsetzen, selbst machen und teilen*, Weinheim/Basel: Beltz.
Seemann, Michael (2012). *Der Ökoladen der Nerd-Elite. 10 Jahre Creative Commons,* Zeit online am 7.12.2012, https://www.zeit.de/digital/internet/2012-12/creative-commons-kritik.
UNESCO (2012). *Pariser Erklärung zu OER,* https://www.unesco.de/sites/default/files/2018-05/Pariser%20Erkl%C3%A4rung_DUK%20%C3%9Cbersetzung.pdf.
Weiss, Marcel (2010). *CTRL-Verlust: Auch FAZ-Redakteure missachten CC-Lizenzen,* Neunetz. Wirtschaft im digitalen Zeitalter am 25.6.2010, https://neunetz.com/ 2010/06/25/ctrl-verlust-auch-faz-redakteure-missachten-cc-lizenzen/.
Wiley, David (2013). *What Is Open Pedagogy?* Iterating toward openness 21.10.2013, https://opencontent.org/blog/archives/2975.

Alle Onlinequellen wurden zuletzt am 19.02.2019 aufgerufen.

*Fiona Binder, Dominik Brysch, Martin Peters, Susanne Robra-Bissantz, Patrick Helmholz und Alexander Perl*

# Urheberrecht in der Lehre
## Entscheidungen leicht gemacht

**Abstract**
Das neue Urheberrechtsgesetz soll die Regelungen zum Schutz aber auch zur Nutzung von urheberrechtlich geschützten Materialen für Lehrende verbessern. Wie dieser Artikel darlegt, sind einige Regelungen im Vergleich zum vorher gültigen Gesetz vereinfacht und die möglichen Nutzungsumfänge erweitert worden. Die Aufarbeitung des seit 2018 gültigen Gesetzestextes ermöglichte einerseits diese Übersicht der relevanten Paragraphen und andererseits die Zusammenstellung von hilfreichen Entscheidungshilfen zur gesetzeskonformen Verwendung geschützter Materialien. Sie sind in Form von Entscheidungsbäumen exemplarisch im Anhang dargestellt. Zudem werden die vollauflösenden Plakate zum Download zur Verfügung gestellt.

## 1. Einleitung

Am 1. März 2018 trat das Urheberrechts-Wissensgesellschaftsgesetz (UrhWissG) in Kraft, wodurch von vielen eine grundlegende Reformation des Urheberrechts in Forschung und Lehre erwartet wurde. Das UrhWissG führt die Paragraphen §§ 60a–h UrhG ein und ersetzt die bestehenden Regelungen, die bisher in Forschung und Lehre Anwendung fanden. Ziel der Neuregelung ist die Anpassung des geltenden Rechts an die neuen Anforderungen von Unterricht und Wissenschaft, die sich durch Digitalisierung und Vernetzung ergeben haben (Deutscher Bundestag, 2017).

In diesem Beitrag soll die Frage beantwortet werden, welche Vorschriften in Forschung und Lehre für eine gesetzeskonforme Anwendung der Neuregelungen einzuhalten sind und ob die im Vorfeld aufgetretenen Unsicherheiten bezüglich einer impraktikablen Nutzung gerechtfertigt sind.

Dafür wird die Nutzung von Zitaten nach § 51 UrhG erläutert, die neben den in §§ 60a–f UrhG gewährten Nutzungserlaubnissen von urheberrechtlich geschütztem Material weitere Möglichkeiten zur Nutzung in Wissenschaft und Forschung einräumen. Mit der Nutzung von Zitaten werden Quellenangaben nach § 63 UrhG verpflichtend, die gewisse Regularien erfordern. Zudem wird der ordnungsgemäße Umgang mit Creative-Commons-Lizenzen (CC-Lizenzen) beschrieben, welche den Urheberinnen und Urhebern die Möglichkeit geben, individuelle Bestimmungen für die Nutzung ihrer Werke oder Medien festzulegen. Anschließend wird die Rechtslage urheberrechtlich geschützten Materials bei öffentlichen Vorträgen thematisiert. Hintergrund des Kapitels ist, dass Angestellte von Universitäten häufig zu Referierenden öffentlicher Vorträge werden und sich dabei außerhalb des Urheberrechts in Forschung und Lehre bewegen. Schlussendlich wird auf Basis dieser Ausarbeitung und weiteren bisher unveröffentlichten Bemühungen ein Entscheidungsbaum zur Verfügung gestellt, welcher die eigenen Entscheidungen zu urheberrechtskonformem Umgang mit Materialien in der Lehre erleichtern soll.

## 2. Einführung in das Urheberrecht in der Lehre

Das UrhWissG umfasst die Paragraphen §§ 60a–h UrhG. Darin werden die erlaubten Nutzungsmöglichkeiten von urheberrechtlich geschützten Werken für die Bereiche der Lehre und Forschung unter der Bedingung geregelt, dass es keiner Zustimmung zur Nutzung durch die Urheberin oder den Urheber (Schöpfende des Werks) bedarf. Paragraphen §§ 60a-h UrhG regeln damit die sogenannten Schranken des Urheberrechts neu. Besonderes Augenmerk liegt dabei auf §§ 60 a–c UrhG, die die Nutzung von urheberrechtlich geschützten Werken in Unterricht und Lehre (§60a), die Nutzung zur Herstellung von Lehrmedien (§60b) und die Nutzung zu Zwecken für die wissenschaftliche Forschung (§ 60c) regeln.

Das UrhWissG ist zum 1. März 2018 in Kraft getreten und ist zunächst bis Ende Februar 2023 gültig. Das bedeutet, dass jedes Werk, welches ab diesem Zeitpunkt zur Verfügung gestellt wird, diesem Gesetz unterliegt. Bis zu diesem Zeitpunkt veröffentlichte Dokumente unterliegen dem bis dahin geltenden Gesetz. Somit muss eine Anpassung früherer Materialien nicht stattfinden, sollten diese nicht weiter verteilt werden. Für sie besteht demnach eine Art Bestandsschutz.

Neben den neu ins UrhG eingefügten Paragraphen §§ 60 a–h UrhG kennt das Urheberrecht weitere Schrankenregelungen, die sich im UrhG Abschnitt 6 „Schranken des Urheberrechts durch gesetzlich erlaubte Nutzungen" (§§ 44a–63a UrhG) finden lassen. Für Forschung und Lehre ist besonders § 51 UrhG „Zitate" von besonderer Relevanz. Zusammen mit § 63 UrhG „Quellenangabe" regelt er die Nutzung von urheberrechtlich geschützten Werken zu Zitatzwecken, wobei die Zitate mit einer korrekten Quellenangabe belegt werden müssen. Die folgende Tabelle 1 erklärt zentrale Begriffe des Urheberrechts, welche für das weitere Verständnis essentiell sind.

Neben den neu eingeführten Nutzungsrechten von urheberrechtlich geschützten Werken durch das UrhWissG (§ 60a–h UrhG) begrenzen weitere Schrankenrechte die Rechte der Urheberin oder des Urhebers eines Werkes. Als besonders wesentlich stellt sich dabei der § 51 UrhG heraus, der die Nutzung eines geschützten Werkes zum Zweck des Zitats gestattet, ohne vorherige Einwilligung der Urheberin oder des Urhebers. Dabei entfällt, anders als bei der Nutzung zu Zwecken für Unterricht, Wissenschaft und Institutionen (§§ 60a–f), die Pflicht zur Zahlung einer Vergütung. Generell ist demnach das Zitat die rechtlich legale Möglichkeit, fremde Leistungen in ein eigenes Werk ohne die Zustimmung des Urhebers unentgeltlich zu übernehmen.

Tabelle 1: Relevante Begriffe des Urheberrechts

| Bezeichnung | Definition und Bedingungen |
|---|---|
| Urheber | Schöpfer des Werks[1] |
| geschütztes Werk | persönliche geistige Schöpfungen eines Werks (Sprachwerke, Musikwerke, Lichtbildwerke, etc.)[2] |
| Vervielfältigung | Herstellung von Kopien des Originalwerkes sowohl analog als auch in digitaler Form, z. B. auf Bild-/Tonträger[3] |
| Verbreitung | das Original oder Vervielfältigungsstücke des Werkes der Öffentlichkeit anbieten oder in Verkehr bringen[4] |
| öffentlich zugänglich machen | ein Werk drahtgebunden oder drahtlos der Öffentlichkeit ort- und zeitunabhängig zugänglich machen[5] |

## 3. Creative-Commons-Lizenzen

Die CC-Lizenzen (für eine Auflistung vgl. Tabelle 2) sind allgemein freie, standardisierte Lizenzverträge, wodurch Urheberinnen und Urheber ihre Originalwerke oder -medien der Öffentlichkeit oder einzelnen Personen unentgeltlich zur Verfügung stellen können. Die CC-Lizenzen zählen zu einem standardisierten Lizenzsystem, wie den Open-Content-Lizenzen[6], verschaffen jedoch Urheberinnen und Urhebern die Möglichkeit, einzelne oder ganze Inhalte eines Werkes freizugeben, ohne auf ihre Rechte verzichten oder diese kostenpflichtig schützen zu müssen (Kreutzer et al., 2017: 37). In Deutschland können insgesamt sieben Abstufungen vorgenommen werden. Bei Verwendung eines CC-lizenzierten Mediums müssen somit neben der Namensnennung des Urhebers immer der Titel des Werkes, der Hinweis auf die Creative-Commons-Lizenz sowie der zugehörige Link zur Internetquelle angegeben werden (Ruthenfranz, 2018). Eine Ausnahme bildet die CC0- oder Public-Domain-Lizenz. Diese gilt in Deutschland als eine reguläre CC-Lizenz allerdings ohne sonstige Bedingungen.

---

1 Vgl. § 7 UrhG.
2 Vgl. § 2 UrhG.
3 Vgl. § 16 UrhG.
4 Vgl. § 17 UrhG.
5 Vgl. §19a UrhG.
6 Das Modell der Open-Content-Lizenzierung stammt vom US-amerikanischen Rechtswissenschaftler Lawrence Lessing und soll „Kreativschaffenden und Verwertern in erster Linie erleichtern, ihre Werke zur Nutzung der Allgemeinheit freizugeben, ohne auf kostspielige Rechtsberatung angewiesen zu sein oder auf Rechte verzichten zu müssen." (Kreutzer, 2011: 13).

Tabelle 2: Die 7 CC-Lizenzarten (eigene Darstellung in Anlehnung an Duchamps, 2018)

| Bezeichnung | Bedingungen | Materialien dürfen… |
|---|---|---|
| PUBLIC DOMAIN | Public Domain, gemeinfrei, bzw. in Deutschland eine bedingungslose Lizenz | … frei genutzt werden, ohne weitere Bedingungen und Angaben. |
| CC BY | Namensnennung der Urheber | … geteilt, verändert und kommerziell genutzt werden. |
| CC BY SA | Namensnennung der Urheber, Weitergabe unter gleichen Lizenzbedingungen | … geteilt, verändert und kommerziell genutzt werden. |
| CC BY ND | Namensnennung der Urheber, keine Bearbeitung erlaubt. | … nur geteilt, aber nicht verändert werden. |
| CC BY NC | Namensnennung der Urheber, keine kommerzielle Nutzung erlaubt | … geteilt und verändert werden. |
| CC BY NC SA | Namensnennung der Urheber, Weitergabe nach gleichen Lizenzbedingungen, keine kommerzielle Nutzung erlaubt | … geteilt und verändert werden. |
| CC BY NC ND | Namensnennung, keine kommerzielle Nutzung, keine Bearbeitung erlaubt | … nur geteilt, aber nicht verändert werden. |

Die Bedingung „Weitergabe nach gleichen Lizenzbedingungen" bedeutet, dass die Lizenznutzerin oder der Lizenznutzer das Medium in seiner Form beliebig verändern darf, solange die veränderten Beiträge unter derselben Lizenz wie die des Originals verbreitet werden (Creative Commons, o. J.). Die Bearbeitung des Inhalts darf demnach nur mit Einwilligung der Urheberin oder des Urhebers erfolgen. Diese Informationen sind zwingend anzugeben, dabei ist irrelevant, ob unter dem Bild bzw. Video oder, wie in der Wissenschaft üblich, mittels Kurzbeleg und dazugehörigem Quellenverzeichnis.

## 4. Rechtslage bei öffentlichen Vorträgen

Werden Angestellte von Universitäten als Experten für öffentliche Vorträge gebucht, werden diese außerhalb des Lehrumfeldes gehalten. Damit dürfen nicht mehr alle Privilegien der Bildung genutzt werden. Wird der Vortrag eines Referierenden dabei wie gewöhnlich durch eine vollkommen selbst erstellte Präsentation (z. B. PowerPoint-Präsentation) unterstützt, müssen wenige Regelungen beachtet werden. Handelt es sich hingegen um eine Präsentation mit Werken verschiedener Urheberinnen oder Urheber, gilt es einiges zu beachten.

Zunächst sollte man bei der Erstellung von drei Grundannahmen ausgehen, um eine rechtlich einwandfreie Nutzung zu gewährleisten (Schwenke, 2013).

1. Alle Bilder sind rechtlich geschützt.
2. Unwissenheit schützt nicht vor einer Strafe. Entnimmt man Teile aus einem **nicht** urheberrechtlich geschützten Werk, darf nicht angenommen werden, dass die übernommenen Teile nicht unerlaubterweise aus einem geschützten Werk übernommen wurden. Die Primärquelle eines Werkes ist entscheidend, denn deren Urheber*in oder ist die*der alleinige Besitzer*in. Das Entnehmen geschützten geistigen Eigentums aus einem lizenzfreien Werk wird nach wie vor als Verstoß geahndet. Daher ist die Erlaubnis der Primärquelle immer einzuholen.
3. Richtige Angabe der Quelle ist nach § 63 UrhG verpflichtend. Wenn Bilder bei Stockarchiven gekauft wurden, ist dies als gültiger Nutzungsvertrag bis zum Vertragsende anzusehen. Es ist ausreichend, wenn diese am Ende der Präsentation in einer Quellenübersicht aufgeführt werden. Es sei denn, das Stockbildarchiv verlangt die Nennung der Urheberin oder des Urhebers direkt neben jedem einzelnen Bild.

Bei Verstoß gegen das Urheberrecht oder ein sonstiges durch das Urhebergesetz geschütztes Recht kann die oder der Berechtigte die Beseitigung der Beeinträchtigung sowie bei Wiederholungsgefahr eine Unterlassung verlangen. Der Anspruch auf Unterlassung besteht auch dann, wenn eine Zuwiderhandlung erstmalig droht (§ 97 Abs. 1 UrhG). Zudem kann ein Schadensersatzanspruch der oder des Berechtigten entstehen, wenn die verletzende Handlung vorsätzlich oder fahrlässig vorgenommen wird (§ 97 Abs. 2 UrhG). Gemäß § 22 Satz 1 Kunsturhebergesetz (KunstUrhG) dürfen Bildnisse nur mit Einwilligung der oder des Abgebildeten verbreitet oder öffentlich zur Schau gestellt werden. Wird also ein Foto der oder des Referierenden ohne deren oder dessen Einwilligung gemacht und dieses verbreitet oder öffentlich zur Schau gestellt, so kann hierin grundsätzlich ein Verstoß gegen diese Vorschrift gegeben sein. Satz 2 bestimmt aber, dass die Einwilligung im Zweifel als erteilt gilt, wenn die oder der Abgebildete dafür, dass sie oder er sich abbilden ließ, eine Entlohnung erhielt.[7]

## 5. Fazit

Die zu Beginn gestellte Frage einer impraktikablen Anpassung des Urheberrechts für Forschung und Lehre kann eindeutig verneint werden. Die Neuregelung bietet umsetzbare Lösungen für den rechtsgemäßen Umgang mit den relevanten Lehr- und Forschungsmethoden des 21. Jahrhunderts. Gleichzeitig bietet sie Schutz für digital erstellte Werke und legt klare Regelungen für die Benutzung fest. Abbildung 1 zeigt eine exemplarische Darstellung des Entscheidungsbaums für das Urheberecht in der Lehre. Die vollauflösenden Plakate im A1-Format für diesen und weitere Anwendungsbereiche können online abgerufen und unter der darauf angegebenen Lizenz verwendet werden.[8]

---

[7] Vgl. Ebd.
[8] Die Entscheidungsbäume können in voller Auflösung unter https://www.tu-braunschweig.de/wi2/downloads abgerufen werden.

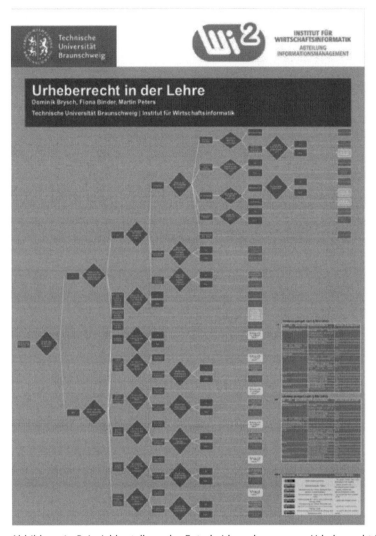

Abbildung 1: Beispieldarstellung des Entscheidungsbaums zum Urheberrecht in der Lehre

## Literatur

Creative Commons (Hrsg.) ([Online], o.J.). Namensnennung – Weitergabe unter gleichen Bedingungen 3.0 Deutschland (CC BY-SA 3.0 DE). Verfügbar unter: <https://creativecommons.org/licenses/by-sa/3.0/de/deed.de>, Zugriff am 03.07.2018.

Deutscher Bundestag (Hrsg.) (Drucksache 18/12329 [Online], 15.05.2017, S. 1). *Entwurf eines Gesetzes zur Angleichung des Urheberrechts an die aktuellen Erfordernisse der Wissensgesellschaft.* Verfügbar unter: https://dip21.bundestag.de/dip21/btd/18/123/1812329.pdf>, Zugriff am 09.07.2018.

Duchamps, D. ([Online], 2018). *CC your EDU.* Verfügbar unter: http://www.cc-your-edu.de/die-cc-idee/die-cc-lizenzen/. Zugriff am 28.05.2018.

Kreutzer, Deutsche UNESCO-Kommission e. V. (Hrsg.) (2011). *Open Content Lizenzen – Ein Leitfaden für die Praxis.* 1. Aufl. Bonn.

Kreutzer, T., Hirche, T. (2017). *Rechtsfragen zur Digitalisierung in der Lehre. Praxisleitfaden zum Recht bei E-Learning, OER und Open Content.* 1. Aufl. Multimedia-Kontor. Hamburg

Ruthenfranz C. ([Online], 17.04.2018). *CC-Lizenzen anwenden.* Ruhr-Universität Bochum (RUB) (Hrsg.). Verfügbar unter: https://moodle.ruhr-uni-bochum.de/m/mod/page/view.php?id=260829, Zugriff am 03.07.2018.

Schwenke, T. ([Online], 2013). *Urheberrecht und Präsentationsunterlagen – Pflichtwissen für Vortragende & Veranstalter.* Verfügbar unter: https://drschwenke.de/urheberrecht-praesentationsunterlagen-pflichtwissen-vortragende-veranstalter/, Zugriff am 14.06.2018.

*Ara Ezat, Lena Neumann, Stefan Sievert, Susanne Robra-Bissantz, Patrick Helmholz und Alexander Perl*

## Herausforderungen im Datenschutz an der Hochschule
### Generierung von Lösungsvorschlägen für Forschung und Lehre

**Abstract**

Die Herausforderungen im Datenschutz werden durch neue Regularien immer größer. Gerade öffentlichen Bildungseinrichtungen wie Hochschulen fehlt hier häufig die notwendige Kompetenz oder ein Ansprechpartner. Ziel dieses Beitrages ist es, die rechtlichen Grundlagen des Datenschutzes für Hochschulen am Beispiel der TU Braunschweig als öffentlicher Stelle darzulegen. Dabei werden die Prozesse eines Lehrstuhls auf Datenschutzkonformität hin analysiert und datenschutzkonforme Lösungsvorschläge konzipiert. Die Lösungsvorschläge sollen neben der Datenschutzkonformität zu bestehenden Regelungen möglichst gewährleisten, dass keine Komforteinbuße zu den aktuellen Prozessen entstehen. Diese Lösungsvorschläge sollen als Handlungsempfehlungen für andere Institute und Lehrstühle dienen.

## 1. Einleitung

Daten haben in den vergangenen Jahren durch die Digitalisierung und Big Data immer mehr an Bedeutung gewonnen. Sie gelten als „Rohstoff des 21. Jahrhunderts" (Paal u. a., 2018) und werden auch als Währung bezeichnet (Reiners, 2015). Als bedeutendes Wirtschaftsgut spielen sie für Unternehmen eine zentrale Rolle (Wybitul, 2016). Alltäglich wird eine Vielzahl an Daten erhoben und verarbeitet, um die Durchführung der in- und externen Geschäftsprozesse zu gewährleisten (Voigt & Bussche, 2018). Mit der Zunahme der Bedeutung der Daten werden aber auch Regeln zum Umgang mit Daten sowie deren Schutz immer wichtiger (Eckhardt & Kramer, 2013).

In diesem Zusammenhang hat der europäische Gesetzgeber 2016 die Datenschutz-Grundverordnung (DSGVO) verabschiedet, die zum 25. Mai 2018 in Kraft getreten und in allen EU-Mitgliedstaaten unmittelbar anzuwenden ist. Die DSGVO löst damit die bisherige Datenschutzrichtlinie der Europäischen Gemeinschaft ab und gilt als das neue prägende Fundament des europäischen Datenschutzes (Paal u. a., 2018). Als Ziel der DSGVO soll eine weitgehende Vereinheitlichung der Datenschutzregeln innerhalb der EU-Mitgliedstaaten geschaffen werden. Ergänzend wird mit dem Wirksamwerden der DSGVO die Erhöhung des Datenschutzniveaus zugunsten der betroffenen Personen angestrebt.

Für private Organisationen und öffentliche Stellen in Deutschland bedeuten die Änderungen im europäischen und nationalen Datenschutzrecht, dass von ihnen Aktivitäten einzuleiten sind, um den neuen Vorgaben zu entsprechen. Auch an der Technischen Universität (TU) in Braunschweig als öffentliche Stelle des Landes Niedersachsen besteht Handlungsbedarf. Dieser Artikel gibt einen Einblick in die Regularien zum Datenschutz mit einem speziellen Blick auf die Überprüfung der Prozesse eines Lehrstuhls an der Hochschule.

## 2. Grundbegriffe des Datenschutzes

Um ein Grundverständnis im Bereich des Datenschutzes zu schaffen, werden nachfolgend die wichtigsten Grundbegriffe und Zusammenhänge im Datenschutz erläutert.

Der Begriff der *personenbezogenen Daten* gilt als wesentlicher Kernbegriff im Datenschutz und ist von zentraler Bedeutung für die Anwendung des Datenschutzrechts. Alle Informationen, die auf identifizierte und identifizierbare natürliche Personen Bezug nehmen, werden in der DSGVO unter dem Ausdruck personenbezogene Daten zusammengefasst (vgl. Art. 4 Abs. 1 DSGVO). „Als identifizierbar wird eine natürliche Person angesehen, die direkt oder indirekt, insbesondere mittels Zuordnung zu einer Kennung wie einem Namen, zu einer Kennnummer, zu Standorten, zu einer Online-Kennung oder zu einem oder mehreren besonderen Merkmalen identifiziert werden kann" (Art. 4 Abs. 1 DSGVO). Als Beispiele für personenbezogene Daten lassen sich sowohl allgemeine Personendaten, wie zum Beispiel Name, Geburtsdatum, Alter und Telefonnummer, als auch physische Merkmale, wie beispielsweise Haut-, Haar- und Augenfarbe, nennen. Ergänzend werden auch Kennnummern, wie die Personalausweis- und Matrikelnummer sowie Werturteile und Leistungsnachweise als personenbezogene Daten definiert.

Ein weiterer wichtiger Begriff im Datenschutzrecht ist die *Verarbeitung*. Unter diesem Ausdruck werden neben allen manuellen auch alle automatisierten Vorgänge im Zusammenhang mit personenbezogenen Daten beschrieben (vgl. Art. 4 Abs. 2 DSGVO). Darunter fallen sämtliche Aktivitäten, die von der erstmaligen Erhebung der Daten, über deren Speicherung wie auch Veränderung bis hin zur Übermittlung und Löschung der Daten reichen (Tinnefeld, Buchner, Petri & Hof, 2017; Voigt & Bussche, 2018). Ein Beispiel für einen Zweck der Verarbeitung personenbezogener Daten im Rahmen einer Hochschule ist die Studierenden- und Prüfungsverwaltung.

Generell bedarf es im Umgang mit personenbezogenen Daten besonderer Schutzmaßnahmen, welche die Sicherheit der Datenverarbeitung gewährleisten sollen (vgl. Art. 32 Abs. 1 DSGVO). Als eine geeignete technische Maßnahme zum Schutz der Rechte und Einschränkung der Risiken der natürlichen Person wird im Gesetz die *Pseudonymisierung* von Daten beschrieben (vgl. Art. 25 Abs. 1 DSGVO; Art. 32 Abs. 1 lit. a DSGVO; ErwGr. 28 DSGVO). Mithilfe des Vorgehens der Pseudonymisierung können personenbezogene Daten ohne Hinzuziehung zusätzlicher Informationen nicht mehr einer spezifischen Person zugeordnet werden. Als Voraussetzung gilt jedoch gemäß Art. 4 Abs. 5 DSGVO, dass diese zusätzlichen Informationen zum Auflösen der Pseudonymisierung gesondert aufbewahrt werden und mithilfe von technischen und organisatorischen Maßnahmen gewährleistet wird, dass keine Zuweisung erfolgen kann. Alle personenbezogenen Daten, die einer Pseudonymisierung unterzogen werden, gelten jedoch weiterhin als Informationen über eine identifizierbare natürliche Person und unterliegen folglich auch weiterhin den Regelungen des Datenschutzes (Voigt & Bussche, 2018).

Zuletzt lassen sich im Datenschutzrecht noch verschiedene Rollen definieren, denen unterschiedliche Aufgaben und Pflichten zugeordnet werden können. Als *Verantwortlicher* wird eine „natürliche oder juristische Person, Behörde, Einrichtung oder andere Stelle, die allein oder gemeinsam mit anderen über die Zwecke und Mittel der Verarbeitung von personenbezogenen Daten entscheidet" (Art. 4 Abs. 7 DSGVO) bezeichnet. Im Rahmen einer Hochschule übernimmt die Rolle des Verantwortlichen die Leitung der Universität. Aufgaben und Pflichten, die sich für den Verantwortlichen aus der DSGVO ergeben, können jedoch ganz oder teilweise auf andere Personen bzw. Stellen übertragen werden. An einer Hochschule können folglich die Leiter der Organisationseinheiten dazu benannt werden, die Verantwortung für die Einhaltung der übertragenen Aufgaben und Pflichten zu übernehmen. Wer im Auftrag des Verantwortlichen personenbezogene Daten verarbeitet, wird laut DSGVO als *Auftragsverarbeiter* bezeichnet (vgl. Art. 4 Abs. 8 DSGVO). Im Sinne der DSGVO gilt jede identifizierte oder identifizierbare natürliche Person als *Betroffener* (vgl. Art. 4 Abs. 1 DSGVO). Bezogen auf eine Hochschule können somit Studierende, das Personal der Hochschule und auch externe Personen, die beispielsweise Teilnehmer an Befragungen sind, als Betroffene bezeichnet werden. Die DSGVO unterscheidet weiterhin zwischen Empfängern und Dritten. Empfängern werden die personenbezogenen Daten offengelegt, unabhängig davon ob sie Dritte sind oder nicht (vgl. Art. 4 Abs. 9 DSGVO). Ein Dritter wiederum ist jede natürliche oder juristische Person, Behörde, Einrichtung oder andere Stelle, welcher die anderen Rollen als Verantwortlicher, Auftragsverarbeiter oder Betroffener nicht erfüllt (vgl. Art. 4 Abs. 10 DSGVO).

## 3. Datenschutz an Hochschulen

Der Begriff der personenbezogenen Daten gilt als wesentlicher Kernbegriff im Datenschutz. Durch das Wirksamwerden der neuen DSGVO für alle Mitgliedstaaten der EU haben sich vielfältige Änderungen auf organisatorischer und inhaltlicher Ebene im Datenschutzrecht ergeben. Die DSGVO beinhaltet neben 99 Artikeln und 173 Erwägungsgründen eine Vielzahl an Öffnungsklauseln und Regelungsaufträgen für den nationalen Gesetzgeber (Voigt & Bussche, 2018).

Daraus folgt, dass in Deutschland sowohl auf Bundes- als auch auf Landesebene Modifizierungen, Erweiterungen und Neufassungen der bestehenden Gesetze vorgenommen werden mussten. Während auf Bundesebene bereits 2017 ein neues Gesetz verabschiedet wurde, gibt es seit Mai 2018 auf Landesebene das Gesetz zur Neuregelung des niedersächsischen Datenschutzes. Dieses enthält unter anderem auch eine Neufassung des Niedersächsischen Datenschutzgesetzes (NDSG) (Voigt & Bussche, 2018).

Für eine Hochschule in Niedersachsen als öffentliche Stelle ist generell die Anwendung der DSGVO sowie des NDSG verpflichtend (vgl. § 1 NDSG). Weiterhin muss hinsichtlich der Erfüllung des Datenschutzes an Hochschulen das Niedersächsische

Hochschulgesetz (NHG) beachtet werden. Ergänzend gelten in Abhängigkeit der jeweiligen Hochschule spezifische Ordnungen, welche Aspekte des Datenschutzes aufgreifen müssen.

Abbildung 1: Relevante Datenschutzrichtlinien für Hochschulen (eigene Darstellung)

Die Verarbeitung personenbezogener Daten ist für eine Hochschule nach § 17 NHG rechtmäßig, sofern diese Daten der Einschreibung, der Teilnahme an Lehrveranstaltungen und Prüfungen, der Nutzung von Hochschuleinrichtungen sowie der Kontaktpflege mit ehemaligen Hochschulmitgliedern dienen. Dabei dürfen nur Daten von Studienbewerberinnen und -bewerbern sowie Mitgliedern und Angehörigen, die nicht in einem Dienst- oder Arbeitsverhältnis zu der Hochschule stehen, verarbeitet werden und eine Ordnung der Hochschule muss ergänzend die Zulässigkeit der Verarbeitung festlegen („Landesbeauftragte für Datenschutz Niedersachsen: Hochschulen", 2018). Letztendlich bedeuten die soeben erläuterten Regelungen für die Praxis, dass als Voraussetzung für die Verarbeitung personenbezogener Daten immer eine Rechtsgrundlage zu erfüllen ist, welche die Zulässigkeit der Verarbeitung garantiert.

## 4. Notwendige Aktivitäten für Lehrstühle

Neben der zentralen Bestrebung von Universitäten durch Datenschutzbeauftragte in Zusammenarbeit mit anderen zentralen Stellen an der Hochschule, sind auch die einzelnen Lehrstühle gefordert. Sie müssen zeitnah ihre Prozesse an die neuen Datenschutzrichtlinien anzupassen und diese nachhaltig zu etablieren. Dazu sind die folgenden sieben Schritte notwendig:

1. Identifikation von Prozessen in denen pers. bez. Daten verarbeitet werden
2. Identifikation der jeweiligen Teilprozesse
3. Identifikation der jeweiligen Stakeholder
4. Erfassung der Anforderungen der Stakeholder
5. Analyse der Prozesse auf Datenschutzkonformität
6. Erarbeitung von datenschutzkonformen Lösungsvorschlägen
7. Abstimmung der Vorschläge mit den Stakeholdern/Verantwortlichen

Diese Arbeit der Lehrstühle sollte immer in Abstimmung mit dem Datenschutzbeauftragten der Universität stattfinden. Die Schritte wurden von einem Lehrstuhl der TU Braunschweig in Zusammenarbeit mit einigen Mitarbeitern sowie dem Datenschutzbeauftragten und dem CIO durchlaufen. Die wichtigsten identifizierten Prozesse, in denen personenbezogene Daten von Studierenden verarbeitet werden, sind in Abbildung 2 dargestellt.

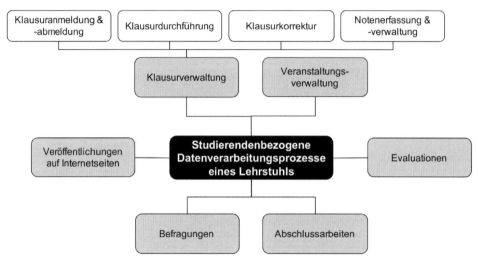

Abbildung 2: Erfasste Datenverarbeitungsprozesse eines Lehrstuhls der TU Braunschweig (eigene Darstellung)

Zu den Hauptprozessen gehört die Klausurverwaltung, die Veranstaltungsverwaltung, die Evaluation, Befragungen, Abschlussarbeiten sowie die Veröffentlichung auf Internetseiten. Diese Prozesse lassen sich wiederum in Teilprozesse untergliedern. Nachfolgend wird der Prozess der Klausurverwaltung weitergehend betrachtet. Hierbei sind beispielsweise die Klausuranmeldung und -abmeldung, -durchführung, -korrektur sowie die Notenerfassung und -verwaltung relevante Teilprozesse.

Nach einer Erfassung der Teilprozesse und der Identifikation der Stakeholder wurde der Prozess mit Hilfe einer Ereignisgesteuerten Prozesskette (EPK) modelliert (siehe Anhang). Anschließend wurden die Stakeholder zu ihren Anforderungen befragt. Im Teilprozess Klausurkorrektur haben die Stakeholder Lehrstuhlmitarbeiter, Teamassistenz und AStA spezielle Anforderungen definiert, die möglichst beachtet werden sollen. Die anschließende Analyse zeigte, dass die Teilprozesse Prüfungsanmeldung und -abmeldung sowie die Prüfungsdurchführung datenschutzkonform verlaufen und bedürfen daher keiner weiteren Änderung. Der Prozess Klausurkorrektur ist datenschutzrechtlich zu beanstanden. Durch das Deckblatt erhalten die Lehrstuhlmitarbeiter Einsicht in personenbezogene Daten. Diese sensiblen Daten sind zu pseudonymisieren. Nach Art. 25 Abs. 1 DSGVO und Art. 32 Abs. 1 lit. a DSGVO sind verarbeitende Stellen verpflichtet, technische und organisatorische Maßnahmen wie z. B. die Pseudonymisierung umzusetzen, um die Datenschutzgrundsätze zu gewährleisten. Die Pseudonymisierung würde darüber hinaus neutrales Bewerten der Korrigierenden sicherstellen. Der Prozess Notenverwaltung weist bezüglich der Veröffentlichung von Ergebnissen zudem kritische Merkmale auf, die nicht datenschutzkonform sind.

Ein Lösungsvorschlag, der von den Stakeholdern präferiert wurde, beinhaltet die Generierung von Zufallscodes und doppelten Klausurdeckblättern. Das Deckblatt mit den personenbezogenen Daten der Person wird nach der Klausur entfernt und kann nur noch über den Code zugeordnet werden. Der Ansatz des Lösungsvorschlags betrifft dementsprechend bereits den Teilprozess der Klausurdurchführung.

## 5. Zusammenfassung

Der vorliegende Beitrag hat gezeigt, welche Komplexität das Thema des Datenschutzes an der Hochschule hat und welche Richtlinien für Hochschulen relevant sind. Viele Lehrstühle sind mit den Herausforderungen des Datenschutzes, speziell den Neuregelungen, überfordert. Standardprozesse, wie beispielsweise die Klausurverwaltung, sind bei vielen Lehrstühlen nicht datenschutzkonform. Die Lehrstühle sind daher aufgefordert ihre Prozesse zu überprüfen und entsprechend anzupassen. Teilweise sind es kleine und einfach umzusetzende Änderungen, die bereits dazu führen, dass Prozesse den Richtlinien entsprechen. Im Rahmen dieses Forschungsprojektes wurden mehrere Handlungsempfehlungen für Standardprozesse erarbeitet, von denen hier nur eine kurz angesprochen wurde.

## Literatur

Eckhardt, J. & Kramer, R. (2013). EU-DSGVO – Diskussionspunkte aus der Praxis. *Datenschutz und Datensicherheit – DuD, 37*(5), 287–294. https://doi.org/10.1007/s11623-013-0110-5

Landesbeauftragte für Datenschutz Niedersachsen: Hochschulen. (2018). Abgerufen 1. Dezember 2019 von https://www.lfd.niedersachsen.de/themen/hochschulen/hochschulen-56169.html

Paal, B. P., Pauly, D. A., Ernst, S., Frenzel, E. M., Gräber, T., Hennemann, M., … Nolden, C. (2018). *Datenschutz-Grundverordnung Bundesdatenschutzgesetz* (2. Aufl.). München: C.H. Beck.

Reiners, W. (2015). Datenschutz in der Personal Data Economy – Eine Chance für Europa. *ZD Zeitschrift für Datenschutz*, (2), 51–55.

Tinnefeld, M.-T., Buchner, B., Petri, T. & Hof, H.-J. (2017). *Einführung in das Datenschutzrecht: Datenschutz und Informationsfreiheit in europäischer Sicht* (6. Aufl.). Berlin: De Gruyter Oldenbourg.

Voigt, P. & Bussche, A. von dem. (2018). *EU-Datenschutz-Grundverordnung (DSGVO): Praktikerhandbuch*. Berlin, Heidelberg: Springer-Verlag. Abgerufen von https://www.springer.com/de/book/9783662561867

Wybitul, T. (2016). *EU-Datenschutz-Grundverordnung im Unternehmen: Praxisleitfaden* (1. Aufl.). Frankfurt am Main: Fachmedien Recht und Wirtschaft in Deutscher Fachverlag GmbH.

## Anhang

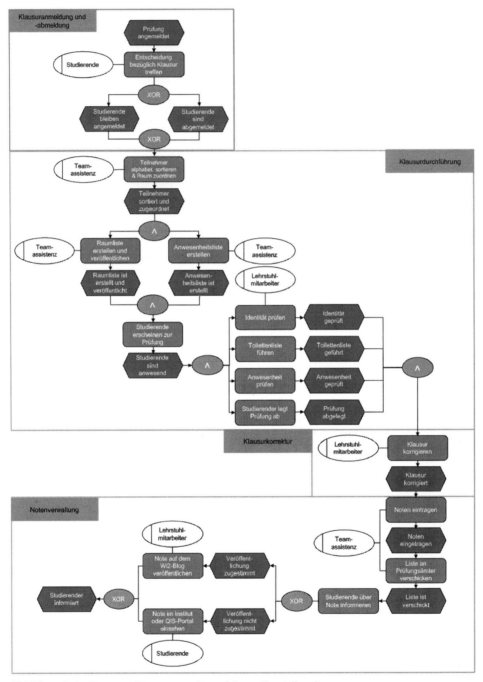

Abbildung 3: Ist-Prozess – Klausurverwaltung (eigene Darstellung)

*Jörn Loviscach und Mathias Magdowski*

# Audience Response durch Zeichnen statt Clickern
## Ein webbasiertes System zum kollaborativen grafischen Lösen von Aufgaben

## 1. Gemeinsam zeichnen

Audience-Response-Systeme werden häufig zur Aktivierung der Studierenden in großen Präsenzveranstaltungen eingesetzt (siehe etwa Quibeldey-Cirkel 2018), insbesondere, um Vorwissen zu prüfen oder Inhalte zu festigen. Typischerweise geht es dabei um Fragen mit Einfachauswahl, bei denen die falschen Antwortmöglichkeiten auf Fehlkonzepten beruhen, die von der Lehrperson vermutet wurden. Allerdings führen die begrenzten Antwortmöglichkeiten dazu, dass sich schlecht konzipierte Fragen oberflächlich mittels Ausschlussprinzip oder durch simples Eingeben in Google oder Wolfram Alpha beantworten lassen. Daneben eignen sich die meisten Audience-Response-Systeme kaum für spontane Aktionen aus der didaktischen Situation heraus, sondern sind zum Einsatz in vorbereiteten Folienpräsentationen gedacht.

Die in diesem Beitrag vorgestellte Methode benutzt dagegen einen Ansatz auf Basis eines offenen, grafischen Antwortformats: Ein lokales Programm auf dem Dozierendenrechner in Verbindung mit einer Web-Anwendung erlaubt allen Studierenden, mit ihren eigenen mobilen Endgeräten auf der zentralen Projektionsfläche zu zeichnen. Damit können dann Aufgaben bearbeitet werden, die eine grafische Lösung erfordern, etwa einen Funktionsverlauf zu plotten, Spannungs- und Strompfeile in ein Schaltbild einzuzeichnen oder einen Bewegungsverlauf zu skizzieren.

Das System ähnelt einem kollaborativen Whiteboard (hier sei beispielhaft das leichtfüßige https://onthesamepage.online erwähnt), unterscheidet sich davon aber durch die Unterstützung der Anwendung in der Lehre:

- Die Studierenden sehen (wahlweise) nicht sofort gegenseitig ihre Beiträge.
- Beiträge können vorab kontrolliert und einzeln ein-/ausgeblendet werden, zum besseren Vergleich auch im Raster nebeneinander. (Damit dem Publikum die Kontrolle verborgen bleibt, nutzt man dafür sinnvollerweise ein Tablet, das etwa mittels einer Desktop-Erweiterungs-App wie Datronicsoft Spacedesk als Drittbildschirm am Dozierendenrechner hängt.)
- Der Hintergrund der Zeichnung auf dem mobilen Gerät ist der aktuelle, im Sekundentakt übertragene Desktop des Dozierendenrechners, egal, welches Programm dort gerade benutzt und angezeigt wird. Man ist damit nicht auf eine Folienpräsentation festgelegt, sondern kann als Grundlage einer Frage etwa auch eine Zeichensoftware, eine Programmier- oder Simulationsumgebung oder sogar ein Video benutzen.

Kohls und Dubbert (2018) stellen eine Lösung vor, die auf Notizen auf Papier basiert, die mittels Handykamera abfotografiert und an die Lehrperson übertragen werden.

Dies scheint für längere Aufgaben sinnvoll. Jedoch dürfte jede Korrektur ein neues Foto verlangen. Auf dem Papier fehlt ein überall gleicher Hintergrund zum Zeichnen; so gibt es keine einheitliche Anordnung, was den Vergleich in der Zusammenschau erschwert.

## 2. Einsatz

Die Methode wurde mehrfach in einem fast vollbesetzten, 140 Plätze großen Hörsaal an der Otto-von-Guericke-Universität in Magdeburg (Lehrveranstaltung Grundlagen der Elektrotechnik) mit eigens erstellten, als OER verfügbaren Aufgaben (Magdowski, 2018) erprobt. Die Teilnahmequote (Zahl der Antworten geteilt durch 140) betrug grob 60 %, wobei Studierende auch in spontan gebildeten Gruppen gearbeitet haben: „So musst Du das malen." „Gib mal mir das Handy!"

In der Zusammenschau ergeben sich typische Cluster von richtigen und falschen Antworten, die dann im Plenum in kleinen Gruppen mittels Peer Instruction (nach dem Motto „Überzeugen Sie Ihren Sitznachbarn von Ihrer Antwort!", siehe Mazur, Kurz & Harten, 2017) oder frontal diskutiert werden. Besonders reizvoll sind Aufgaben mit mehreren richtigen Lösungen, die dann im Vergleich gegeneinandergestellt werden können. Insgesamt sollte man pro Aufgabe 5 bis 15 Minuten einplanen.

Die Abb. 1 bis 3 zeigen Beispiele aus der Veranstaltung. In Abb. 2 sieht man einen Aufgabentyp, der wegen der freien Antwort nur schwer mittels Multiple-Choice-Fragen umsetzbar wäre. Abb. 3 zeigt links eine korrekte und rechts eine falsche Variante. Dort sind die Widerstände prinzipiell richtig angeordnet, jedoch durch eine Kurzschluss-Verbindung unwirksam. Falsche Antworten waren durchaus typisch; aber welche genau auftauchen, lässt sich durch die Lehrperson nur schwer vorhersagen.

Abb. 4 zeigt mögliche Anwendungen in anderen Fächern. Dabei ist die erste Aufgabe konzeptionell schwach, denn schon eine direkte Eingabe der Formel in Google zeigt die Lösung. Die letzte Aufgabe zeigt einen Teil eines Algorithmus in der Informatik. Wenn man diesen bespricht, aber seinen offiziellen Namen dabei nicht erwähnt, ist diese Aufgabe derzeit kaum per Internetsuche zu lösen.

Eine andere Anwendungsidee ist das Vorrechnen vom Platz aus: Statt dass einzelne Studierende an der Tafel beim Lösen einer Aufgabe quasi zur Schau gestellt werden, können alle Studierenden auf ihren Endgeräten Lösungen entwickeln, von denen man dann einige anonym anzeigt und diskutiert. Dies setzt allerdings voraus, dass diese Lösung auf eine Bildschirmseite passt und die Studierenden ein Endgerät mit einem entsprechend großen Bildschirm sowie einem Stift zur Verfügung haben.

Darüber hinaus ist es denkbar, gemeinsam komplexe Skizzen stückweise zu entwickeln. Dabei zeichnen jede*r Student*in einen bestimmten Teil des Ganzen, wobei die Teile über vorher festgelegte Schnittstellen miteinander verknüpft sind.

Audience Response durch Zeichnen statt Clickern | 191

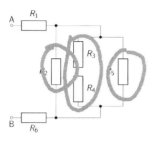
Markiere alle aus Sicht der Knoten A und B parallel geschalteten Widerstände!

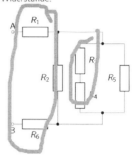
Markiere alle aus Sicht der Knoten A und B in Reihe geschalteten Widerstände!

Abbildung 1: In diesem Aufgabentyp sollen bestimmte Teile einer vorhandenen Schaltung markiert werden. (Abb. 1–5: eigene Darstellung)

Zeichne eine Schaltung, bei der der Ersatzwiderstand mittels $R_{ers} = R_1 + R_2$ berechnet wird!

Zeichne eine Schaltung, bei der der Ersatzwiderstand mittels $\frac{1}{R_{ers}} = \frac{1}{R_1} + \frac{1}{R_2}$ berechnet wird!

Abbildung 2: Hier sollen die Studierenden zu einer vorgegebenen Formel eine passende Schaltung zeichnen.

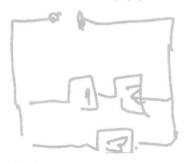
Zeichne eine Schaltung, bei der der Ersatzwiderstand mittels $R_{ers} = \frac{1}{\frac{1}{R_1} + \frac{1}{R_2 - R_3}}$ berechnet wird!

Zeichne eine Schaltung, bei der der Ersatzwiderstand mittels $R_{ers} = \frac{1}{\frac{1}{R_1} + \frac{1}{R_2 + R_3}}$ berechnet wird!

Abbildung 3: Neben richtigen Lösungen finden sich auch zahlreiche kaum vorhersagbare Missverständnisse.

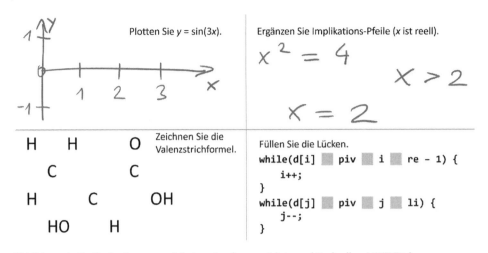

Abbildung 4: Grafische Fragen und Antworten lassen sich in praktisch allen MINT-Fächern einsetzen.

## 3. Erfahrungen

Durch das offene Antwortformat entstehen unvorhergesehene interessante Situationen. Noch während man eine falsche Lösung und das darin sichtbare Missverständnis diskutiert, erkennt die entsprechende Person ihre Zeichnung und korrigiert diese. Solche Aha-Erlebnisse regen den Austausch zwischen Lehrenden und Lernenden an und führen zu mehr Fragen in der Veranstaltung und zu einer offeneren Diskussionskultur, trotz oder sogar dank der anfänglichen Anonymität. Es lassen sich sogar nicht nur Aufgaben stellen, sondern auch Erklärungen mit dem Publikum schrittweise erarbeiten, siehe Abb. 5.

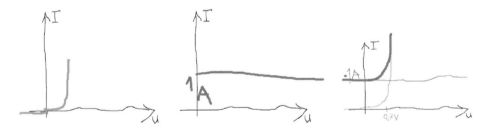

Abbildung 5: Die Kennlinie einer Parallelschaltung aus Diode und Stromquelle ist nach und nach (links: nur Diode, mittig: nur Stromquelle, rechts: beide parallel) kollaborativ entstanden.

Die Anonymität der Zeichnungen schließt persönliche Attacken aus (auch wenn unpersönliche Angriffe der Art „Welcher Trottel hat denn …" immer noch möglich sind, aber in der Erprobung nicht passiert sind). Trotzdem hat sich gezeigt, dass eine Vorkontrolle nötig ist, bevor man die Zeichnungen groß anzeigt, denn die Anonymität baut auch Hemmungen ab, Unflätiges zu zeichnen.

An einer weiteren Hochschule ist spontan eine weitere Art des Einsatzes entstanden: das Markieren von unverstandenen Stellen auf Präsentationsfolien. Dies weist Ähnlichkeiten zu einem digitalen Backchannel auf (siehe etwa Ebner et al., 2014).

Das Zeichnen mittels Finger auf dem kleinen Bildschirm eines Smartphones ist sehr ungenau. Im Nachhinein ist klar, dass man 100 billige passive Eingabestifte kaufen und an die Studierenden hätte verschenken sollen.

## 4. Technik und Rechtliches

Der Prototyp des Systems ist als Windows-Anwendung realisiert, die mit PHP-Seiten kommuniziert, welche bei einem Webhoster liegen. Die Studierenden greifen auf diese PHP-Seiten zu. Die naheliegende Lösung, dass die Windows-Anwendung den Webserver beinhaltet, lässt sich leider in den hochschulüblichen WLANs meist nicht realisieren, weil die Rechner dort gegeneinander abgeschottet sind. Eine Alternative wäre, am Dozierendenrechner einen eigenen WLAN-Access-Point zu eröffnen. Die Studierenden müssten dann für die Veranstaltung vom normalen Hochschul-WLAN auf dieses WLAN wechseln. So wären nebenbei die medialen Ablenkungen des Internets ausgesperrt; allerdings dürfte die Teilnahmequote drastisch sinken.

Die Zeichnungen werden auf dem Hauptbildschirm mit einem Lochraster eingeblendet: Einer von vier Pixeln bleibt frei. Durch diese Lücken hindurch bleibt der originale Hintergrund erkennbar. Nur diese freien Pixel werden für die Bildschirmaufnahme benutzt und als Hintergrundbild an das Publikum gesendet, so dass die mobilen Geräte nicht die zentral dargestellten Striche zeigen, sondern nur – lokal darübergelegt – die jeweils eigenen.

Die Zeichnungen der Teilnehmenden dürften nicht die Schöpfungshöhe für das Urheberrecht erreichen. Schwieriger ist die rechtliche Lage allerdings mit dem Hintergrundbild auf dem Dozierendenrechner. Weil im Prinzip jeder, der die URL kennt, teilnehmen kann, sollte man nur Materialien zeigen, die jedermann sehen darf.

Die Studierenden melden sich anonym an, was den Datenschutz vereinfacht. Allerdings speichert der Webhosting-Provider kurzzeitig die IP-Nummern.

Eine Barrierefreiheit ist für Studierende mit eingeschränktem Sehvermögen nicht gegeben; es ist derzeit unklar, wie man hier vorgehen könnte. In der Praxis zeigt sich allerdings als bedeutendere Benachteiligung beziehungsweise Bevorteilung, dass einige Studierende über große Tablets mit guten Stift-Digitizern verfügen, aber viele nur über kleine Smartphones.

## 5. Fazit und Ausblick

Insgesamt lässt sich festhalten, dass durch den Einsatz des Online-Systems eine hohe Flexibilität der Lehrmethoden erreicht werden kann, mit viel Spielraum zur Improvisation und zur Anpassung an spontan auftretende Notwendigkeiten. Von den Lehrenden, die das System bisher erprobt haben, liegen Wünsche vor, von denen einige inzwischen umgesetzt sind, so der Export der Zeichnungen als SVG-Datei und das zentrale Löschen der Skizzen aller Studierenden. Ebenfalls geäußerte Wünsche nach einstellbarer Strichdicke oder nach Texteingaben für die Informatik sind nachvollziehbar, kollidieren aber mit dem angestrebten Minimalismus. Konzeptionell herausfordernd ist der – anfangs nicht geplante – Einsatz des Systems als Backchannel: Wenn man etwa in einer Folienpräsentation weiterblättert, bleiben die gezeichneten Kommentare stehen und erscheinen damit auf der falschen Folie. Hier ist technisch die Kommunikation mit der gerade laufenden Anwendung oder aber eine Bildanalyse vonnöten.

## Literatur

Ebner, M., Haintz, C., Pichler, K. & Schön, S. (2014). Technologiegestützte Echtzeit-Interaktion in Massenvorlesungen im Hörsaal. Entwicklung und Erprobung eines digitalen Backchannels während der Vorlesung. In: Rummler, K. (Hrsg.), *Lernräume gestalten – Bildungskontexte vielfältig denken* (S. 567–578). Münster: Waxmann. https://www.waxmann.com/fileadmin/media/zusatztexte/3142Volltext.pdf

Kohls, C. & Dubbert, D. (2018). Klein, aber fein: Ad-hoc Lösungen zeigen im Flipped Classroom. In: Krömker, D., Schroeder, U. (Hrsg.), *DeLFI 2018 – Die 16. E-Learning Fachtagung Informatik* (S. 309–310). Bonn: Gesellschaft für Informatik e.V. https://dl.gi.de/handle/20.500.12116/16981

Magdowski, M. (2018). *Aufgabenkatalog zu den Grundlagen der Elektrotechnik* (CC BY-SA 3.0). https://www.overleaf.com/read/sbmcdqmspjfr

Mazur, E., Kurz, G. & Harten, U. (2017). *Peer Instruction – Interaktive Lehre praktisch umgesetzt*. Heidelberg: Springer Spektrum. https://www.springer.com/de/book/9783662543764

Quibeldey-Cirkel, K. (2018). Lehren und Lernen mit Audience Response Systemen. In: de Witt, C., Gloerfeld, C. (Hrsg.), *Handbuch Mobile Learning* (S. 809–839). Wiesbaden: Springer VS. https://link.springer.com/chapter/10.1007/978-3-658-19123-8_38

*Oliver Müller, Robert Garmann und Oliver Rod*

# Systeme zur automatisierten Bewertung von Programmen und das ProFormA-Aufgabenaustauschformat

## 1. Das ProFormA-Projekt

Das im Rahmen des niedersächsischen Qualitätspakt Lehre Projektes eCompetence and Utilities for Learners and Teachers (eCult/eCult+)[1] stattfindende Projekt ProFormA[2] beschäftigt sich im Wesentlichen mit Systemen zur automatisierten Bewertung von Lösungen zu Programmieraufgaben, die im Rahmen der Programmierausbildung an Universitäten eingesetzt werden. Diese Systeme (Grader) können individuelles, automatisiert generiertes Feedback zu in digitaler Form eingereichten Lösungen zur Verfügung stellen, das sowohl Studierenden als auch Lehrenden zeitnah einen Überblick über Lernfortschritte und mögliche Lernhürden bietet.

An dem Projekt beteiligen sich zurzeit die eCult+ internen und externen Standorte TU Clausthal, Universität Duisburg-Essen, Hochschule Hannover, Hasso-Plattner-Institut, Universität Osnabrück, Ostfalia Hochschule Wolfenbüttel und die Universität Potsdam.

### 1.1 Ziele des ProFormA-Projekts

Da die Erstellung von Programmieraufgaben zu Lehr- bzw. Lernzwecken an Universitäten mit recht hohem Aufwand verbunden sein kann, hat sich das ProFormA-Projekt zum Ziel gesetzt, den hochschulübergreifenden Austausch dieser Art von Aufgaben zu fördern. In diesem Zusammenhang soll es ermöglicht werden, Aufgaben unabhängig vom jeweils genutzten Grader verwenden zu können. Zudem soll eine Plattform geschaffen bzw. zur Verfügung gestellt werden, über die ein einfacher Austausch von Programmieraufgaben möglich ist.

Ein weiterer Schwerpunkt liegt auf der Bereitstellung einer Middleware zur Anbindung von Gradern an etablierte Learning-Management-Systeme (LMS). Lehrende und Studierende sollen hierdurch auf Grader Funktionalitäten zurückgreifen können ohne auf das bereits gewohnte „Look and Feel" ihres LMS verzichten zu müssen.

Daneben wird angestrebt das durch die Grader automatisiert bereitgestellte Feedback zu eingereichten Programmen zu verbessern. Dabei wird insbesondere eine didaktisch sinnvollere Aufbereitung des Feedbacks angestrebt. Zudem sind Entwicklungen hinsichtlich der Bereitstellung von adaptiven Feedback geplant. Hierbei handelt es sich um Feedback, das bezüglich des Umfangs und der Art an den Lernstand bzw. Erfahrungsgrad des jeweiligen Studierenden angepasst ist, für den das Feedback bereitgestellt wird.

---

1 http://ecult.me
2 ProFormA steht für **Pro**grammieraufgaben und **Form**atives **A**ssessment

Zu guter Letzt beschäftigt sich das Projekt mit der Frage, wie sich randomisierte Aufgaben, also Aufgaben mit variablen Bestandteilen, im Bereich der Programmierung umsetzen lassen.

## 1.2 Bisherige Ergebnisse

Im Rahmen des ProFormA-Projekts wurde ein XML-basiertes Format zum systemübergreifenden Austausch von Programmieraufgaben definiert. Ein Austausch von Programmieraufgaben ist somit zwischen Systemen möglich, die den Import von Aufgaben, die in dem definierten Format vorliegen, unterstützen bzw. den Export von im System erstellten Aufgaben in das Austauschformat ermöglichen. Die aktuelle Version des Formats ist auf github[3] zu finden.

In dem github Repository lässt sich zusätzlich ein von der Ostfalia Hochschule Wolfenbüttel entwickelter JavaScript-basierter Editor finden, der das Editieren von Programmieraufgaben, die im definierten Austauschformat vorliegen, unterstützt. Ein weiterer Editor dieser Art wurde seitens der Hochschule Hannover entwickelt. Details zu diesem Editor sind in (Reiser, Garmann & Heine, 2017) zu finden.

Für die LMS Moodle[4], Stud.IP[5] und LONCAPA[6] wurden bzw. werden Schnittstellen/Middlewares entwickelt, die zum Austauschformat kompatibel sind und die Anbindung von Gradern an diese Systeme ermöglichen.

Zuletzt erfolgte im Rahmen des ProFormA-Projekts die Entwicklung eines universellen Datenformats zur Übermittlung von Bewertungsfeedback und Bewertungskriterien.

## 2. Systeme zur automatisierten Bewertung von Programmen

Tabelle 1 führt die verschiedenen Grader auf, die an den am ProFormA-Projekt beteiligten Standorten eingesetzt werden und gibt zudem an, welche Programmiersprachen bzw. sonstige Sprachen aus dem Bereich der Informatik jeweils unterstützt werden (vgl. Bott, Fricke, Priss & Striewe 2017, S. 273 ff.), (vgl. Staubitz, Teusner & Meinel, 2017, S. 4). Für diese bieten die Grader verschiedene Prüf- und Feedbackmechanismen an. Die Universität Potsdam fehlt in der Übersicht, da sie zur Zeit keinen Grader einsetzt.

---

3   https://github.com/ProFormA/proformaxml
4   https://moodle.de
5   https://www.studip.de
6   https://www.lon-capa.org

Tabelle 1: ProFormA-Standorte und eingesetzte Grader

| Grader | Sprachen | Hochschule |
|---|---|---|
| GATE | Java, UML | TU Clausthal |
| JACK | Java, C/C++, .NET, Python, R | Universität Duisburg-Essen |
| Graja | Java | Hochschule Hannover |
| aSQLg | SQL | Hochschule Hannover |
| CodeOcean | Java, Python, Ruby, JavaScript | Hasso-Plattner-Institut |
| VIPS/VEA | Prolog, Lisp | Universität Osnabrück |
| Praktomat | Java, C/C++, Fortran, Haskell, Python, R, Isabelle | Ostfalia Hochschule Wolfenbüttel |

## 2.1 Grader-Funktionen

Grundlegend können bei Gradern die im Folgenden beschriebenen Funktionen zum Einsatz kommen. Hierbei ist anzumerken, dass nicht jeder der in Tabelle 1 angegebenen Grader alle Funktionen unterstützt. Ein ausführlicher Überblick über die Funktionalitäten der verschiedenen Grader findet sich in Bott et al. (2017).

- **Statische Tests:** Mit Hilfe dieser Art von Tests, die üblicherweise zur Übersetzungszeit eines Programms ausgeführt werden, lässt sich überprüfen, ob dessen Quellcode Fehler aufweist. Der Quellcode kann in diesem Zusammenhang z. B. hinsichtlich syntaktischer Fehler (Compile-Tests) oder hinsichtlich von Fehlern bezüglich des Programmierstils (z. B. durch Checkstyle) untersucht werden.
- **Dynamische Tests:** Im Gegensatz zu statischen Tests finden dynamische Tests zur Laufzeit eines Programms statt, um zu überprüfen, ob es wie gewünscht funktioniert also z. B. korrekte bzw. erwartete Ausgaben erzeugt. Zu diesem Zweck werden von Gradern beispielsweise Unit Tests eingesetzt.
- **Plagiatstests:** Wie der Name bereits suggeriert, geht es bei den Plagiatstests darum, automatisiert feststellen zu lassen, ob verschiedene Abgaben zu einer Aufgabe sehr ähnlich bzw. identisch sind, mit dem Zweck, potenzielle Plagiate einfacher und schneller identifizieren zu können. Zur Verifizierung eines durch einen Plagiatstest ermittelten Plagiatsverdachts, ist in der Regel eine weitere manuelle Überprüfung der betroffenen Abgaben vonnöten.
- **Feedback:** Als Feedback werden von den Gradern in der Regel automatisiert generierte Ergebnisse der zuvor erläuterten Tests bereitgestellt. Zusätzlich bieten einige Grader eine konfigurierbare automatisierte Bewertung von Abgaben an, die üblicherweise auf den Testergebnissen basiert. In diesem Zusammenhang lässt sich u. a. festlegen, welchem Personenkreis ein bestimmtes Feedback zur Verfügung stehen soll (Tutorinnen/Tutoren, Studierende) und in welchem Umfang das generierte Feedback den ausgewählten Adressaten angezeigt wird (z. B. Test erfolgreich/Test nicht erfolgreich oder detailliertere Angaben zu den Fehlern in einer Lösung).

## 3. Das ProFormA-Aufgabenaustauschformat

### 3.1 Aufbau des Formats

Wie in Abbildung 1 gezeigt, definiert das ProFormA-Austauschformat den Aufbau der drei Artefakte task, submission und response. Im Artefakt **task** wird die eigentliche Aufgabe beschrieben. Für diese werden z. B. Elemente für die Aufgabenstellung sowie weitere Metadaten und Informationen zur Aufgabe, Elemente zur Definition/Konfiguration zugehöriger Tests, Files und Musterlösungen sowie Elemente zur Definition eines Bewertungsschemas bereitgestellt. Die Spezifikation des Schemas erlaubt dabei auch die Definition komplexer Kriterien zur automatisierten Bewertung studentischer Abgaben.

Das Artefakt **submission** definiert einen Standard für die Beschreibung studentischer Abgaben. In diesem Teil des Formats können zudem kursspezifische Anpassungen bezüglich des Bewertungsschemas vorgenommen werden, ohne dabei das ursprünglich durch den Aufgabenautor intendierte Bewertungsschema in der task ändern zu müssen.

Durch das Artefakt **response** wird eine standardisierte Aufbereitung des über die Grader automatisiert generierten Feedbacks ermöglicht. Ein LMS muss also nur diese Art der Beschreibung „verstehen" und nicht spezifisch für jeden Grader angepasst werden. Die response bezieht sich in Teilen auf das oben angesprochene Bewertungsschema, so dass die LMS Feedback strukturiert darstellen können.

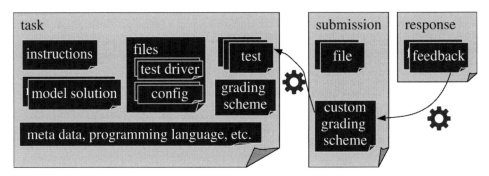

Abbildung 1: Das ProFormA-Austauschformat: Bestandteile (eigene Darstellung)

## 3.2 Nutzung des Formats

Abbildung 2 illustriert das grundlegende Anwendungsszenario für das ProFormA-Format.

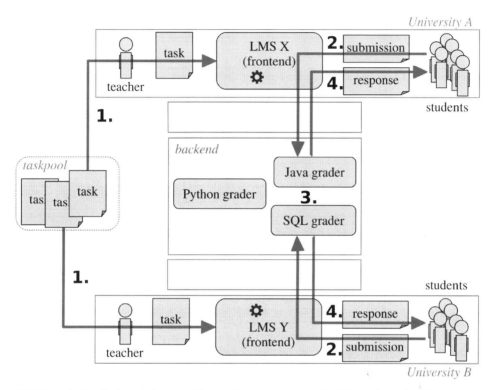

Abbildung 2: Das ProFormA-Austauschformat: Anwendungsszenario (eigene Darstellung)

Dozenten wählen eine Aufgabe (task) aus einem Aufgabenpool aus (z. B. über ein hierfür bereitgestelltes Repository), über den Lehrende ihre erstellten Aufgaben gleichzeitig auch anderen Lehrenden zur Verfügung stellen können, und importieren diese in ihr LMS. Die Aufgabe kann dann über das LMS, falls gewünscht und durch den Aufgabenautor erlaubt, für eigene Zwecke modifiziert werden. Nach der Veröffentlichung können die Studierenden die Aufgabe über das LMS einsehen und ihre Lösung erstellen, die sie anschließend über das LMS Frontend hochladen. Eine Abgabe (submission) kann danach über eine Middleware an einen für die Aufgabe passenden Grader gesendet werden, der für diese in der task konfigurierte Tests durchführt und ggf. eine automatisierte Bewertung der Abgaben vornimmt. Anschließend wird das vom Grader automatisiert generierte Feedback (response), also die Test- und ggf. Bewertungsergebnisse, über die Middleware an das LMS zurückgesendet, wo es entsprechend aufbereitet für die Lehrenden und Studierenden angezeigt werden kann.

Die Middleware sorgt dafür, dass der eben beschriebene Prozess unabhängig vom eingesetzten LMS bzw. unabhängig von dem zu verwendenden Grader ausgeführt werden kann. Die Elemente task, submission und response werden jeweils standardmäßig durch das ProFormA-Format beschreiben, wodurch sich insbesondere eine Instituts- bzw. hochschulübergreifende Nutzung von Aufgaben und Gradern realisieren lässt, da eine Beschreibung unabhängig vom eingesetzten LMS bzw. Grader in standardisierter Form erfolgt.

## 4. Ausblick

In näherer Zukunft wird es im Rahmen des ProFormA-Projekts schwerpunktmäßig darum gehen, eine geeignete Plattform zum Austausch von Programmieraufgaben aufzubauen, die das definierte Austauschformat unterstützt. Zurzeit wird in diesem Zusammenhang das CodeHarbor[7] (Staubitz et al., 2017, S. 5f.) Repository des Hasso-Plattner-Instituts ins Auge gefasst, das bereits eine Unterstützung für eine frühere Version des Austauschformats bietet.

## 5. Acknowledgements

Der vorliegende Beitrag entstand im Rahmen des Projekts eCult+, Teilvorhaben eAssessment, gefördert durch das Bundesministerium für Bildung und Forschung unter den Förderkennzeichen 01PL16066L, 01PL16066H und 01PL16066D. Die Verantwortung für den Inhalt dieses Beitrags liegt bei den Autoren.

## Literatur

Bott, O., Fricke, P., Priss, U. & Striewe, M. (Hrsg.) (2017). *Automatisierte Bewertung in der Programmierausbildung*. Digitale Medien in der Hochschullehre. Münster: Waxmann.

Priss, U. & Striewe, M. (Hrsg.) (2013). *Proceedings of the First Workshop on „Automatische Bewertung von Programmieraufgaben" (ABP 2013)*. CEUR Workshop Proceedings, volume 1067. Hannover.

Priss, U. & Striewe, M. (Hrsg.) (2015). *Proceedings of the Second Workshop on „Automatische Bewertung von Programmieraufgaben" (ABP 2015)*. CEUR Workshop Proceedings, volume 1496. Wolfenbüttel.

Reiser, P., Garmann, R. & Heine, F. (2017). *Ein benutzerfreundlicher, generischer, durch Plugins erweiterbarer ProFormA-Programmieraufgaben-Editor*. In Proceedings of the Third Workshop on „Automatische Bewertung von Programmieraufgaben" (ABP 2017), Potsdam.

Staubitz, T., Teusner, R. & Meinel, C. (2017). *open HPI's Coding Tool Family: CodeOcean, CodeHarbor, CodePilot*. In Proceedings of the Third Workshop on „Automatische Bewertung von Programmieraufgaben" (ABP 2017), Potsdam.

Strickroth, S., Müller, O. & Striewe, M. (Hrsg.) (2017). *Proceedings of the Third Workshop on „Automatische Bewertung von Programmieraufgaben" (ABP 2017)*. CEUR Workshop Proceedings, volume 2015. Potsdam.

---

[7] https://github.com/openHPI/codeharbor

*Kai Tegethoff, Tobias Ring, Nils Goseberg und Sabine C. Langer*

# Online-Lernplattformen zur Unterstützung der Lehre im Küsteningenieurwesen und der Akustik

## Entwicklung und Implementierung einer wikibasierten Online-Lernplattform und deren Integration in ein Lehrkonzept

## 1. Einleitung

Aufgrund aktueller Herausforderungen und Randbedingungen wie der Globalisierung und Digitalisierung verändern sich Gesellschaften, beispielsweise von Industrie- zu Wissensgesellschaften. Diese Transformation beeinflusst auch Berufsbilder und -felder. Ein von dieser Entwicklung betroffener Beruf ist der des*der Ingenieurs*Ingenieurin. Arbeitsmodelle entwickeln sich von durch Einzelpersonen getriebenen Entwicklungen zu Leistungen heterogener Teams, die unter zeitlicher und örtlicher Trennung gemeinsam an Projekten arbeiten. Ingenieure gestalten die zukünftig immer mehr technisierte Welt aktiv mit und entwickeln Perspektiven für heute noch offene Fragen. Diesen Trends sollte auch die Hochschullehre Rechnung tragen, um angehende Ingenieurinnen und Ingenieure auf die Herausforderungen von morgen und übermorgen vorzubereiten.

Hochschullehre ist heute im Ingenieurwesen immer noch von der „Vor-Lesung" geprägt, die, ergänzt durch Saalübungen und ggf. Praktika, vor allem Faktenwissen transportiert. Wenngleich der Wert und die Bedeutung von Faktenwissen nicht in Frage stehen, wird gleichzeitig fraglich, ob derartige Lehrformen den zunehmend vielschichtigen Anforderungen des zukünftigen Berufsbildes „Ingenieur*in" noch gerecht werden. Ein Lehransatz, um auf die zukünftigen Herausforderungen vorzubereiten, ist der konsequente Einsatz multimedialer und onlinefähiger Lehrmedien. Diese Form der Lehrmedien befördert eigenständiges und eigenverantwortliches Lernen und ermöglicht die Implementierung neuer Lehrformen.

Im Rahmen des vorliegenden Beitrages wird zunächst ein Überblick über bereits vorhandene Konzepte zur Implementierung von Online-Lehrmedien gegeben. Eine Bedarfsumfrage unter Studierenden zu Inhalten und dem Einsatz von Online-Lehrmedien zeigt den Bedarf für die Bereitstellung und den Einsatz weiterer Online-Medien in der Hochschullehre auf. Darauf aufbauend wird auf Basis einer Wiki-Engine eine Online-Lernplattform entwickelt und mit Lehrinhalten aus dem Küsteningenieurwesen sowie der Akustik befüllt. Die Einbettung der umgesetzten Lernplattformen in das Lehrkonzept und dessen erforderliche Anpassungen werden vorgestellt.

## 2. Einsatz von Online-Medien in der Hochschullehre

Die universitäre Berufsausbildung von Ingenieur*innen fokussiert unter anderem auf die Anforderungen der industriellen Praxis und leitet aus dieser auch Impulse zu ihrer

Weiterentwicklung ab. Gleichzeitig hat universitäre Lehre den Anspruch, den Absolvent*innen durch eine wissenschaftlich fundierte Ausbildung Karrierewege in der Wissenschaft zu ermöglichen. Unabhängig von dem formulierten Berufsziel sind, neben der Vermittlung von Fach- und Faktenwissen, die Vermittlung von „Soft Skills", die Arbeit in multidisziplinären und standortübergeifenden Teams sowie abstraktes Prozesswissen wichtige Elemente heutiger Lehr- und Lernstrategien. Um diesen Herausforderungen zu begegnen, werden vermehrt Teamprojekte in die Hochschullehre einbezogen (vgl. z. B. Andreaasen, McAloone & Hansen, 2000; Dym, Agogino, Eris & Frey, 2005; Trowsdale & McKay, 2011). Dennoch ist der Anteil interdisziplinärer und multimedialer Lehre sowie die Vermittlung von Soft Skills verhältnismäßig gering (Albers, Denkena & Matthiesen, 2012). Erste auf Wikis basierende Ansätze zum Einsatz multimedialer Lehrmedien und onlinebasierter Lösungen werden beispielsweise in Marjanovic und Storga (2011) sowie Trowsdale und McKay (2011) vorgestellt. Durch die Verwendung von Wikis haben Studierende die Möglichkeit, selbst Inhalte zu erstellen und ihre eigenen Ideen und Lösungen zu diskutieren und zu teilen.

Eine konsequente Nutzung computerbasierter Lehrmedien am Beispiel der Akustiklehre schlagen Rahkila und Karjalainen (1998) vor. Dabei unterscheiden die Autoren für computerbasierte Lehre drei wesentliche Ebenen: *Inhalt*, *Interaktion* und *Plattform*. Danach ist vor allem die geeignete Wahl und Aufbereitung sowie die Interaktion und Verlinkung verschiedener Inhalte für einen nachhaltigen Lernerfolg von großer Bedeutung. Die konsequente Nutzung von Computern als Präsentationsmedium der Lehrinhalte biete dabei großes Potenzial um die Verlinkung und Aufbereitung der Inhalte zu ermöglichen.

Insgesamt zeigen die vorgestellten Beispiele, dass eine zukunftsgerichtete Ingenieur*innenausbildung aus heutiger Sicht in vielen Bereichen eines Wandels bedarf. Online-Lehrmedien können zu diesem Wandel beitragen und die Ingenieur*innenausbildung verbessern. Gerade die Verknüpfung verschiedener Inhalte und der Einsatz multimodaler Ansätze ermöglichen eine nachhaltige Lehre.

## 3. Bedarfsanalyse für Online-Lernplattformen

Zunächst wird eine Befragung durchgeführt, um den Bedarf für die Erstellung zusätzlicher Online-Medien zur Unterstützung der Lehre im Küsteningenieurwesen und der Akustik an der TU Braunschweig zu evaluieren. Anhand der Ergebnisse wird bewertet, welche Elemente von Online-Lehre aus Studierendensicht sinnvoll sind. Weiterhin wird ermittelt, an welchen Stellen des Studiums eine Unterstützung der Präsenzlehre gewünscht ist und wie Online-Medien in der Praxis genutzt werden. Die Umfrage wurde online unter 115 Teilnehmern/Innen durchgeführt, der Link zur Umfrage wurde über das Lernmanagementsystem Stud.IP versendet. Angesprochen wurden die Studierenden der im Titel genannten Fachrichtungen, davon 61% im Bachelor- und 26% im Masterstudiengang sowie Promovierende (12%). Der überwiegende Teil der Teilnehmer*innen ist in den Studiengängen Bau- und Umweltingenieurwesen sowie

Maschinenbau eingeschrieben. Nachfolgend werden die Antworten, gegliedert nach den Fragen, zusammengefasst.

### 3.1 Welche Lehrmedien haben Sie in Ihrem Studium bisher überwiegend genutzt?

Die erste Frage[1] erhebt den Ist-Zustand bereits verwendeter Lehrmedien. Die überwiegende Zahl der Studierenden nutzt vor allem *Skripte und Vorlesungsfolien (112 Nennungen)* und die *eigenen Aufzeichnungen (80 Nennungen)* zur Vor- und Nachbereitung der Präsenzlehre. Online-Medien wie *Informationen aus dem Internet (70)* und *Videos von Online-Plattformen (41)* werden in geringerem Umfang verwendet. *Lehrbücher (37)* und *wissenschaftliche Publikationen (15)* werden nur selten verwendet.

### 3.2 Bitte bewerten Sie Ihre Zufriedenheit mit den Lehrmedien aus der vorherigen Frage, sofern Sie diese genutzt haben.

Die Bewertung der Zufriedenheit mit den zuvor genannten Medienformen erfolgt anhand einer Skala von 1 (unzufrieden) bis 5 (sehr zufrieden). Das Ergebnis ist ähnlich zu den Antworten in der vorherigen Frage. Nachfolgend werden die Ergebnisse als Mittelwert und Standardabweichung über alle Antworten genannt: *Skripte, Vorlesungsfolien: (3,98±0,93); eigene Aufzeichnungen: (3,62±1,35); Informationen aus dem Internet: (3,04±1,6); Lehrbücher: (2,36±1,81); Videos von Online-Plattformen: (2,31±2,18); wissenschaftliche Publikationen: (1,25±1,73)*. Ein wesentlicher Unterschied zur vorherigen Frage besteht für die Bewertung der Lehrbücher. Diese werden ähnlich gut bewertet wie Videos aus Online-Plattformen. Trotzdem ist die Nutzung von Lehrbüchern deutlich weniger verbreitet (siehe Abschnitt 3.1).

### 3.3 Wünschen Sie sich zusätzliche Lehrmedien, um sich den Lehrinhalten auf alternativen Wegen nähern zu können?

Nachdem in den ersten beiden Fragen der Ist-Zustand evaluiert wurde, wird in der dritten Frage der Bedarf nach neuen Lehrmedien allgemein abgefragt. Dabei zielt die Frage auf alternative Zugänge zu den Lehrthemen ab. Die verwendete Skala gibt den Bedarf nach neuen Medien von 0% (kein Bedarf) bis 100% (hoher Bedarf) an. Insgesamt befürwortet die Mehrheit der Befragten die Entwicklung neuer Lehrmedien (Median: 73% Befürwortung).

---

[1] nicht gezählt: Fragen nach Studiengang und Abschluss

### 3.4 Wenn neue Lehrmedien erstellt werden, würden Sie eher klassische Medien oder eher digitale Inhalte bevorzugen?

Eine Einordnung, welche Art von Lehrmedien zusätzlich bereitgestellt werden sollte, gibt die vierte Frage. Auch hier wird eine Skala von 0% (klassische Lehrmedien) bis 100% (digitale Medien) verwendet. Eine deutliche Mehrheit wünscht sich eher digitale als klassische Lehrmedien (Median: 76% für digitale Medien).

### 3.5 Bitte bewerten Sie die folgenden Lehrmedien in Bezug auf den Nutzen für Ihre Auseinandersetzung mit Vorlesungsinhalten.

In der fünften Frage wurden fünf ausgewählte Lehrmedien nach ihrem Nutzen bewertet. Als Bewertungsskala wurden die Zahlen von 1 (nicht nützlich) bis 5 (sehr nützlich) verwendet. Dabei werden Skripte am besten bewertet: *Skripte* (4,36±0,78); *Lehrvideos* (4,06±1,36); *Laborvideos* (3,08±1,75); *Interaktive Diagramme* (3,03±1,78); *Soundbeispiele* (2,0±1,77). Von den digitalen Medien werden Lehrvideos am besten bewertet, Interaktive Diagramme und Laborvideos erhalten ähnliche Wertungen. Dass den digitalen Medien insgesamt weniger Nutzen als den klassischen Vorlesungsskripten beigemessen wird, kann dabei ein Resultat der geringen Bekanntheit der digitalen Medien unter den befragten Studierenden sein.

### 3.6 In welchen Phasen Ihres Studiums würden Ihnen digitale Lehrmedien wie Lehrvideos, interaktive Inhalte helfen?

Die letzte Frage beschäftigt sich mit der Nutzung digitaler Medien in verschiedenen Phasen eines Semesters. Auch hier wird eine Bewertungsskala von 1 (gar nicht) bis 5 (sehr hilfreich) verwendet. Danach werden die digitalen Medien vor allem im Rahmen der *Klausurvorbereitung (4,14±1,17)* sowie von Präsenzveranstaltungen zur *Vor- und Nachbereitung (3,96±1,03)* verwendet. Auch die Verwendung direkt *während Präsenzveranstaltungen (3,21±1,12)* wird noch gut bewertet. Schwächer schneiden die Nutzung *während studentischer Arbeiten (2,61±1,88)* sowie bei *Laborpraktika (2,04±1,99)* ab. Dieses Resultat ist dabei unter dem Aspekt zu sehen, dass die Mehrheit der Befragten im Bachelorstudiengang eingeschrieben ist und daher ggf. noch wenig Erfahrung mit studentischen Arbeiten und Laborpraktika hat.

## 4. Entwicklung einer Online-Lernplattform zur Unterstützung der Präsenzlehre im Küsteningenieurwesen und der Akustik

Insgesamt zeigt die Umfrage in Abschnitt 3 einen vorhandenen Bedarf zur Entwicklung neuer Lehrmedien auf. Die neuen Lehrmedien sollten vor allem digital sein, Lehrvideos werden als besonders nützlich eingeschätzt. Aufgrund der Nutzung zur

Vor- und Nachbereitung sowie Klausurvorbereitung sollten die neuen Medien sich nah am Vorlesungsinhalt orientieren.

Zur Unterstützung der Präsenzlehre im Küsteningenieurwesen[2] sowie der Akustik[3] an der TU Braunschweig wird je eine eigenständige Lernplattform aufgebaut. Diese Lernplattformen werden online bereitgestellt und enthalten zusätzliches Lehrmaterial zur Nutzung während der Präsenzlehre sowie zur Vor- und Nachbereitung der Lehrinhalte durch die Studierenden.

Die Lernplattformen bieten als Online-Medium eine orts- und zeitunabhängige Möglichkeit auf Lehrinhalte zuzugreifen. Dadurch ermöglichen sie den Einsatz zu verschiedenen Zeitpunkten, beispielsweise in der Präsenzlehre aber auch zur Vor- und Nachbereitung sowie zur Klausurvorbereitung. Die Zeit- und Ortsunabhängigkeit ermöglicht es den Lernenden, jeweils in der eigenen Geschwindigkeit und ggf. mit Wiederholung Inhalte zu rezipieren und so einen nachhaltigen Lernerfolg zu sichern.

Die beiden Lernplattformen werden zunächst technisch identisch entwickelt und dann mit den fachspezifischen Inhalten gefüllt. Das technische Konzept basiert auf der quelloffenen Wiki-Engine Doku-Wiki[4]. Der Hauptgrund für die Nutzung einer Wiki-Engine ist der geringe Aufwand zur Erstellung neuer Webseiten, die Basierung auf einer Datenbank sowie die Möglichkeit, gängige Formate wie Videos, Soundbeispiele und Abbildungen einfach einbetten zu können. Weiterhin ermöglicht der Aufbau der Lernplattformen als Wiki neue partizipative Lehrformate. Dadurch können beispielsweise Portfolios direkt durch die Studierenden erstellt und mit den Kommilitonen geteilt werden. Ein wesentliches, bereits bestehendes Element der neuen Lernplattformen sind die *interaktiven Diagramme*. Dabei handelt es sich um graphische Darstellungen mathematischer Funktionen, deren Parameter mittels Schiebereglern verändert werden können. Das Diagramm wird automatisch aktualisiert, so werden die Änderungen sofort für den Nutzer sichtbar. Dadurch wird eine direkte Erfahrung der Wirkung der Veränderungen der einzelnen Parameter möglich. Dies fördert einen nachhaltigen Wissenserwerb. Weiterhin enthalten die Lernplattformen Lehrvideos zu bestimmten Themen der jeweiligen Lehrveranstaltungen, Laborvideos zu ausgewählten Versuchen, 3D-Modelle und Soundbeispiele.

## 5. Einbettung der Lernplattform in das Lehrkonzept am Beispiel des Küsteningenieurwesens

Die Hauptmodule des Küsteningenieurwesens bestehen aus Vorlesungs- und Übungsveranstaltung. Die Übung wird hierbei nach der Inverted-Classroom-Methode abgehalten: In der Vorbereitung einer jeden Übungssitzung erarbeiten sich die Studierenden mithilfe eines zehn- bis fünfzehnminütigen Lehrvideos die Grundlagen für die jeweils behandelten Berechnungs- oder Bemessungsansätze. In der Übungsveranstaltung kann die zur Verfügung stehende Zeit dann intensiv für das eigenständige Be-

---

2  http://coastal.lwi.tu-bs.de
3  akustik-wiki.ina.ing.tu-bs.de
4  https://www.dokuwiki.org/dokuwiki

arbeiten von Beispielaufgaben sowie die vertiefende Diskussion der behandelten Ansätze genutzt werden.

Über die Lernplattform werden die Lehrvideos nach Teilthemen gegliedert bereitgestellt. Außerdem finden die Studierenden hier zu den verschiedenen Unterthemen je nach inhaltlicher Notwendigkeit ergänzende Online-Lehrmedien wie interaktive Diagramme, Laborvideos oder Screencast-Videos.

Der Einsatz der interaktiven Diagramme in Vorlesung und Übung ermöglicht den Studierenden ein tieferes Prozessverständnis. Durch die Laborvideos kann die Vorlesung zusätzlich anschaulicher gestaltet werden. Im Selbststudium können die Studierenden, ihrem jeweiligen Lernstil entsprechend, die Medien nutzen, die ihnen den bestmöglichen Zugang zu den Fachinhalten bieten. Die Screencast-Videos dienen hierbei sowohl als Anleitung für eine fachgerechte Anwendung der interaktiven Diagramme als auch als Vorstellung themenspezifischer Sonderfälle.

## 6. Zusammenfassung und Ausblick

Im Rahmen des vorliegenden Beitrags wird der Bedarf für die Entwicklung neuer Online-Lehrmedien an der TU Braunschweig erhoben. Anhand der Ergebnisse wird eine Online-Lernplattform auf der Basis eines Wikis entwickelt und in den Fachrichtungen Küsteningenieurwesen und Akustik eingesetzt. Die Lernplattformen enthalten Videos zu Lehrthemen und Laborversuchen, interaktive Diagramme sowie, im Bereich der Akustik, Soundbeispiele. Die Lernplattformen sind online frei für jedermann zugänglich und können daher sowohl durch die Studierenden in jeder Phase des Studiums, als auch direkt in der Präsenzveranstaltung eingesetzt werden. Dadurch ergibt sich eine durchgängige Nutzung der Lehrmedien, welche nachhaltigen Lernerfolg fördert.

Aktuelle und zukünftige Arbeiten sind die Erstellung weiterer Inhaltsangebote, um einen breiteren Einsatz in der Lehre zu ermöglichen. Dabei steht vor allem die Entwicklung weiterer interaktiver Diagramme im Fokus.

## Literatur

Albers, A., Denkena, B. & Matthiesen, S. (Hrsg.). (2013). *Faszination Konstruktion: Berufsbild und Tätigkeitsfeld im Wandel*. Springer-Verlag.

Andreasen, M. M., McAloone, T. C. & Hansen, C. T. (2000). On the teaching of product development and innovation. In *Proceedings of International Workshop on Education for Engineering Design (EED), Pilsen, November* (pp. 23–24).

Dym, C. L., Agogino, A. M., Eris, O., Frey, D. D. & Leifer, L. J. (2005). Engineering design thinking, teaching, and learning. *Journal of engineering education*, 94(1), 103–120.

Marjanovic, D. & Storga, M. (2011). Product Development Course in e-learning Environment. In *DS 69: Proceedings of E&PDE 2011, the 13th International Conference on Engineering and Product Design Education, London, UK, 08.–09.09.2011* (pp. 642–647).

Rahkila, M. & Karjalainen, M. (1998, November). Considerations of computer based education in acoustics and signal processing. In *Frontiers in Education Conference, 1998. FIE'98. 28th Annual* (Vol. 2, pp. 679–684). IEEE.

Trowsdale, D. & McKay, A. (2011). Enhancing Student Learning through Peer Review in a Wiki-based e-Gallery. In *DS 69: Proceedings of E&PDE 2011, the 13th International Conference on Engineering and Product Design Education, London, UK, 08.–09.09. 2011*.

*Jan-Paul Huttner, Melike Karaduman und Eduard Spengler*

# EduPalace
# Die Gestaltung eines virtuellen Gedächtnispalastes

## 1. Einführung

Diese Studie richtet sich an Forscher*innen und Praktiker*innen im Bereich der Lern- und Lehrtechnologien. Die Loci-Methode (LM, auch *Gedächtnispalast* genannt) entstand der Literatur zufolge in der Antike um ca. 500 v. Chr. durch Simonides von Keos. Das Grundprinzip dieser Methode sieht vor, die zu erlernenden Informationen durch räumliche Hinweisreize nachhaltig im Gedächtnis zu assoziieren. Praktisch wird die LM entsprechend umgesetzt, indem sich die*der Anwender*in im Geiste eine ihm sehr vertraute Umgebung vorstellt, zum Beispiel seine Wohnung, und dann die Informationen, die sie*er erlernen möchte an bestimmten Orten (Loci) in seiner Wohnung ablegt. Diese Loci könnten also ein Tisch, eine Schublade oder auch ein Spiegel sein. Als einfaches Beispiel hat die*der Anwender*in der LM vor sich eine Einkaufsliste merken. Dann müssten die Artikel dieser Liste nun mental in der Wohnung an den Loci platziert werden. Diesen Vorgang muss die*der Anwender*in einige Male wiederholen, bis sich die Assoziation in ihrem*seinem Gedächtnis verfestigt hat. Möchte sie*er nun die „abgelegten" Informationen aus der Erinnerung holen, läuft sie*er seine vertraute Umgebung im Geiste erneut ab und besucht ihre*seine Loci. Dadurch erlernen die Anwender*innen dieser Methode die Fähigkeit, sich durch die Assoziation mit räumlichen Hinweisreizen deklaratives Wissen langfristig zu merken. Die Effektivität dieser Methode ist in der Literatur untersucht, bestätigt und für die Lehre empfohlen worden (Carney & Levin, 2003; Hartwig & Dunlosky, 2012; Levin & Levin, 1990; Maguire, Valentine, Wilding & Kapur, 2002; McCabe, 2015; Putnam, 2015). Bereits Francis Yates betonte 1966, dass die LM den Prozess des Einprägens und Erinnerns wesentlich erleichtere (Yates, 1999). Bezogen auf die von Krathwohl überarbeitete Taxonomie des Lernens (ursprünglich eingeführt von Bloom, 1956 (Bloom, Engelhart, Furst, Hill & Krathwohl, 1956)) kann dadurch die erste Stufe des Lernens, das „Erinnern" (Krathwohl, 2002), durch diese Mnemotechnik erleichtert und nachhaltiger gestaltet werden. Da diese Ebene die Grundlage für das Lernen höherer Ordnung darstellt, was in der universitären Hochschullehre das Ziel ist, eignet sich die LM für die Unterstützung im fundamentalen Bereich des studentischen Lernprozesses.

## 2. Theorie

Ende der 90er Jahre begannen Forscher aus dem Bereich der Informatik und Psychologie, digitale Medien mit den alten Prinzipien der Gedächtnisstrategien zu verbinden. Dabei wurde die traditionelle LM (bzw. der Gedächtnispalast) mit der Idee erweitert, eine virtuelle Umgebung als Vorlage für die mentale Repräsentation des eigenen Gedächtnispalastes zu verwenden. (Fassbender & Heiden, 2006; Hedman & Bäckström, 2000; Huttner, Pfeiffer & Robra-Bissantz, 2018; Huttner u. a., 2018; Huttner & Robra-Bissantz, 2016, 2017; Legge, Madan, Ng & Caplan, 2012; Wong & Storkerson, 1997) Die Ergebnisse aus diesen Untersuchungen waren überwiegend positiv und stellen damit die Grundlage und Motivation für das hier vorgestellte Artefakt dar. Der hier vorgestellte EduPalace ist im Gegensatz zu den bisherigen virtuellen Gedächtnispalästen (VGP) aus den Studien nicht für eine bestimmte Hypothese entwickelt, sondern wird für den praktischen Einsatz in der Hochschullehre gestaltet.

## 3. Methodik und Artefakt

Aufgrund der gestalterischen Natur der Entwicklung eines VGP, welcher gleichzeitig auch den Anspruch hat valide Forschungsarbeit zu ermöglichen, wurde ein geeignetes Forschungsparadigma für diesen Zweck identifiziert. Dabei handelt es sich um den Ansatz der *Design Science* (auch DSRM für Design Science Research Methodology). Hierbei wird ein iteratives Prozessmodell genutzt, um ein Artefakt (z. B. eine Software) in mehreren Iterationen bestehend aus theoriebasierter Gestaltung und Konstruktion, sowie der praktischen Evaluation immer weiter zu verfeinern und zu optimieren. Dieser Prozess umfasst nach Peffers et al. (Peffers, Tuunanen, Rothenberger & Chatterjee, 2007) sechs Schritte: Problemidentifikation und Motivation, Definition der Lösungsziele, Design und Entwicklung, Demonstration, Bewertung und Kommunikation der Ergebnisse (z. B. wissenschaftliche Publikationen). Der EduPalace ist nun hier das Artefakt und dient dazu, die Lehrinhalte der Veranstaltung „Einführung in die Wirtschaftsinformatik" in einer multimedialen, virtuellen 3D-Umgebung zu präsentieren. Die Wahl der Technologie und die Art der Darstellung helfen dabei den Studierenden die LM beizubringen und anzuwenden. Wie bereits erklärt, wird das räumliche Vorstellungsvermögen des*der Nutzers*in dazu genutzt, Assoziationen zwischen räumlichen Gegebenheiten und den Lehrinhalten herzustellen. Realisiert wird diese Technologie durch ein Informationssystem, bestehend aus dem*der Anwender*in, einem Smartphone und einer Virtual-Reality-Brille. Die Studierenden erkunden, ähnlich wie in einem Computerspiel, eine dreidimensionale Welt, bestehend aus thematisch aufbereiteten Räumen. Jedem Raum wird ein Thema aus der Vorlesung zugeordnet und durch entsprechende Multimedia angereichert. So ergibt sich eine virtuelle Umgebung, in der die Studierenden in der Ego-Perspektive navigieren und die Vorlesungsinhalte auf explorative Art durchlaufen können. Der EduPalace läuft primär als Applikation für das Smartphone. Die Nutzung erfolgt mithilfe eines sogenannten Head-Mounted Displays (HMD, auch „Virtual-Reality-Brille"). Dabei wird eine virtuelle Realität präsentiert, die die Studierenden durchstöbern und erleben kann. Die Technologie basiert darauf, dass das Smartphone in die Virtual-Reality Brille eingelegt wird und somit den Bildschirm für die virtuelle Welt bereitstellt. Diese Technologie bringt viele Vorteile mit sich. Unter anderem wird sie den Prognosen zufolge in naher Zukunft eine sehr starke Verbreitung finden und steht bereits in einem sehr niedrigen Preissegment zur Verfügung (ab ca. 5 Euro). Darüber hinaus erzeugen die HMDs ein stark immersives Gefühl der Präsenz. Damit ist gemeint, dass der*die Anwender*in die subjektive Erfahrung macht, an einem bestimmten Ort zu sein, obwohl er*sie physisch nicht dort ist (Witmer & Singer, 1998). Dies hat laut diversen Studien einen signifikant positiven Einfluss auf die Lernleistung (Dede, 2009; Sowndararajan, Wang & Bowman, 2008).

## 4. Evaluation

Die Evaluation erfolgte im Rahmen dieser Iteration in zwei Stufen. Die Nutzerakzeptanz spielt in der gestaltungs- und praxisorientierten Forschung und Entwicklung eine zentrale Rolle (Baskerville, Baiyere, Gregor, Hevner & Rossi, o. J.; Kilduff, Mehra & Dunn, 2011; Peffers et al., 2007). Daher sollte der EduPalace zunächst auf ebendiese hin analysiert und gegebenenfalls darauf basierend weiterentwickelt werden. Die erste Stufe bestand aus einem quantitativen Ansatz. Hierbei wurde eine Online-Umfrage erstellt, bei der die Teilnehmer*innen eine Demonstration des EduPalace im Webbrowser präsentiert bekamen. Daraufhin wurde die Akzeptanz gemessen. Dafür dienten in der Wirtschaftsinformatik fest etablierte Konstrukte des Technologieakzeptanzmodells (TAM) von Davis (Davis, 1985). Das Modell nimmt an, dass zwei Konstrukte entscheidend für die Technologieakzeptanz seien: Der wahrgenommene Nutzen (*Perceived Usefulness*) und die wahrgenommene Benutzerfreundlichkeit (*Perceived Ease of Use*). Diese werden wie folgt definiert:

**Perceived Usefulness (PU):** „*The degree to which a person believes that using a particular system would enhance his or her job performance.*"

**Perceived Ease of Use (PEU):** „*The degree to which a person believes that using a particular system would be free of effort.*"

Beide Ausprägungen haben einen direkten Einfluss auf die Einstellung des Benutzers zur Nutzung einer Technologie (*Attitude Towards Behaviour, ATB*) und beeinflussen so die Nutzungsabsicht (*Behavioral Intention of Use, BIU*), welche im TAM der tatsächlichen Nutzung vorausgeht. Die Entwicklung dieses Modell stellt eine verallgemeinerte Form dar, durch welche das Nutzerverhalten für diverse Computertechnologien erklärt werden. Zusätzlich wurde noch gefragt, wieviel Spaß (*Perceived Enjoyment, PE*) die Nutzer*innen bei der Demonstration wahrgenommen haben, da dies ebenfalls eine wichtige Rolle bei der Akzeptanz spielt und in der mittlerweile dritten Version des TAM mit aufgenommen wurde (Venkatesh & Bala, 2008). In Tabelle 1 sind die Ergebnisse der Studie dargestellt. Abbildung 1 zeigt dazu die Verteilung der sechsstufig likert-skalierten Antworten zu den jeweiligen Konstrukten.

Tabelle 1: Ergebnisse TAM

| | N | Mittelwert | Std.-Abw. | Varianz | Schiefe | Kurtosis |
|---|---|---|---|---|---|---|
| PU | 51 | 4,0033 | 0,6999 | 0,490 | 0,286 | -1,993 |
| PEOU | 51 | 4,3211 | 0,7260 | 0,527 | 0,551 | -0,288 |
| ATB | 51 | 4,4461 | 0,6639 | 0,441 | 0,513 | -1,406 |
| BIU | 51 | 3,9575 | 0,8537 | 0,729 | 0,260 | -1,183 |
| PE | 51 | 4,3804 | 0,7389 | 0,546 | 0,398 | -1,675 |
| Average | 51 | 4,2216 | 0,7364 | 0,546 | 0,401 | -1,309 |

Der durchschnittliche Mittelwert liegt mit 4,22 deutlich über dem Erwartungswert bei einer Gaußverteilung. Zudem ist die durchschnittliche Schiefe über alle Konstrukte ebenfalls positiv (sowie bei jedem Konstrukt selbst). Dadurch wird die Verteilung der Antworten mit einer klaren Rechtsschiefe, bzw. Linkssteilheit charakterisiert (auch in Abbildung 1 zu erkennen).

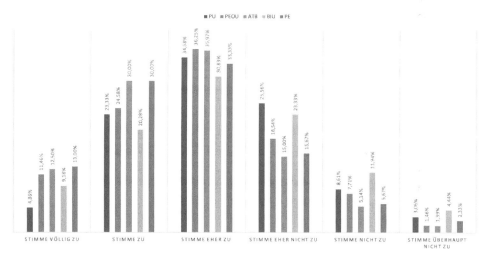

Abbildung 1: Verteilung der Antworten

Der Exzess bzw. die Kurtosis ist hier in jeder Erhebung negativ, daher platykurtisch (subgaußförmige Verteilung). Entsprechend ist die Varianz eher durch die Ränder zu erklären, d.h. die Antworten sind durchweg gleichmäßiger verteilt als bei der Gaußverteilung.

Zusammengefasst zeigt die Verteilung der Antworten eine deutliche, positive Tendenz, welche eine generelle Akzeptanz seitens der potentiellen Nutzer*innen erkennen lässt. Diese Ergebnisse unterstützen daher das Konzept des EduPalaces und motivieren weitere Iterationen im Rahmen des gestaltungsorientierten Entwicklungsprozesses.

In der zweiten Stufe der Evaluation wurde eine qualitative Akzeptanzanalyse durchgeführt, um die quantitativen Resultate zu ergänzen (Vogelsang, Steinhueser &

Hoppe, 2013). Dafür wurden die TAM-Konstrukte als theoretische Grundlage für die Gestaltung eines halboffenen/teilstrukturierten Interviewleitfadens genutzt. Die interviewten Studierenden haben bereits die Vorlesung „Einführung in die Wirtschaftsinformatik" gehört und eigneten sich damit als Kandidaten für diese Untersuchung. Nach einer Testphase mit dem EduPalace wurden zwei Studierende dazu befragt. Die Interviews wurden aufgenommen, transkribiert und iterativ analysiert, bewertet und die Ergebnisse interpretiert. Dazu diente das Vorgehen nach Mayring (2010). Es konnten 42 Aussagen zur Akzeptanz extrahiert werden. Dabei entstanden zehn Akzeptanzkategorien, wovon drei Kategorien induktiv gebildet wurden. Diese werden hier jedoch nicht weiter betrachtet. 32 Aussagen waren somit auf das TAM bezogen. Diese wurden bezogen auf das TAM interpretiert und bekamen einen Wert zugeordnet, basierend auf der Aussagestärke. Tabelle 2 gibt einen kurzen Überblick zu den relevanten Ergebnissen.

Tabelle 2: Bewertung der qualitativen Analyse

|  | Bewertung | Häufigkeit | Punkte |
|---|---|---|---|
| PU | 4 | 2 | 2 |
| BIU | 9 | 7 | 1,29 |
| PEOU | 13 | 11 | 1,18 |

Insgesamt gab es eine positive Resonanz auf den EduPalace. Hervorzuheben sind die empfundene Nützlichkeit (PU), die zwar nicht oft, aber dafür eindeutig positiv bewertet wurde. Die Nutzungsabsicht ist an dieser Stelle nur bedingt zu betrachten, da es sich bei der Befragung um einen Prototyp handelte und die Interviewpartner (beide männlich) bereits die Einführungsveranstaltung gehört und bestanden hatten. Die wahrgenommene Einfachheit der Bedienung (PEOU) wurde vergleichsweise häufig erwähnt, im Schnitt jedoch geringer bewertet als die wahrgenommene Nützlichkeit.

Die Ergebnisse beider Analysen unterstützen, wie zuvor beschrieben, nicht nur die letztendliche Nutzerakzeptanz dieses Konzepts, sondern unterstreichen auch das Potenzial des EduPalace als Artefakt in der Design Science Methodik – Theorie, Konzept und die Gestaltung des Artefaktes können damit in Bezug auf die praktische Anwendbarkeit als valide eingestuft werden.

## 5. Zusammenfassung und Ausblick

Die Übersetzung der traditionellen LM in die virtuelle Realität ist ein interdisziplinär erforschter Ansatz. So reichen die Domänen der vorhandenen, themenrelevanten Studien von der IT über die Psychologie bis hin zu den Neurowissenschaften. Der EduPalace demonstriert basierend auf diesen Theorien ein mögliches Anwendungsszenario für die universitäre Hochschullehre. Im Gestaltungsprozess dieser VR-Anwendung konnte nun anhand einer quantitativen und einer qualitativen Akzeptanzstudie gezeigt werden, dass das Konzept als nützlich empfunden wird. Damit ist die Motivation zur Verfeinerung und Verbesserung von virtuellen Gedächtnispalästen für den praktischen Einsatz ganzheitlich unterstützt.

## Literatur

Baskerville, R., Baiyere, A., Gregor, S., Hevner, A. & Rossi, M. (o. J.). Design Science Research Contributions: Finding a Balance between Artifact and Theory. *Journal of the Association for Information Systems,* 19.

Bloom, B. S., Engelhart, M. D., Furst, E. J., Hill, W. H. & Krathwohl, D. R. (1956). *Taxonomy of Educational Objectives, Handbook I: The Cognitive Domain.* New York: David McKay Co Inc.

Carney, R. N. & Levin, J. R. (2003). Promoting higher-order learning benefits by building lower-order mnemonic connections. *Applied Cognitive Psychology,* 17(5), 563–575.

Davis, F. D. (1985). *A technology acceptance model for empirically testing new end-user information systems: Theory and results* (PhD Thesis). Massachusetts Institute of Technology.

Dede, C. (2009). Immersive Interfaces for Engagement and Learning. *Science,* 323(5910), 66–69.

Fassbender, E. & Heiden, W. (2006). The virtual memory palace. *Journal of Computational Information Systems,* 2(1), 457–464.

Hartwig, M. K. & Dunlosky, J. (2012). Study strategies of college students. *Psych. Bulletin&Review,* 19(1), 126–134.

Hedman, A. & Bäckström, P. (2000). *Rediscovering the Art of Memory in Computer Based Learning – An Example Application.* Proceedings of THe 1st International Workshop on 3D Virtual Heritage, Geneva, Switzerland.

Huttner, J.-P., Pfeiffer, D. & Robra-Bissantz, S. (2018). *Imaginary Versus Virtual Loci: Evaluating the Memorization Accuracy in a Virtual Memory Palace.* In Proceedings of the 51st Hawaii International Conference on System Sciences.

Huttner, J.-P. & Robbert, K. (2018). *The Role of Mental Factors for the Design of a Virtual Memory Palace.* Americas Conference on Information Systems 2018. Proceedings, 5.

Huttner, J.-P. & Robra-Bissantz, S. (2016). A Design Science Approach to High Immersive Mnemonic E-learning. *MCIS 2016 Proceedings,* 28.

Huttner, J.-P. & Robra-Bissantz, S. (2017). *An Immersive Memory Palace: Supporting the Method of Loci with Virtual Reality.* Americas Conference on Information Systems 2017. Proceedings.

Jund, T., Capobianco, A. & Larue, F. (2016). *Impact of Frame of Reference on Memorization in Virtual Environments* (S. 533–537). IEEE. https://doi.org/10.1109/ICALT.2016.77

Kilduff, M., Mehra, A. & Dunn, M. B. (2011). From Blue Sky Research to Problem Solving: A Philosophy of Science Theory of New Knowledge Production. *Academy of Management Review,* 21.

Krathwohl, D. R. (2002). A Revision of Bloom's Taxonomy: An Overview. *Theory Into Practice,* 41(4), 212–218. https://doi.org/10.1207/s15430421tip4104_2

Legge, E. L. G., Madan, C. R., Ng, E. T. & Caplan, J. B. (2012). Building a memory palace in minutes. *Acta Psychologica,* 141(3), 380–390.

Levin, J. R. & Levin, M. E. (1990). Scientific Mnemonomies: Methods for Maximizing More Than Memory. *American Educational Research Journal,* 27(2), 301–321.

Maguire, E. A., Valentine, E. R., Wilding, J. M. & Kapur, N. (2002). Routes to remembering: the brains behind superior memory. *Nature Neuroscience,* 6(1), 90–95.

Mayring, P. (2010). *Qualitative Inhaltsanalyse. Handbuch Qualitative Forschung in der Psychologie,* 601–613.

McCabe, J. A. (2015). Location, Location, Location! Demonstrating the Mnemonic Benefit of the Method of Loci. *Teaching of Psychology,* 42(2), 169–173.

Peffers, K., Tuunanen, T., Rothenberger, M. A. & Chatterjee, S. (2007). A Design Science Research Methodology for Information Systems Research. *J. of Manag. IS,* 24(3), 45–77.

Putnam, A. L. (2015). Mnemonics in education: Current research and applications. *Translational Issues in Psychological Science,* 1(2), 130–139.

Sowndararajan, A., Wang, R. & Bowman, D. A. (2008). *Quantifying the benefits of immersion for procedural training.* In Proceedings of the 2008 workshop on Immersive projection technologies/Emerging display technologiges (S. 2). ACM.

Venkatesh, V. & Bala, H. (2008). Technology Acceptance Model 3 and a Research Agenda on Interventions. *Decision Sciences,* 39(2), 273–315.

Vogelsang, K., Steinhueser, M. & Hoppe, U. (2013). *A Qualitative Approach to Examine Technology Acceptance.* In Proceedings of the 34th International Conference on Information Systems (S. 16).

Witmer, B. G. & Singer, M. J. (1998). Measuring presence in virtual environments: A presence questionnaire. *Presence,* 7(3), 225–240.

Wong, J. & Storkerson, P. (1997). Hypertext and the Art of Memory. *Visible Language,* 31(2), 126–157.

Yates, F. A. (1999). *The art of memory.* London; New York: Routledge.

# Autorinnen und Autoren

**Dr.-Ing. Georgia Albuquerque**
Georgia Albuquerque erhielt 2003 den Bachelor in Informatik der Universität Pernambuco, Brasilien, den Master in Informatik 2007 und den Doktortitel in visueller Datenanalyse für hochdimensionale Daten, beide vom Institut für Computergraphik der Technischen Universität Braunschweig. Sie ist Postdoktorandin am Institut für Computergraphik der TU Braunschweig. Ihre Forschungsschwerpunkte liegen in den Bereichen Visual Analytics, Computergrafik, Maschinelles Lernen sowie virtuelle und erweiterte Realität.
Kontakt: TU Braunschweig
E-Mail: georgia@cg.cs.tu-bs.de

**Stephanie C. Aymans**
Stephanie Aymans studierte Psychologie mit den Schwerpunkten Arbeits- und Organisationspsychologie. Nach einigen Jahren in der Personalauswahl, als Trainerin und in der Beratung arbeitete sie ab November 2013 als wissenschaftliche Mitarbeiterin und Doktorandin am Lehrstuhl für Arbeits-, Organisations- und Sozialpsychologie der TU Braunschweig. Hier forschte Stephanie Aymans zu den Themen Studium und Lernen, bevor sie 2018 wieder in die Beratung wechselte und nun als Scrum Masterin tätig ist.
Kontakt: TU Braunschweig
E-Mail: stephanie.aymans@soprasteria.com

**Merve Barutcu**
Merve Barutcu studierte im Bachelor Wirtschaftsinformatik an der Leibniz Fachhochschule. Im Master studiert sie Wirtschaftsinformatik an der Technischen Universität Braunschweig. Ihr Studium wird sie voraussichtlich 2019 abschließen. Merve Barutcu arbeitet seit 2016 im Prozessmanagement bei einem Finanzdienstleister in Braunschweig.

**Sebastian Becker**
Sebastian Becker studierte Biologie an der TU Braunschweig. Er arbeitete zunächst in der Forschung zur Bioinformatik. Seit Februar 2012 ist er im Bereich E-Learning tätig. Zuerst als Software-Architekt und Moodle-Entwickler an der Hochschule Hannover im ELS und seit Oktober 2016 als E-Learning-Koordinator in der Fakultät für Biologie und Psychologie an der Georg-August-Universität Göttingen im Rahmen von Campus Q Plus. Dort bietet er u. a. Seminare wie „Digitale Werkzeuge für den Unterricht" für Studierende des Lehramtes an und baute Anfang 2019 einen MOOC mit dem Titel „Coding und Making im Unterricht" in Kooperation mit der Universität Osnabrück (imoox.at) sowie der Förderung der HOPP Foundation auf. Zudem motiviert er Do-

zierende gerne dabei Podcasts in der Lehre einzusetzen und mit Studierenden Erklärvideos zu erstellen.
Kontakt: Georg-August-Universität Göttingen
E-Mail: sebastian.becker@uni-goettingen.de

**Fiona Binder**
Fiona Binder ist Masterstudentin des Studienganges Technologie-orientiertes Management in ihrem letzten Fachsemester der TU Braunschweig. Ihre Masterthesis schreibt sie am Lehrstuhl für Informationsmanagement der TU Braunschweig über die Einflussnahme von Push-Notifications auf die private Smartphone-Nutzung und das persönliche Stressempfinden. Seit Anfang 2018 ist sie zudem als Werkstudentin bei der Siemens Mobility GmbH in Braunschweig beschäftigt.
E-Mail: fiona.binder@tu-braunschweig.de

**Jun.-Prof. Dr. Oliver Bodensiek**
Oliver Bodensiek studierte Physik an der Georg-August-Universität Göttingen und promovierte dort 2013 im Bereich der theoretischen Festkörperphysik. Nach einer Industrietätigkeit und Postdoktorandenphase ist er seit 2016 Juniorprofessor für Lehrerbildung und Didaktik der Physik an der Technischen Universität Braunschweig. Seine Forschungsschwerpunkte liegen in der Schnittmenge von Fachdidaktik, numerischer Simulation und Visualisierung mittels Virtual und Augmented Reality.
Kontakt: TU Braunschweig
E-Mail: o.bodensiek@tu-braunschweig.de

**Prof. Dr. Margarete Boos**
Prof. Dr. Margarete Boos hat einen Lehrstuhl für Wirtschafts- und Sozialpsychologie an der Universität Göttingen inne. Sie beschäftigt sich mit folgenden Schwerpunkten: Führung verteilter Teams, Koordination und Führung in medizinischen Teams und Methoden der Interaktions- und Kommunikationsanalyse.
Sie setzt sozial- und kommunikationspsychologische Forschungsergebnisse in Methoden zur Teamdiagnostik und zum Teamtraining um und hat 2010 das Unternehmen Malamut Team Catalyst GmbH mitgegründet.
Kontakt: Georg-August-Universität Göttingen
E-Mail: mboos@uni-goettingen.de

**Dominik Brysch**
Dominik Brysch hat den Bachelorstudiengang Betriebswirtschaftslehre an der Katholischen Universität Eichstätt-Ingolstadt abgeschlossen und studiert seit 2018 im Doppelmasterstudiengang Technologie-orientiertes Management an der Technischen Universität Braunschweig und Wirtschaftsingenieurwesen an der University of Rhode Island in den USA. Seit August 2018 arbeitet er als wissenschaftliche Hilfskraft am Lehrstuhl für Automobilwirtschaft und industrielle Produktion.
E-Mail: d.brysch@tu-braunschweig.de

## Giulia Covezzi, M.A.
Giulia Covezzi, Diplom in Philosophie/Logik (Università Statale di Milano, Mailand), M.A. Italienisch als Fremdsprache (Università Ca' Foscari, Venedig). Nach Abschluss des Studiums hat sie sich im Bereich des E-Learnings und der Hochschuldidaktik durch das E-Learning-Zertifikat der Goethe Universität Frankfurt und das Göttinger Zertifikat für Hochschuldidaktik weiterqualifiziert.
Seit 2008 ist sie Dozentin und Koordinatorin des Bereiches Italienisch und Mediendidaktik an der Zentralen Einrichtung für Sprachen und Schlüsselqualifikationen der Georg-August-Universität Göttingen. Ihr Schwerpunkt liegt bei dem didaktischen Einsatz neuer Medien im Fremdsprachenunterricht.
Kontakt: giulia.covezzi@zess.uni-goettingen.de

## Isabelle Dikhoff
Isabelle Dikhoff studierte das Fach Geodäsie und Geoinformatik an der LU Hannover. Seit 2016 ist sie Mitarbeiterin am Institut für Geodäsie und Photogrammetrie an der Technischen Universität Braunschweig. Dort gehören Praxisprojekte der Themen terrestrische Aufnahmen, Laserscanning und Photogrammetrie im Bereich von Lehre und Forschung zu ihren Aufgaben.
Kontakt: TU Braunschweig, Institut für Geodäsie und Photogrammetrie
E-Mail: i.dikhoff@tu-bs.de

## Daniel Ebsen
Daniel Ebsen studierte an der Technischen Universität Clausthal Wirtschaftsingenieurwesen, im Master studiert er an der Technischen Universität Braunschweig Wirtschaftsingenieurwesen Maschinenbau. Aktuell ist er als wissenschaftliche Hilfskraft am Institut für Unternehmensführung tätig und interessiert sich für die Auswirkungen der Persönlichkeit von CEOs auf Unternehmen.

## Linda Eckardt
Linda Eckardt hat im Bachelor Wirtschaftsingenieurwesen an der Brandenburgischen Technischen Universität und im Master Wirtschaftsinformatik an der Technischen Universität Braunschweig studiert. Seit November 2014 arbeitet sie als wissenschaftliche Mitarbeiterin und Doktorandin am Lehrstuhl für Informationsmanagement. In ihrer Forschung beschäftigt sie sich mit dem Design und den Auswirkungen von Gamification-Anwendungen und Serious Games.
Kontakt: TU Braunschweig
E-Mail: linda.eckardt@tu-braunschweig.de

## Ara Ezat, B.Sc.
Ara Ezat studierte Wirtschaftswissenschaften mit Schwerpunkt Betriebswirtschaftslehre an der Universität Osnabrück. Nach Abschluss ihres Bachelorstudiums nahm sie im April 2018 das Masterstudium in Technologie-orientiertes Management an der TU Braunschweig auf. Von September 2018 bis Januar 2019 hat sie ein Auslandssemester an der St. Petersburg State University of Economics absolviert.
E-Mail: a.ezat@tu-braunschweig.de

**Robert Garmann**
Robert Garmann studierte und promovierte am Fachbereich Informatik der Universität Dortmund. Nach verschiedenen Softwareprojekten in der Privatwirtschaft wechselte er 2006 als Professor an die Fachhochschule Stralsund und 2009 an die Hochschule Hannover. Er lehrt zu allen Aspekten der Programmierung von Softwaresystemen. Forschend widmet er sich schwerpunktmäßig lehrbezogenen Fragestellungen der Softwareentwicklung. Insbesondere befasst er sich mit der automatischen Bewertung von Computerprogrammen.
Kontakt: Hochschule Hannover
E-Mail: robert.garmann@hs-hannover.de

**Prof. Dr.-Ing. Markus Gerke**
Markus Gerke hat 2000 das Studium der Geodäsie an der LU Hannover abgeschlossen. Nach der Promotion im Jahr 2006 im Themenbereich der Fernerkundung und Bildanalyse hat er eine Stelle als Associate Professor am International Institute of Geo-Information Science and Earth Observation (später Universität Twente) in Enschede, NL, angetreten. In dem internationalen Umfeld hat er vielfältige Aufgaben in der Lehre wahrgenommen. Seit Januar 2017 leitet er das Institut für Geodäsie und Photogrammetrie an der TU Braunschweig und ist in Studiengänge im Bereich Bauingenieur-, Umweltingenieurwesen und Umweltnaturwissenschaften eingebunden.
Kontakt: TU Braunschweig, Institut für Geodäsie und Photogrammetrie
E-Mail: m.gerke@tu-bs.de

**Prof. Dr.-Ing. habil. Nils Goseberg**
Nils Goseberg leitet seit 2018 die Abteilung Hydromechanik, Küsteningenieurwesen und Seebau des Leichtweiß-Instituts für Wasserbau der TU Braunschweig und steht dem Forschungszentrum Küste in Hannover als Geschäftsführender Direktor vor. Nach erfolgreicher Promotion zu den Auswirkungen von Tsunamiwellen auf Küstenabschnitte arbeitete und habilitierte er als wissenschaftlicher Mitarbeiter und Oberingenieur am Ludwig-Franzius-Institut für Wasserbau, Ästuar- und Küsteningenieurwesen der Leibniz Universität Hannover. Von 2014 bis 2017 forschte er als Marie Curie International Outgoing Fellow und Visiting Professor an der University of Ottawa, Kanada.
Kontakt: TU Braunschweig, Leichtweiß-Institut für Wasserbau, Abteilung Hydromechanik, Küsteningenieurwesen und Seebau
E-Mail: n.goseberg@tu-braunschweig.de

**Prof. Dr. Marc Gürtler**
Marc Gürtler lehrt seit 2002 an der TU Braunschweig das Fach Finanzwirtschaft im Rahmen aller Simultanstudiengänge mit wirtschaftswissenschaftlichem Anteil. Sein Forschungsschwerpunkt liegt im „Finanzwirtschaftlichen Risikomanagement". Seit 2018 setzt er in der Lehrveranstaltung „Finanzierungstheorie" das Inverted-Classroom-Konzept um.
Kontakt: TU Braunschweig, Institut für Finanzwirtschaft
E-Mail: marc.guertler@tu-bs.de

## Patrick Helmholz
Patrick Helmholz arbeitet seit 2008 als Wissenschaftlicher Mitarbeiter am Lehrstuhl für Informationsmanagement der TU Braunschweig. Nach seinem Studium der Wirtschaftsinformatik promovierte er 2015 am Lehrstuhl. In seiner Forschung beschäftigt er sich mit situativen, kontextorientierten Diensten sowie der digitalen Transformation. Neben seiner Forschungstätigkeit betreut er mehrere Drittmittelprojekte.

## Dr. Mareike Herbstreit
Mareike Herbstreit hat Kunstwissenschaft, Philosophie und Soziologie studiert und war von 2008 bis 2013 als wissenschaftliche Mitarbeiterin an der Hochschule für Bildende Künste Braunschweig tätig. Als Stipendiatin des DFG-Graduiertenkollegs „Das fotografische Dispositiv" promovierte sie 2016 mit der Arbeit „Aktionsrelikte. Ausgestellte Authentizität bei Chris Burden und Marina Abramović". Seit 2017 arbeitet sie im Projekthaus Lehre und Medienbildung der Technischen Universität Braunschweig zu den Schwerpunkten OER sowie Medienbildung für Studierende und Studiengangsentwicklung.

## Professor Dr.-Ing. Christoph Herrmann
Christoph Herrmann ist Universitätsprofessor für Nachhaltige Produktion und Life Cycle Engineering und Leiter des Instituts für Werkzeugmaschinen und Fertigungstechnik (IWF) der TU Braunschweig sowie Mitglied der Institutsleitung des Fraunhofer-Instituts für Schicht- und Oberflächentechnik IST. Seit 2009 leitet er die deutsch-australische Forschergruppe „Sustainable Production & Life Cycle Engineering" gemeinsam mit Prof. Sami Kara, University of New South Wales, Sydney.
Kontakt: TU Braunschweig, Institut für Werkzeugmaschinen und Fertigungstechnik
E-Mail: c.herrmann@tu-braunschweig.de

## Prof. Dr. Friedrich W. Hesse
Friedrich Hesse ist Gründungsdirektor des Leibniz-Instituts für Wissensmedien (IWM) und derzeit Leiter der Arbeitsgruppe Wissensaustausch am IWM, Vizepräsident der Leibniz-Gemeinschaft und Inhaber des Lehrstuhls für Angewandte Kognitions- und Medienpsychologie an der Universität Tübingen. Er studierte in Marburg und Düsseldorf Psychologie, promovierte in Aachen und habilitierte sich in Göttingen. Er war Initiator und Sprecher des ersten deutschlandweiten Leibniz-WissenschaftsCampus, eines virtuellen DFG-Graduiertenkollegs, eines DFG-Schwerpunktprogrammes und einer DFG-Forschergruppe. Er befasst sich vorrangig mit neuen technikbasierten Kommunikationsszenarien, die flexible Formen des Wissensaustauschs und der Kooperation ermöglichen.
E-Mail: f.hesse@iwm-tuebingen.de

## Katharina Heuer, M.Sc.
Die Psychologin Katharina Heuer ist seit 2017 wissenschaftliche Mitarbeiterin am Lehrstuhl für Arbeits-, Organisations- und Sozialpsychologie an der TU Braunschweig. In diesem Rahmen agiert sie als Projektmitarbeiterin, Lehrperson sowie Trai-

nerin für handlungsbezogene Kompetenzen (Kommunikation, Teamarbeit, Personalführung). Zu ihren Forschungsschwerpunkten gehören interdisziplinäre Lehr-Lern-Konzepte sowie Interaktionsprozesse innerhalb von Teams.
Kontakt: TU Braunschweig
E-Mail: katharina.heuer@tu-braunschweig.de

**Dr. Oliver Hormann**
Oliver Hormann ist seit 2010 wissenschaftlicher Mitarbeiter am Institut für Erziehungswissenschaft der TU Braunschweig. Seine Forschungsschwerpunkte sind der (Zweit-)Spracherwerb im Elementar- und Primarbereich sowie quantitative und qualitative Methoden der Bildungsforschung. 2015/16 leitete er das Transferprojekt „Teaching Apart Together", in dessen Rahmen eine digitale Lernplattform für die Methodenausbildung am Institut für Erziehungswissenschaft entwickelt wurde.
Kontakt: TU Braunschweig
E-Mail: o.hormann@tu-bs.de

**Dr. Frank Höwing**
Frank Höwing studierte Technische Informatik an der FH Wolfenbüttel und promovierte im Bereich der Bildverarbeitung an der University of Glamorgan in Wales. Seit 1999 arbeitet er in Braunschweig als Software-Entwickler, -Architekt und Technischer Leiter. Bei der in-tech GmbH leitet er unter anderem Forschungsprojekte wie die „Intelligente Lernfabrik" (ILehLe). Seine Themenschwerpunkte liegen in Industrieanwendungen und Augmented Reality.
Kontakt: in-tech GmbH Braunschweig
E-Mail: frank.hoewing@in-tech.com

**Jan-Paul Huttner, Dipl. Wirt.-Inf.**
Jan-Paul Huttner studierte Wirtschaftsinformatik an der Technischen Universität Braunschweig. Seit 2013 arbeitet er als Wissenschaftlicher Mitarbeiter und Doktorand am Lehrstuhl für Informationsmangement. Neben der Lehre und diversen Projekten in Forschung und Praxis forscht Huttner an der Gestaltung von Virtual-Reality-Lernumgebungen. Konkret geht es um gestalterische Fragestellungen bei der Konzeption von virtuellen Gedächtnispalästen, basierend auf der antiken Loci-Methode. Jan-Paul Huttner wird seine Promotion voraussichtlich 2019 abschließen.
Kontakt: TU Braunschweig
E-Mail: j-p.huttner@tu-bs.de

**Rana Huy, M.Ed.**
Rana Huy studierte an der Technischen Universität Braunschweig Lehramt an Haupt- und Realschulen in der Fächerkombination Deutsch und Geschichte. Sie schloss das Studium im September 2018 mit einem Master of Education ab. Nachdem Rana Huy bereits drei Semester lang als Hilfskraft im Projekt Mehr-Sprache tätig war, arbeitete sie nach dem erfolgreichen Abschluss des Studiums von Oktober 2018 bis Januar 2019

als Wissenschaftliche Mitarbeiterin im Projekt Mehr-Sprache. Im Februar 2019 trat Rana Huy ihr Referendariat an.
Kontakt: r.huy@tu-braunschweig.de

**Dr. Jens Jirschitzka**
Jens Jirschitzka studierte Psychologie in Wuppertal und Jena. Es folgten eine Tätigkeit als wissenschaftlicher Mitarbeiter in der Abteilung Kommunikationspsychologie des Jenaer Instituts für Kommunikationswissenschaft und ein Promotionsstipendium an der interdisziplinären Doktorandenschule Laboratorium Aufklärung. Anschließend war er von 2014 bis 2017 am Leibniz-Institut für Wissensmedien in Tübingen tätig. Seit 2017 ist Jens Jirschitzka wissenschaftlicher Mitarbeiter am Arbeitsbereich für Angewandte Kognitionspsychologie und Medienpsychologie am Fachbereich Psychologie der Universität Tübingen.
Kontakt: Eberhard Karls Universität Tübingen
E-Mail: jens.jirschitzka@uni-tuebingen.de

**Melike Karaduman, B.Sc.**
Melike Karaduman hat im Bachelorstudiengang Wirtschaftsingenieurwesen Maschinenbau mit dem Schwerpunkt des Informationsmanagements an der TU Braunschweig studiert. Durch ihre aktuelle Tätigkeit als Werkstudentin entschied Sie sich ihre Fachrichtung im Master zu ändern und begann den Studiengang Kraftfahrzeugtechnik mit dem Fokus auf Schienenfahrzeuge.
Kontakt: TU Braunschweig
E-Mail: m.karaduman@tu-bs.de

**Prof. Dr. Simone Kauffeld**
Simone Kauffeld ist seit 2007 Inhaberin des Lehrstuhls für Arbeits-, Organisations- und Sozialpsychologie an der TU Braunschweig und forscht mit ihrem Team in zahlreichen Projekten zu Kompetenz, Teams und Führung, Coaching und Karriere sowie Veränderungsprozessen in Organisationen. Um den Wissenstransfer aus der Forschung in die Praxis zu befördern, gründete sie 2008 die 4A-SIDE GmbH, die psychologische Expertise mit IT-Kompetenz verbindet.
Kontakt: TU Braunschweig
E-Mail: s.kauffeld@tu-braunschweig.de

**Dr. Claudia M. König**
Claudia M. König ist wissenschaftliche Mitarbeiterin am Institut für Wirtschaftsinformatik der Leibniz Universität Hannover und verantwortet das Projekt SIDDATA, **S**tud**i**enIn**d**ividualisierung durch **D**igitale und **DAT**engestützte **A**ssistenten, als Koordinatorin mit Forschungsschwerpunkt Empirische Erhebungen und Analyse sowie IT-Projektmanagement. Sie ist Lehrcoach im hochschuldidaktischen Bereich und bringt Videos als Analyse- und Feedbackinstrument in ihrer Coachtätigkeit zum Einsatz.
Kontakt: koenig@iwi.uni-hannover.de

### Meike Kühne, B.Sc.
Meike Kühne absolvierte ihren Bachelor of Science an der Universität Hildesheim und studiert derzeit Psychologie im Master an der TU Braunschweig. Im Rahmen von Hilfskrafttätigkeiten arbeitete sie bereits in Forschungsprojekten zu den Themen Suchtprävention, Computerspielsucht und interdisziplinäre Lehre mit.
Kontakt: TU Braunschweig
E-Mail: m.kuehne@tu-braunschweig.de

### Prof. Dr.-Ing. Sabine Christine Langer
Sabine C. Langer leitet seit 2019 das neu gegründete Institut für Akustik in der Fakultät für Maschinenbau der TU Braunschweig. Nach erfolgreicher Promotion zur Schalltransmission durch Isolierverglasung und einer Post-Doc-Tätigkeit wurde sie zur Juniorprofessorin für Wellenausbreitung und Bauakustik in die Fakultät für Bauingenieurwesen an die TU Braunschweig berufen. Es folgten die Vertretung der Professur für Festkörpermechanik an der TU Clausthal sowie der Professur für Mechanik an der TU Braunschweig. 2013 erfolgte der Ruf auf die Professur für Vibroakustik im Institut für Konstruktionstechnik der Fakultät für Maschinenbau der TU Braunschweig, bevor sie 2019 zur Professorin für Akustik benannt wurde. Sabine C. Langer ist stellvertretende Sprecherin des Sonderforschungsbereichs 880 zum Hochauftrieb künftiger Verkehrsflugzeuge und leitet das darin integrierte Graduiertenkolleg.
Kontakt: TU Braunschweig, Institut für Akustik
E-Mail: s.langer@tu-braunschweig.de

### Prof. Dr. Jörn Loviscach
Jörn Loviscach ist Professor für Ingenieurmathematik und technische Informatik an der FH Bielefeld. Von Hause aus Physiker, war er zuvor Professor für Computergrafik an der Hochschule Bremen und davor stellvertretender Chefredakteur der Zeitschrift c't. Er forscht an Mensch-Computer-Interaktion, Medienproduktion sowie computerunterstützter Lehre, ist der Autor von 3000 Videos, hat fünf MOOCs gestaltet, praktiziert seit 2011 in seiner Lehre das „Flipping" und veröffentlicht unter j3L7h.de Tools zur Lehrunterstützung.
Kontakt: FH Bielefeld, Fachbereich Ingenieurwissenschaften und Mathematik
E-Mail: joern.loviscach@fh-bielefeld.de

### Dr.-Ing. Mathias Magdowski
Mathias Magdowski ist von Hause aus Ingenieur und hat von 2003 bis 2008 Elektrotechnik an der Otto-von-Guericke-Universität in Magdeburg studiert. Seitdem arbeitet er dort als wissenschaftlicher Mitarbeiter am Lehrstuhl für elektromagnetische Verträglichkeit, ist für den Übungsbetrieb, die Sprechstunden sowie die Prüfungszulassung/-durchführung der Lehrveranstaltung „Grundlagen der Elektrotechnik I und II" verantwortlich und beschäftigt sich gern mit alternativen Lehr- und Lernmethoden.
Kontakt: Otto-von-Guericke-Universität Magdeburg, Fakultät für Elektro- und Informationstechnik
E-Mail: mathias.magdowski@ovgu.de

**Prof. Dr.-Ing. Marcus Magnor**
Marcus Magnor hat Physik an der Universität Würzburg und der University of New Mexico, USA, studiert und an der Universität Erlangen in Elektrotechnik promoviert. Nach seiner Postdoktoranden-Zeit an der Stanford University, USA, war er vier Jahre unabhängiger Forschungsgruppenleiter am Max Planck Institut für Informatik. Seit 2006 leitet er das Institut für Computergraphik an der TU Braunschweig. Sein Forschungsinteresse gilt der Entstehung, Aufnahme, Verarbeitung, Analyse, Repräsentation, Darstellung und Wahrnehmung und dem Verstehen visueller Information.
Kontakt: TU Braunschweig
E-Mail: m.magnor@tu-braunschweig.de

**Doris Meißner, Dipl.-Soz.Wiss., Dipl.-Oec.troph (FH)**
Doris Meißner arbeitet seit 2012 in der E-Learning-Service-Abteilung der Leibniz Universität Hannover. Sie koordiniert dort das Team der mediendidaktischen Beratung und berät Lehrende beim Einsatz von Lerntechnologien und bei der Optimierung von Lehre und Studium. Innerhalb des BMBF-Verbundprojektes eCULT+ ist sie für die Vernetzung und den Austausch von Lehrenden über die verschiedenen Standorte tätig. Dabei stellt die Entwicklung von Webinarangeboten einen Schwerpunkt ihrer Tätigkeit dar.

Neben ihrer Arbeit in der Mediendidaktischen Beratung ist Doris Meißner auch als Trainerin für Yoga und Achtsamkeit sowie als Systemische Beraterin (i.A.) tätig. Dabei gelingt ihr die thematische Verbindung von Ressourcenentwicklung und gesunder Selbstfürsorge auch mit digital gestützten Formaten wie z.B. im Online-Achtsamkeitstraining für Lehramtsstudierende oder in Webinaren zum achtsamen Umgang mit Medien.

Doris Meißner hat Diplom-Sozialwissenschaften an der Leibniz Universität und der Universidad Complutense de Madrid sowie Oecotrophologie an der Fachhochschule Niederrhein studiert.
Kontakt: Leibniz Universität Hannover
E-Mail: meissner@zqs.uni-hannover.de

**Francine Meyer, M.A.**
Francine Meyer studierte Sozialwissenschaften an der TU Braunschweig. Seit 2018 ist sie wissenschaftliche Mitarbeiterin in der Abteilung Kommunikations- und Medienwissenschaften an der TU Braunschweig. Sie begleitet das Projekt *Make Your School – Eure Ideenwerkstatt* von Wissenschaft im Dialog wissenschaftlich. Forschungsschwerpunkte: Medienkompetenz, Wirkungsforschung, Rezeptionsforschung und Kompetenzvermittlung.
Kontakt: TU Braunschweig
E-Mail: francine.meyer@tu-braunschweig.de

**Jan Meyer**
Jan Meyer studierte an der Hochschule Hannover Wirtschaftsingenieurwesen Maschinenbau. Derzeit studiert er im Master Wirtschaftsingenieurwesen Maschinenbau an der TU Braunschweig. Im Rahmen seiner Masterarbeit beschäftigt er sich mit der fortschreitenden Digitalisierung und dem Paradigmenwechsel in der Produktion.

**Prof. Dr. Karsten Morisse**
Karsten Morisse hat an der Universität Informatik studiert und in Mathematik promoviert. Er ist seit 2000 Professor für Medieninformatik an der Hochschule Osnabrück. Seit 2007 setzt er das Inverted-Classroom-Modell in der eigenen Lehre ein. Aus einer Reihe von geförderten E-Learning-Vorhaben ist an der Hochschule Osnabrück das von ihm geleitete eLearning Competence Center als zentrale Serviceeinrichtung entstanden. 2009 ist er gemeinsam mit Prof. Oliver Vornberger mit dem niedersächsischen Wissenschaftspreis ausgezeichnet worden. Forschungsinteressen sind die Entwicklung von Methoden und digitalen Werkzeugen für die Lehre sowie die Untersuchung von deren Wirksamkeit.
Kontakt: Hochschule Osnabrück
E-Mail: k.morisse@hs-osnabrueck.de

**Oliver Müller**
Oliver Müller studierte Wirtschaftsinformatik an der Technischen Universität Clausthal. Seit dem Ende seines Studiums im Jahr 2013 ist er im eCULT Projekt der TU Clausthal beschäftigt. Dort befasst er sich mit dem Einsatz und der Weiterentwicklung von Systemen zur automatisierten Bewertung von Programmier- beziehungsweise Modellierungsaufgaben und promoviert in diesem Themenbereich am Institut für Informatik der TU Clausthal.
Kontakt: TU Clausthal
E-Mail: oliver.mueller@tu-clausthal.de

**Lena C. Müller-Frommeyer**
Lena Müller-Frommeyer studierte Psychologie mit dem Schwerpunkt Arbeits-, Organisations- und Sozialpsychologie an der Technischen Universität Braunschweig. Seit November 2014 arbeitet sie als wissenschaftliche Mitarbeiterin und Doktorandin am Lehrstuhl für Arbeits-, Organisations- und Sozialpsychologie, wobei sie sich intensiv mit der Gestaltung von Lehre an der modernen Hochschule auseinandersetzt. In ihrer Forschung beschäftigt sie sich mit den Auswirkungen von Sprache auf zwischenmenschliche Beziehungen.
Kontakt: TU Braunschweig
E-Mail: l.mueller-frommeyer@tu-braunschweig.de

**Lena Neumann, B.A.**
Lena Neumann studierte Logistik im Praxisverbund mit Schwerpunkt Logistikmanagement in der Automobilindustrie an der Ostfalia Hochschule für angewandte Wissenschaften in Salzgitter. Nach Abschluss des dualen Bachelorstudiums ist sie seit April 2018 im Masterstudiengang Technologie-orientiertes Management an der TU Braunschweig eingeschrieben.
E-Mail: le.neumann@tu-braunschweig.de

**Lotte Neumann, Dipl. Soz.-Päd.**
Lotte Neumann ist studierte Diplom Sozialpädagogin. Nach der Gründung einer „Agentur für partizipative Medienkultur", der Durchführung unzähliger (Lehrer-) Fortbildungen und neben unterschiedlichen freiberuflichen Einsatzfeldern ist sie seit 2010 an der ZESS der Uni Göttingen beschäftigt und koordiniert dort den Lehrbereich „Medienkompetenz", innerhalb dessen sich die Studierenden in unterschiedlichsten Kursen ausprobieren und so ihre Medienkompetenz entwickeln und steigern können.
Allen phänomenalen Entwicklungen im worldwide Cyberspace zum Trotz schlägt ihr Herz vor allem für die Mediendidaktik und die Video- und Fernseharbeit.
Kontakt: lotte.neumann@zess.uni-goettingen.de

**Nicole Nicht, M.Sc.**
Nicole Nicht studierte Finanz- und Wirtschaftsmathematik an der TU Braunschweig. Von 2015 bis 2018 war sie wissenschaftliche Mitarbeiterin am dortigen Institut für Finanzwirtschaft. Neben ihrer Forschung im Bereich strukturierter Finanzprodukte setzte sie ein Lehrprojekt im Bereich Game-based Learning um und war an der Durchführung eines zweiten Lehrprojektes im Bereich Inverted Classroom maßgeblich beteiligt. Seit 2019 arbeitet sie als Risikomanagerin bei einer großen Automobilbank und beschäftigt sich dort mit Liquiditätsrisiken.
Kontakt: TU Braunschweig, Institut für Finanzwirtschaft
E-Mail: n.nicht@tu-bs.de

**Eva Nolte, M.A.**
Eva Nolte studierte Musik- und Erziehungswissenschaften an der Universität Osnabrück. Sie ist aktuell im hochschuldidaktischen Zentrum der Hochschule Osnabrück zuständig für die Entwicklung von Peer Learning als Instrument diversitätsorientierter Lehre. Ihr Interesse gilt der Verbindung von Diversity, Digitalisierung und innovativen Lehr-Lernkonzepten mit dem Ziel, das Potenzial der Digitalisierung für die Erhöhung der Chancengleichheit an Hochschulen zu nutzen.
Kontakt: Hochschule Osnabrück
E-Mail: e.nolte@hs-osnabrueck.de

**Dr. Virginia Penrose**
Virginia Penrose studierte International Relations und German Studies (B.A.) in Südkalifornien und zog 1980 nach Deutschland. Magister und Promotion absolvierte sie in Berlin mit Schwerpunkten in Genderforschung, vergleichender Politik und empirischen Methoden. Seit 2014 arbeitet sie am Institut für Erziehungswissenschaft der TU Braunschweig mit dem Arbeitsschwerpunkt Methodenausbildung. Als Projektmitglied des Transferprojekts „Teaching Apart Together" (2015–16) half sie eine digitale Lernumgebung für Methodenausbildung zu entwickeln.
Kontakt: TU Braunschweig, Institut für Erziehungswissenschaften
E-Mail: v.penrose@tu-braunschweig.de

**Alexander Perl, M.Sc.**
Alexander Perl studierte in Dortmund, Paris und Québec ursprünglich Tourismus-, Event- und Hospitalitymanagement, um dann an die TU Braunschweig in die Wirtschaftsinformatik zu wechseln. Dort beschäftigte ihn seit Beginn seiner Mitarbeit am Institut für Wirtschaftsinformatik im Jahr 2009 die Hochschullehre. Gemeinsam mit Prof. Dr. Susanne Robra-Bissantz fing er an neue Lehrformen auszuprobieren. Der Fokus lag dabei immer auf dem individuellen Erlebnis und Lernerfolg der Studierenden. So führten dann in der Lehre unterschiedliche Projekte auch zu den Pflichten und Rechten der Studierenden, Lehrenden und Forschenden wie der individuelle Datenschutz und das in der Lehre häufig zu beachtende Urheberrecht.
Kontakt: TU Braunschweig, Institut für Wirtschaftsinformatik, Lehrstuhl für Informationsmanagement
E-Mail: a.perl@tu-braunschweig.de

**Martin Peters**
Martin Peters studiert seit 2017 an der TU Braunschweig im Masterstudiengang Technologie-orientiertes Management. Seinen Bachelor im Studiengang Wirtschaftsingenieurwesen absolvierte er zuvor in Kooperation mit einem Automobilhersteller an der Ostfalia Hochschule in Wolfenbüttel. An der Arbeit über die Auswirkungen der Urheberrechtsreform für Forschung und Lehre war er im Rahmen eines Forschungsprojekts des Lehrstuhls Wirtschaftsinformatik beteiligt.
E-Mail: m.peters@tu-braunschweig.de

**Stefanie Pulst, M.A.**
Stefanie Pulst hat Kunst- und Medienwissenschaften an der HBK Braunschweig studiert und ist seit 2016 wissenschaftliche Mitarbeiterin am Institut für Werkzeugmaschinen und Fertigungstechnik. Dort betreut sie unter anderem innovative Lehrkonzepte, die im Rahmen von ingenieurswissenschaftlichen Lehrveranstaltungen durchgeführt werden und Methoden des Case-based und Game-based Learning nutzen.
Kontakt: TU Braunschweig, Institut für Werkzeugmaschinen und Fertigungstechnik
E-Mail: s.pulst@tu-braunschweig.de

## Nine Reining

Nine Reining hat nach ihrem Dualstudium in Bad Homburg (B.A. Int. Betriebswirtschaft) Wirtschaftspsychologie (B.A.) in Heidelberg und Psychologie (M.Sc.) in Jena studiert. Seit Mai 2017 ist sie als Wissenschaftliche Mitarbeiterin am Lehrstuhl für Arbeits-, Organisations- und Sozialpsychologie der TU Braunschweig tätig und promoviert dort zur Lernfabrik als Lehr- und Lernort sowie neuen Lehr-/Lernformen und -medien.
Kontakt: TU Braunschweig
E-Mail: n.reining@tu-braunschweig.de

## Rüdiger Rhein

Rüdiger Rhein arbeitet in der Zentralen Einrichtung für Qualitätsentwicklung der Leibniz Universität Hannover.
Kontakt: Leibniz Universität Hannover
E-Mail: rhein@zqs.uni-hannover.de

## Tobias Paul Ring, M.Sc.

Tobias Ring studierte an der TU Braunschweig allgemeinen Maschinenbau mit Vertiefungen im Bereich der numerischen Berechnung und Modellierung. Von 2014 bis 2018 war er wissenschaftlicher Mitarbeiter in der AG Vibroakustik des Instituts für Konstruktionstechnik und seit 2019 ist er als Leiter des InA-LAB Models&Systems am Institut für Akustik der TU Braunschweig tätig. Tobias Ring arbeitet zu Themen der Modellierung und Validierung in der Berechnung akustischer Fragestellungen. Weitere Themengebiete sind die Quantifizierung von Unsicherheiten sowie die Charakterisierung akustischer Messverfahren.
Kontakt: TU Braunschweig, Institut für Akustik, InA-LAB Models&Systems
E-Mail: t.ring@tu-braunschweig.de

## Prof. Dr. Susanne Robra-Bissantz

Susanne Robra-Bissantz leitet seit 2007 an der Technischen Universität Braunschweig das Institut für Wirtschaftsinformatik und dort den Lehrstuhl für Informationsmanagement. Nach ihrer Ernennung zum Doktor der Wirtschafts- und Sozialwissenschaften arbeitete sie als wissenschaftliche Assistentin und habilitierte sich am Lehrstuhl für Betriebswirtschaftslehre insbesondere in der Wirtschaftsinformatik. Sie arbeitet aktiv an neuen Lehr- und Prüfungsformen und hat in Kooperation mit Unternehmen zahlreiche Drittmittelprojekte umgesetzt. Ihre Forschung veröffentlicht sie auf internationalen Konferenzen und in anerkannten Fachzeitschriften.
Kontakt: TU Braunschweig
E-Mail: s.robra-bissantz@tu-bs.de

**Oliver Rod**
Oliver Rod studierte bis 2011 Elektrotechnik an der Ostfalia Hochschule. Von 2011 bis März 2019 arbeitete er im Zentrum für erfolgreiches Lehren und Lernen der Ostfalia Hochschule als Softwareentwickler und Didaktisch-Technischer Experte und entwickelte dort u. a. eine Middleware-Lösung zwischen LONCAPA und dem Praktomat. Seit April 2018 ist er an der TU Braunschweig als Mitarbeiter der Projektgruppe Lehre und Medienbildung beschäftigt und dort verantwortlich für die Bereitstellung des zentralen LMS der Hochschule. Sein Interesse liegt im formativen Assessment von Programmieraufgaben.
Kontakt: TU Braunschweig, Projektgruppe Lehre und Medienbildung
E-Mail: olirod@tu-braunschweig.de

**Ronny Röwert**
Ronny Röwert ist Programmmanager beim Stifterverband. Im Hochschulforum Digitalisierung unterstützt er Beratungsprogramme für Hochschulen zur Strategieentwicklung. Nach dem Studium der Volkswirtschaftslehre an der Christian-Albrechts-Universität zu Kiel, der University of Auckland und der Albert-Ludwigs-Universität Freiburg war Ronny Röwert Referent für Hochschulforschung und -beratung bei CHE Consult. In seiner letzten Tätigkeit verantwortete er die akademischen Beziehungen bei der digitalen Bildungsplattform für Geflüchtete Kiron Open Higher Education.
Kontakt: Stifterverband
E-Mail: ronny.roewert@stifterverband.de

**Sebastian Schlaf**
Sebastian Philipp Schlaf hat 2016 sein duales Bachelorstudium Wirtschaftsinformatik an der Leibniz Fachhochschule Hannover mit Auszeichnung abgeschlossen. Derzeit studiert er im Master an der Technischen Universität Braunschweig Wirtschaftsinformatik und wird das Studium voraussichtlich 2019 abschließen. Parallel zu seinem Studium arbeitet Sebastian Philipp Schlaf als IT-Koordinator im Bereich Finanzdienstleistungen in Braunschweig.

**Stefan Sievert**
Stefan Sievert hat seinen Bachelor in Transport- und Logistikmanagement an der Ostfalia Hochschule für angewandte Wissenschaften in Salzgitter erlangt. Sowohl sein Praxissemester als auch die Bachelorarbeit hat er bei der Robert Bosch GmbH in Bamberg absolviert. Nun studiert er seit dem 01. April 2018 Technologie-orientiertes Management an der TU Braunschweig. Im zweiten Semester war er Teilnehmer des TOM/MIBA-Programms in St. Petersburg, Russland, welches er ebenfalls erfolgreich abgeschlossen hat.
E-Mail: s.sievert@tu-braunschweig.de

## Dörte Sonntag, M.Ed., M.Sc.
Dörte Sonntag hat Mathematik und Physik für das gymnasiale Lehramt sowie Mathematik im Master of Science mit dem Schwerpunkt numerische Simulationen an der TU Braunschweig studiert. Seit Oktober 2017 promoviert sie in der Physikdidaktik der Technischen Universität Braunschweig. Ihr Forschungsinteresse liegt im Bereich der Entwicklung und Erprobung hybrider Lehr-Lern-Umgebungen zu physikalischen Experimenten mittels Augmented Reality sowie deren Einsatz in der Lehre.
Kontakt: TU Braunschweig
E-Mail: doerte.sonntag@tu-braunschweig.de

## Eduard Spengler, M.Sc.
Eduard Spengler studierte Wirtschaftsinformatik an der Technischen Universität Braunschweig. Seit 2017 arbeitete er am Institut für Informationsmanagement und wirkte dort an verschiedenen Projekten mit. Dazu zählt das Projekt „Sandkasten", welches der Gestaltung des Campus dient. Außerdem entwickelte er einen Prototypen eines Virtual-Reality-Learning-Systems zur Veranstaltung „Einführung in die Wirtschaftsinformatik" mit und übernahm eine leitende Rolle bei der Entwicklung der Lernplätze-App der TU Braunschweig.
Kontakt: TU Braunschweig
E-Mail: e.spengler@tu-bs.de

## Sabine Stummeyer
Sabine Stummeyer arbeitet seit 2000 an der TIB Hannover im Bereich Bestandsentwicklung und Metadaten. Von 2013 bis 2017 studierte sie Informationsmanagement (BA) berufsbegleitend an der Hochschule Hannover. Ihre Bachelorarbeit beschäftigte sich mit dem Thema „Open Educational Resources als neue Aufgabe für Wissenschaftliche Bibliotheken". Sie publiziert auch weiterhin zum Thema Open Educational Resources und Bibliotheken.
Kontakt: Technische Informationsbibliothek (TIB)
E-Mail: Sabine.Stummeyer@tib.eu

## Prof. Dr. Monika Taddicken
Monika Taddicken ist seit 2014 Professorin für Kommunikations- und Medienwissenschaften an der TU Braunschweig. Vor ihrer Berufung an die TU Braunschweig arbeitete sie u.a. als Senior Researcher am DFG Exzellenz Cluster CliSAP der Universität Hamburg sowie als Visiting Fellow an der University of Wisconsin, Madison, USA. Forschungsschwerpunkte: Online-Kommunikation, Wissenschaftskommunikation, Nutzungs- und Wirkungsforschung.
Kontakt: TU Braunschweig
E-Mail: m.taddicken@tu-braunschweig.de

**Dr. André Tatjes**
André Tatjes absolvierte die Studiengänge Soziologie (B.A.) und Soziologie & Sozialforschung (M.A.) mit Schwerpunkten in der Forschungsmethodik, Kriminologie und Familiensoziologie an der Universität Bremen. Im Anschluss arbeitete er in der (Drittmittel-)Forschung und sozialwissenschaftlichen Methodenausbildung an der Technischen Universität Braunschweig. Nach seiner dortigen Promotion verließ er die TU Braunschweig und ist nun in der Schweiz, im Kanton Zürich, im Amt für Justizvollzug als Wissenschaftler tätig. Dort befasst er sich u. a. mit Methoden der Risikobeurteilung von Gewalt- und Sexualstraftätern und der Wirksamkeit von forensischen Interventionen.
Kontakt weiterhin: a.tatjes@tu-braunschweig.de

**Kai Tegethoff, M.Eng.**
Kai Tegethoff studierte Bauingenieurwesen mit dem Schwerpunkt Wasserwesen an der Hochschule Trier. Nach einer Tätigkeit als wissenschaftlicher Mitarbeiter im Fachgebiet Wasserbau und Wasserwirtschaft der TU Kaiserslautern ist er seit 2016 als wissenschaftlicher Mitarbeiter in der Abteilung Hydromechanik, Küsteningenieurwesen und Seebau des Leichtweiß-Instituts für Wasserbau der TU Braunschweig beschäftigt. Zu seinen Arbeitsschwerpunkten gehören die Anwendung innovativer Lehrkonzepte in der Lehre der Abteilung sowie die nichtlineare Datenanalyse von Wasserwellen.
Kontakt: TU Braunschweig, Leichtweiß-Institut für Wasserbau, Abteilung Hydromechanik, Küsteningenieurwesen und Seebau
E-Mail: k.tegethoff@tu-braunschweig.de

**Bastian Thiede, M.Sc.**
Bastian Thiede hat seinen M.Sc. in Informationstechnologie an der Hochschule Mannheim erworben. Seit Mai 2016 ist er wissenschaftlicher Mitarbeiter und Doktorand am Institut für Werkzeugmaschinen und Fertigungstechnik der TU Braunschweig. Seine Arbeitsschwerpunkte sind intelligente Fertigungssysteme und innovative Lern- und Lehrmethoden in der Produktionstechnik. In diesem Zusammenhang gehören zu seinen Forschungsgebieten maschinelle Lern- und Selbstlernsysteme, Echtzeit-Datenanalyse und Hochleistungssimulationen.
Kontakt: TU Braunschweig
E-Mail: b.thiede@tu-braunschweig.de

**Katharina Wedler, M.A.**
Katharina Wedler studierte an der Universität Bayreuth im Bachelor Theater- und Medienwissenschaften sowie Germanistik und an der Technischen Universität Dresden im Master Germanistik: Sprach- und Kulturwissenschaften sowie Romanistik (Spanisch). Seit 2016 arbeitet sie als Wissenschaftliche Mitarbeiterin und Doktorandin an der Technischen Universität Braunschweig im Projekt Mehr-Sprache, welches durch das BMBF im Rahmen der Qualitätsoffensive Lehrerbildung gefördert wird. Ihr Arbeitsschwerpunkt liegt in der Entwicklung und Evaluation eines Blended-Learning-

Seminars. Zu ihrem Forschungsschwerpunkt gehört das Lernen mittels audiovisueller Medien, was mediendidaktische und medienpädagogische Aspekte einbezieht.
Kontakt: TU Braunschweig, Institut für Germanistik, Abt. Didaktik der deutschen Sprache
E-Mail: k.wedler@tu-braunschweig.de

**Eileen Witowski, M.Sc.**
Eileen Witowski studierte Finanz- und Wirtschaftsmathematik an der TU Braunschweig. Seit 2018 ist sie als wissenschaftliche Mitarbeiterin am Institut für Finanzwirtschaft mit dem Forschungsschwerpunkt „Machine Learning Verfahren im Versicherungsmarkt" beschäftigt. Im Rahmen der Betreuung von Lehrveranstaltungen setzte sie ein innovatives Inverted-Classroom-Konzept um.
Kontakt: TU Braunschweig, Institut für Finanzwirtschaft
E-Mail: e.witowski@tu-bs.de